Torben Lütjen | Lars Geiges

Frank-Walter Steinmeier

Torben Lütjen | Lars Geiges

Frank-Walter Steinmeier

Die Biografie

HERDER

FREIBURG · BASEL · WIEN

MIX
Papier aus verantwortungsvollen Quellen
FSC® C083411
www.fsc.org

www.herder.de

Herstellung: CPI books GmbH, Leck

Printed in Germany

ISBN 978-3-451-37826-3

Inhalt

1.

Die Verwandlung: Vom politischen Beamten zum Staatsmann

Gießen ist eine überschaubare mittelhessische Studentenstadt an der Lahn, die siebtgrößte Stadt Hessens, Verwaltungszentrum und Verkehrsknotenpunkt. 1977 war aus Gießen, Wetzlar und 14 Umlandgemeinden die Stadt Lahn als Oberzentrum Mittelhessens entstanden. In den späten 1970er und frühen 1980er Jahren studiert Frank-Walter Steinmeier hier in Gießen an der Justus-Liebig-Universität Rechtswissenschaften. Er kommt aus Brakelsiek, einem ziemlich beschaulichen 1000-Seelen-Dorf in Ostwestfalen, und ziemlich beschaulich und geordnet verläuft auch sein Leben als Student. Von den doch ziemlich großen Dingen, die in seinem Leben noch passieren werden, ist wenig zu ahnen.

Es ist alles ganz undramatisch – bis zum Frühjahr 1980, obwohl Steinmeier auf diese Art von Dramatik wohl lieber verzichtet hätte. Ziemlich plötzlich lässt da nämlich die Sehkraft in seinem rechten Auge nach. Die Ärzte diagnostizieren ein Geschwür auf der Hornhaut. Da auch das andere Auge betroffen scheint, droht schlimmstenfalls gar die Erblindung. Frank-Walter Steinmeiers Körper hat sich keinen guten Zeitpunkt ausgesucht für den Streik: Der Jura-Student steckt mitten in den Vorbereitungen auf das Erste Staatsexamen. Er wird operiert, an der Uniklinik in Gießen wird ihm die Hornhaut eines Organspenders transplantiert. Seitdem trägt Steinmeier ebenfalls einen Spenderausweis bei sich.

Die nicht ganz unkomplizierte Operation glückt, Steinmeier verliert sein Augenlicht nicht. Aber schon ein paar Tage später wird klar, dass er nicht ganz der Alte ist und auch nicht mehr werden wird: Seine Haare, zuvor nur von ein paar grauen Strähnen durchzogen, sind über Nacht schlohweiß geworden. Frank-Walter Steinmeier ist 24 Jahre alt und hat jetzt den Schopf eines sehr viel älteren Mannes. So strahlt er früh eine gewisse Seniorität und Seriösität aus, und seine Freunde sagen, er habe schon damals ein wenig wie ein Richter oder ein Jura-Professor ausgesehen.

Oder vielleicht auch wie ein Bundespräsident. Das denkt man jedenfalls, als man ihn 36 Jahre später sieht, an diesem Mittwochmittag, 16. November 2016, kurz nach 12 Uhr. Es kommt einem jedenfalls nicht wirklich unpassend oder gar spektakulär vor, dass dort vorne nun Frank-Walter Steinmeier steht, eingerahmt von seiner Kanzlerin Angela Merkel, von Vizekanzler Sigmar Gabriel, dem Vorsitzenden seiner eigenen Partei, und von CSU-Chef Horst Seehofer – und dass sie gleich verkünden werden, dass er Bundespräsident werden solle. Vielleicht hat es auch ein bisschen mit seinem Silberschopf zu tun, dass diese Rolle ihm auf den Leib geschneidert scheint. Aber sehr viel wichtiger ist etwas anderes: dass er über die Jahre ein soziales und moralisches Kapital angesammelt hat, das ihn für viele als Idealbesetzung für dieses Amt erscheinen lässt.

Die Verkündigung findet auf der sogenannten Fraktionsebene des Deutschen Bundestags statt, knapp unter der Kuppel, ein offenes Foyer. Es stehen vier silbermetallene Rednerpulte ordentlich nebeneinander aufgereiht, dünne, schwarze Mikrofone ragen spitz auf. Das Schwarz-Rot-Gold Deutschlands und das Azurblau Europas hängen ein wenig schlaff im Hintergrund hinunter. Die kreisrunde Fraktionsebene wird dominiert von viel Glas, silbernen und metallenen Streben an der Decke, futuristischen Spot-Lichtern, einer weißgrau glänzenden Komplettverfliesung an Boden und Wänden sowie vom runden Panoramafenster, durch das man hinunter in den Plenarsaal blicken kann.

Die Szene hat nichts Pompöses und nur wenig Zeremonielles, und im Grunde passt das ganz gut zu dem nüchternen Mann. Frank-Walter Steinmeier, dieses Muster an Zuverlässigkeit und Selbstdisziplin, ist als Erster an sein Pult gekommen. Zu reden aber beginnt die Kanzlerin. Steinmeier sei »der richtige Kandidat in dieser Zeit«, sagt sie, und jeder weiß: Es sind keine leichte Zeiten, schon gar nicht für sie selbst, die da vorne eher unfreiwillig steht, weil Sigmar Gabriel ihr Steinmeier im richtigen Augenblick öffentlich angetragen hat. Sie selbst habe lange und eng mit ihm zusammengearbeitet. Er sei ein Mann, dem sie immer vertraut habe und dem auch die Deutschen vertrauen könnten. Er habe das Vertrauen der Menschen auch aus der Kultur und der Wirtschaft, und er stehe für Kontinuität. CSU-Chef Seehofer lobt Steinmeier für seine Ruhe und Besonnenheit. Der eigene Parteivorsitzende Sigmar Gabriel findet, die Kandidatur Steinmeiers bestätige nur das, was so viele Menschen ganz selbstverständlich fänden: »Frank-Walter Steinmeier wäre ein guter Bundespräsident.« Dann redet Steinmeier. Er sagt, er wolle gegen eine Spaltung der Gesellschaft eintreten und für eine Kultur, »in der wir miteinander streiten können, aber respektvoll miteinander umgehen«. Die Ereignisse auf der Welt seien teils dramatisch. »Sie rütteln an uns, aber sie können uns auch wachrütteln«, findet er und verspricht, »ein Mutmacher« zu sein. Nach gut zwölf Minuten ist der gemeinsame Auftritt schon beendet, ein letztes Blitzlichtgewitter, und die Parteivorsitzenden und ihr gemeinsamer Kandidat verlassen gemeinsam ihre Podien und die Fraktionsebene. Für Fragen stehen sie nicht mehr zur Verfügung. Auch das gehört zum Ritual einer solchen Veranstaltung.

Auf der Fraktionsebene des Bundestages verkündet die Koalition im November 2016, dass Frank-Walter-Steinmeier ihr nächster Bundespräsident werden soll. SPD-Parteichef Sigmar Gabriel (r.) hat zuvor nicht nur Kanzlerin Merkel und den CSU-Vorsitzenden Horst Seehofer mit einem gezielten Vorstoß überrascht, sondern auch Steinmeier.

Was am Tag seiner Verkündigung wie der logische Schlusspunkt einer jetzt schon langen politischen Karriere erscheint, ist bei genauerer Betrachtung eine spektakuläre politische Verwandlung. Denn angefangen hat Steinmeier seine politische Karriere ganz anders: als politischer Beamter. Steinmeier war ein Mann des Apparats, der Verwaltung, wenngleich – darauf legt er zu Recht

Wert – auch diese Aufgaben schon hochpolitisch waren. Aber sie waren abseits der Öffentlichkeit angesiedelt, in den Hinterzimmern der Macht. Die ersten 15 Jahre seiner politischen Karriere war Steinmeier der loyale Zuarbeiter Gerhard Schröders, erst in der Staatskanzlei in Hannover, dann als Chef des Bundeskanzleramtes. Er ist der eigentliche Architekt der Agenda 2010, die wie kein anderes Projekt Schröders Kanzlerschaft definierte.

In all den Jahren aber, da er durchaus maßgeblich die Geschicke des Landes bestimmt, bleibt Steinmeier öffentlich ein unbeschriebenes Blatt und auf der Straße unerkannt. Er war eben eine »graue Eminenz«. Seit dem geheimnisumwitterten »Père Joseph«, dem Ratgeber und Beichtvater von Kardinal Richelieu im Frankreich des 17. Jahrhunderts, ist die »éminence grise« eine quasi-mystische Figur. Paradoxerweise erscheint der Einfluss solcher Menschen umso riesenhafter, je weniger man von ihnen weiß: Schattengewächse, die am besten in der Dunkelheit gedeihen.

Dann aber, 2005, trat Steinmeier urplötzlich ans Licht, als er überraschend deutscher Außenminister wurde in der zweiten Großen Koalition (2005–2009). Was folgte, war ein geglückter Rollentausch und ein rasanter Aufstieg: Plötzlich war Steinmeiers Rolle sehr öffentlich, und es dauerte nicht lange, bis er, der breiten Öffentlichkeit bis dahin unbekannt, zu einem der beliebtesten Politiker des Landes aufstieg. 2009 gar, in einer ziemlich ausweglosen Situation, schob die SPD ihn dann sogar ganz nach vorne: Steinmeier wurde SPD-Kanzlerkandidat. Diese Geschichte allerdings ging weniger gut aus. Es waren schwierige Umstände und vielleicht ohnehin eine Mission, die zum Scheitern verurteilt war; aber der Kandidat fremdelte auch erkennbar mit seiner Rolle. Das war auch nicht verwunderlich, da er bis 2008 – da begann er für den kommenden Bundestagswahlkampf zarte Bande zu einem Brandenburger Ortsverein zu knüpfen – mit Parteiarbeit wenig zu tun gehabt hatte. Und natürlich fiel auf, was man auch vorher hätte wissen können und was auch jetzt, am Vorabend seiner Wahl zum Bundespräsidenten, natürlich thematisiert wurde: dass die SPD beim Kampf ums Kanzleramt nicht gerade einen begnadeten Redner auf den Schild gehoben hatte.

Steinmeier verlor hoch, aber er fiel weich: Er wurde Vorsitzender der SPD-Bundestagsfraktion und fiel auch in dieser Rolle eher als staatstragender Außenminister im Wartestand denn als bissiger Oppositionsführer auf. Vielleicht war das auch ganz gut so, denn 2013 kehrte er ja zurück ins Auswärtige Amt. Die Weltlage hatte sich in den vier Jahren, in denen er nicht die Verantwortung für die deutsche Außenpolitik getragen hatte, dramatisch zugespitzt. Und auch danach wird es nicht ruhiger: Ukraine, Syrien, Türkei, Flüchtlingskrise, all diese und andere Krisen stellten neue Herausforderungen dar. Eines aber war so wie zuvor: Steinmeier galt vielen Deutschen weiterhin als Ausbund von Seriösität und Integrität und wurde gar, wie schon 2013, abermals als Kanzlerkandidat gehandelt, wobei er allerdings diesmal freundlich abwinkte.

Natürlich ist diese Verwandlungsgeschichte Steinmeiers auch für sich genommen schon interessant genug. Aber ihre Relevanz erhält sie eben auch dadurch, dass seine politische Biografie wohl in gewisser Weise über ihn selbst hinausweist. Denn ganz alleine steht Steinmeier nicht mit seinem Karriereweg in der deutschen Politik. Vier Jahre nachdem Steinmeier mit seinem Anlauf auf das Kanzleramt gescheitert war, schickte die SPD den nächsten Ex-Büroleiter und Ex-Referenten nach vorne – und Peer Steinbrück scheiterte ähnlich deutlich wie Steinmeier 2009. Da sind noch andere, am prominentesten neben Steinbrück und Steinmeier der Bundesinnenminister Thomas de Maizière, ein weiterer Politiker aus der ersten Reihe, der über das Amt des Staatssekretärs und des Leiters gleich zweier Staatskanzleien aufstieg. Dahinter verbirgt sich ein Trend zur weiteren Professionalisierung der Politik – und auch zum weiteren Bedeutungsverlust der Parteien. Um in der Politik aufzusteigen, muss man offenkundig nicht mehr der Repräsentant spezifischer Lebenswelten sein – wie sie früher von den Parteien repräsentiert wurden – und auch nicht mehr zwanzig Jahre Parteiarbeit geleistet haben. Als Steinmeier, Steinbrück oder auch de Maizière in die erste Reihe rückten, da hatten sie keine Jahrzehnte im Ortsverein auf dem Buckel und hatten vermutlich in ihrem Leben auch noch keine Plakate für Kommunalwahlkämpfe geklebt. Sie waren ohne Umwege in das operative Politikgeschäft eingestiegen, waren, wie man so schön sagt, »Macher«, Manager politischer Komplexitäten, Maschinisten der Macht. Sie waren ausgebildete Profis, die einen Beruf gelernt hatten. Steinmeiers erste Erfahrung mit Politik hatte also – anders als bei fast allen aus seiner Vorgängergeneration und auch als bei den immer noch meisten aus seiner eigenen Generation – nicht auf emotionsgeschwängerten Parteitagen der Jungsozialisten stattgefunden oder in den verrauchten Räumen des AStA einer Uni, sondern in der niedersächsischen Staatskanzlei. Es gab da offenkundig nie einen utopischen Überschuss, der erst verbraucht werden musste: Steinmeiers Welt war immer schon die Welt des Machbaren, nicht die Welt des Wünschbaren gewesen. Was das für die Zukunft des Politikerberufes bedeutet, ist eine spannende Frage: Auch das macht die Beschäftigung mit der politischen Biografie Frank-Walter Steinmeiers lohnenswert.

Doch im Falle Steinmeier ist das ja ohnehin noch mehr. Seitdem er für das höchste Staatsamt nominiert wurde, wird ihm von einigen Kommentatoren eine noch größere Last aufgebürdet: Er soll als eine Art Korrektiv gegen Populismen aller Art wirken, zumindest symbolisch-habituell einen Kontrapunkt setzen zu all den Trumps, Wilders, Orbans usw., die derzeit so eindeutig die Schlagzeilen bestimmen. Das ist viel verlangt. Auf dem Hintergrund dieser Erwartungen kann ein Blick auf seine Geschichte, auf die Umstände und die Talente, die ihn aus dem kleinen westfälischen Provinznest Brakelsiek in die große Welt geführt haben, helfen, klarer zu sehen, mit wem es die Deutschen zu tun haben werden, wenn Frank-Walter Steinmeier ihr Präsident wird.

2.

Generation Bundesrepublik

»Das war meine Welt«

Ein Nachteil ist es für einen deutschen Spitzenpolitiker offenkundig nicht, aus der Provinz zu kommen. Sonst würden wohl nicht so viele von ihnen aus dünn besiedelten Landstrichen zwischen Dithmarschen und dem Bayerischen Wald stammen, sonst wäre das pfälzische Oggersheim wohl kaum zur Chiffre einer 16 Jahre dauernden Kanzlerschaft geworden und das knorrige Sauerland des Franz Müntefering nicht so oft beschrieben worden. Spitzenpolitiker aus der Provinz kokettieren überdies gerne mit ihrer Herkunft. Fernab der Metropolen, so bedeuten sie, steht man schließlich noch mit beiden Beinen auf der Erde, lässt sich von den Aufgeregtheiten der Großstädter nicht so schnell anstecken, macht nicht jeden modischen Firlefanz mit und lässt überhaupt bei aller Veränderung erst einmal die Kirche im Dorf. Berlin ist weit, soll das wohl heißen – ich aber bin einer von euch.

Auch Frank-Walter Steinmeier wuchs auf dem Land auf, im Dorf Brakelsiek, 1000 Einwohner, im Lipperland in Ostwestfalen gelegen. Auch er hat die Vorzüge entdeckt, die in dem Verweis auf die Provinz liegen können. Als er sich im Sommer

2007, anfangs noch tastend und sehr vorsichtig, den Wählern seines neuen Wahlkreises für die Bundestagswahl in Brandenburg vorstellte, verwies er sogleich auf die Gemeinsamkeit der Mentalitäten, weswegen man gewiss gut miteinander auskommen werde. Schließlich seien auch die Menschen in Ostwestfalen zunächst ein wenig sperrig und nicht immer gesprächig, dann aber dafür umso herzlicher und vor allem immer geradeheraus und ehrlich.

In seinem 2009 erschienenen Buch *Mein Deutschland. Wofür ich stehe* hat Steinmeier die Menschen in seiner Heimat dann auch auf liebevolle Art und Weise porträtiert: »Widerwille gegen jede Form von Umstand und Zeremoniell« zeichne diesen Menschenschlag aus, schreibt er, und »ihre Skepsis gegenüber Windmachern und Wolkenschiebern«. Irgendwie habe es sich wohl »in den Gencode der Menschen eingeschrieben, bodenständig und ehrlich zu sein, wohl auch deswegen, weil es nie viel zu verteilen gab und man mit Ehrlichkeit am weitesten kam«.

Doch auch wenn es die Provinz ist, in die Frank-Walter Steinmeier am 5. Januar 1956 hineingeboren wird: Es sind, mit den Worten des Historikers Axel Schildt, auch »dynamische Zeiten«, und der Modernisierungsstrom dieser Jahre erfasst das ganze Land. Das Leben mag abseits der Metropolregionen weiterhin entschleunigter vor sich gehen und bisweilen weniger aufregend sein. Doch die Unterschiede sind in den 1960er Jahren bereits weniger gravierend als noch zehn, zwanzig oder dreißig Jahre früher. Schon 1967 oder 1968, so erinnert sich Steinmeiers Bruder Dirk, hält im elterlichen Haus das Fernsehen Einzug; jetzt ist die große, weite Welt schon nicht mehr ganz so weit weg. Sie rückt auch deswegen näher, weil die spezifischen regionalen Milieus und Sonderkulturen bald in atemberaubender Geschwindigkeit erodieren. Sicher: Seit 1538 ist dieser Landstrich evangelisch, später reformiert »mit allem, was dazugehört«, wie Steinmeier später sagt: »Ich erinnere mich an Menschen mit großem inneren Ernst, an Pastoren mit wortstarker, zuweilen donnernder Predigt. Und die hatte lang und ausführlich zu sein! Ein Gottesdienst unter einer Stunde wäre als Arbeitsverweigerung verstanden worden.« Das sagt er 2016, bei der Verleihung eines Ökumenepreises, und fügt hinzu: »Das war meine Welt. Und daneben gab es keine andere bis zum Ende der Grundschulzeit.« Reformiert sein war normal, »lutherisch«, das war schon etwas anderes. Und Katholiken gab es nicht in dieser Welt, sieben Kilometer von der Landkreisgrenze entfernt, hinter der das katholische Paderborn die Milieus bestimmt. Die konfessionellen Gegensätze nehmen freilich schon in dieser Zeit ab, wie die Religion im täglichen Leben überhaupt eine geringere Rolle spielt – wenn die Steinmeiers, offiziell evangelisch, den Kirchgang daher allenfalls noch an Weihnachten praktizieren, schaut sie im Dorf niemand mehr schief an. Es mag schon sein, dass religiöse Milieus und Traditionen auch in Zeiten der Säkularisierung untergründige Wurzeln haben und daher vieles an Steinmeier später noch eine protestantische, oder spezifischer: calvinistische Prägung verrät – die Wertschätzung des Wortes, das Arbeitsethos, Hochschätzung für Verantwortung, schließlich auch die oft quälende Beschäftigung mit den eigenen Fehlern und Versäumnissen bei Niederlagen und Rückschlägen. Dennoch: Nukleus der Dorfgemeinschaft ist das protestantische Gemeindehaus damals schon nicht mehr, weder für ihn noch für die meisten anderen seiner Generation. Erst später wird für ihn, der mit einer Katholikin verheiratet ist, die Kirche wieder wichtiger werden.

Auch das Plattdeutsche schwindet langsam aus dem aktiven Wortschatz der Jüngeren. Steinmeier selbst kann es noch verstehen, wächst aber seit frühester Kindheit mit Hochdeutsch auf, in dem eine ostwestfälische Sprachfärbung freilich erhalten geblieben ist. Weniger Menschen arbeiten jetzt in der Landwirtschaft, viele suchen sich stattdessen Arbeit im Industrie- oder im Dienstleistungssektor. So ist es auch in Brakelsiek, das heute vor allem ein »Wohndorf« ist, von dem aus die Menschen morgens zu ihrer Arbeitsstelle in die nächstgrößeren Orte fahren.

Auch die alteingesessenen Brakelsieker sind nun nicht mehr ganz so unter sich wie in früheren Jahrzehnten, nicht nur, weil Menschen aus den umliegenden Städten sich ebenfalls zum Pendeln entschieden haben und auf der Suche nach billigem Baugrund in Brakelsiek fündig werden. Die deutsche Gesellschaft wird zum Ende des Zweiten Weltkrieges vor allem durch gewaltige Migrationsströme durcheinandergewirbelt: Millionen von Deutschen flüchten vor der Roten Armee gen Westen. Später kommen jene hinzu, die nach 1945 aus den ehemals deutschen Ostgebieten vertrieben werden und in der Bundesrepublik ganz von vorn anfangen müssen.

Aufgewachsen in der Normalität

Eine, die dieses Schicksal im Januar 1945 ereilt, ist die 15-jährige Ursula Broy. Kurz bevor Breslau im Januar 1945 zur Festung erklärt wird, flieht sie vor der anstürmenden Roten Armee. Eine ungewöhnliche Familie ist es, die sich bei minus 20 Grad mit einem Handwagen und nur wenigen Habseligkeiten auf den Weg gemacht hat: Sie besteht ausschließlich aus Frauen, zunächst sind es vier, später werden es fünf – Ursulas Schwester Ilse ist schwanger und bekommt auf der Flucht eine Tochter. Über ein Jahr dauert ihre Reise. Sie beginnt bei Peterswaldau, führt über das Eulengebirge und dann zunächst nach Magdeburg, von dort nach Westen, Richtung Ruhrgebiet. Nach mehreren kürzeren

Aufenthalten erreichen die Frauen am Ostersonntag 1946 auf einem LKW die Gaststätte »Zur Post« im ostwestfälischen Brakelsiek. Dort im Saal werden die Vertriebenen auf die Bauernhöfe im Dorf verteilt.

Auf einem der umliegenden Bauernhöfe wohnt auch die Familie Steinmeier, die wohl schon seit Ewigkeiten im Lipperland lebt. Ihr Hof gibt nicht viel her, vom Frühjahr bis zum Herbst begeben sich die Männer der Familie auf Wanderschaft, meist ins Ruhrgebiet, um dort in Ziegelbrennereien zu arbeiten. Der jüngste Sohn der Steinmeiers heißt Walter, er ist nur ein Jahr älter als Ursula. Es ist alles sehr überschaubar in Brakelsiek mit seinen 1000 Einwohnern. Wie auf dem Land üblich, gibt es daher keine spektakuläre Geschichte des ersten Kennenlernens. Im August 1955 heiraten Walter Steinmeier und Ursula Broy. Fünf Monate später kommt ihr erster Sohn zur Welt. Sie taufen ihn auf den Namen Frank-Walter, aber niemand wird ihn in den ersten vierzig Jahren seines Lebens so nennen. Er heißt für alle schlicht »Frank«. Sein Bruder Dirk kommt acht Jahre später zur Welt. Während der Jüngere von beiden schon einmal fünfe gerade sein lässt und als Pubertierender wesentlich interessantere Dinge als die Schule entdeckt, ist der Ältere der Vernünftigere und Ernsthaftere. Die Journalisten, erzählt Dirk Steinmeier, fragten ihn oft, ob sein Bruder, der hochseriöse Außenminister, denn nicht wenigstens als Heranwachsender einmal so richtig unvernünftig gewesen sei und über die Stränge geschlagen habe. Er gebe immer dieselbe Antwort: Nein.

Die Steinmeiers führen ein weitgehend sorgenfreies Leben. Finanziell muss die Familie keine Not leiden, das Wirtschaftswunder geht auch an Brakelsiek nicht vorbei. Walter Steinmeier ist Tischler, seine Frau Ursula arbeitet erst in einer Pinselfabrik und findet später eine Anstellung als Forstarbeiterin. Doch der Wohlstand ist bescheiden und hart erarbeitet. Während die Steinmeiers relativ früh einen Fernseher kaufen, zögern sie die Anschaffung eines Autos lange hinaus; erst 1975 steht ein orangefarbener VW 1600 TL vor der Tür. Bis dahin hat sich auch Vater Steinmeier mit einem BMW-Motorrad begnügt. Zu den seltenen Urlauben der Familie, einmal an die Nord-, und ein anderes Mal an die Ostseeküste, fährt der Vater mit Frank im Beiwagen auf dem Motorrad voraus, die Mutter folgt mit Dirk im Zug. Mitte der 1960er Jahre schließlich baut der Vater ein eigenes Haus für die Familie, größtenteils in Eigenregie und mit tatkräftiger Unterstützung von Verwandten und Nachbarn. Es dauert beinahe vier Jahre, bis das idyllisch am Ortsrand gelegene und durchaus großzügige Eigenheim endlich fertig ist.

Es ist die Normalität, die diese Kindheit und Jugend mehr als alles andere auszeichnet. Im Mittelpunkt des Dorflebens steht der Fußballverein – wie bei Millionen anderer Deutscher auch. Ein Filigrantechniker ist der junge Steinmeier nicht gerade, aber doch ein brauchbarer Mannschaftsspieler, der die These bestätigt, dass die Art, Fußball zu spielen, bisweilen mit den Charaktereigenschaften korrespondiert: Steinmeier spielt mannschaftsdienlich, besitzt große Ausdauer, kann hart verteidigen und lässt sich vom Trainer klaglos von der einen auf die andere Position verschieben – große Inspiration für das Offensivspiel des TuS Brakelsiek geht von ihm hingegen nicht aus. Sein Spitzname, das ist mittlerweile hinlänglich bekannt, lautet »Prickel«, und die Entstehungsgeschichte und Bedeutung dieses Spitznamens sind symptomatisch für diesen Menschen, der einfach keine Geschichten und Anekdoten produziert: Es gibt sie nicht. Trotz intensiver Nachforschungen fanden die Journalisten der Republik bisher niemanden, der wüsste, was es damit auf sich hat. Die Menschen in Brakelsiek finden derlei Recherchen freilich ziemlich unsinnig. »Der hieß halt so«, sagen sie und fragen sich, wie man darum bloß so ein Riesen-Tamtam machen kann.

Als Frank-Walter Steinmeier zehn Jahre alt ist, erfolgt die erste wichtige Weichenstellung seines Lebens: Er geht auf das neusprachliche Gymnasium in Blomberg. Die Eltern üben keinen Druck auf ihn aus, es ist im Grunde, sofern man das bei einem Jungen dieses Alters überhaupt sagen kann, seine eigene Entscheidung. Doch als er seinen Wunsch signalisiert hat, unterstützen sie ihn. Sein Grundschullehrer hat ihnen zugeredet und gesagt, wenn Frank sein Junge wäre, würde er ihn aufs Gymnasium schicken. Der Lehrer ist sich sicher, dass Frank es schaffen kann.

Brakelsiek oder die Kraft der Kontinuität

Steinmeier ist zwar der Einzige aus seiner Grundschulklasse, den es nach Blomberg verschlägt, aber einen großen Kulturschock löst das bei ihm offenbar nicht aus. Dabei ist das bei Kindern aus einfachen Verhältnissen in der Bildungsexpansion der 1960er Jahre – als auch Söhne und Töchter aus Arbeiterfamilien beginnen, höhere Schulen zu besuchen – keine Seltenheit. Steinmeier erfährt dort keine Benachteiligung. Blomberg ist eher klein, die Stadt hat rund 10.000 Einwohner, die Schule einen ordentlichen, aber keinen glänzenden Ruf, ein abgegrenztes Milieu von Bildungsbürgern gibt es in der Stadt kaum. Die besonders ambitionierten Eltern aus der Gegend schicken ihre Kinder lieber nach Detmold oder gar nach Bad Pyrmont ins benachbarte Niedersachsen. Dort, erzählt man stolz, habe schließlich schon der russische Zar Peter der Große in den sprudelnden Quellen des Kurortes seine Erkrankung an Leber und Galle behandelt. Blomberg ist dagegen, nun ja, doch ein wenig unspektakulärer. Steinmeier fühlt sich wohl in Blomberg, schließt neue Freundschaften – Brakelsiek und sein Fußballverein jedoch bleiben der Mittelpunkt seines Lebens. Das Abitur wird er ohne größere Probleme machen, mit zufriedenstellenden, aber keinesfalls herausragenden Noten.

Ordentlich, piefig und betulich: Frank-Walter Steinmeier – blondgescheitelt, mit hellem Schlips und weißem Hemd – als Tanzschüler im lippischen Blomberg Anfang der 1970er-Jahre (dritte Reihe v. u., 6. v. l.).

Und die Politik? Lippe ist zwar eine tiefrote Gegend, aber Steinmeiers Elternhaus ist eher unpolitisch. Er selbst sagt, die Ostpolitik Willy Brandts und das anschließende Misstrauensvotum hätten ihn politisiert. Das mag so gewesen sein; es ist jedenfalls die Standardantwort der Sozialdemokraten seiner Generation. Nach eigener Aussage muss er schon zu Schulzeiten politisch engagiert gewesen und den Jusos beigetreten sein, der Eintritt in die SPD erfolgt dann 1975. Doch fragt man etwa Rainer Brinkmann, der von 1998 bis 2002 für die SPD im Bundestag saß und zu jener Zeit die Arbeit der Jungsozialisten in Detmold organisierte, so kann der sich an Steinmeier nicht erinnern und findet auch bei sorgfältigster Durchsicht seiner Papiere keinen Hinweis auf ihn. Ebenso ergeht es Klaus Geise, der seit 2002 Bürgermeister von Blomberg ist und den Jusos in dieser Stadt vorstand. Auch er kann sich an Steinmeier, der zwei Klassen über ihm das neusprachliche Gymnasium besuchte, nicht erinnern. Allerdings hat Steinmeier auch nie einen Zweifel daran gelassen, dass ihn die linken Theoriedebatten der damaligen Jusos abgestoßen hätten. Er sagt, seine »Stamokap-Phase« sei recht kurz gewesen; aber ob es sie überhaupt gegeben hat, lässt sich schwer sagen.

Leicht ist es sowieso nicht, das frühe Leben der Politiker aus der Generation Steinmeiers zu deuten. Das Koordinatensystem, mit dem frühere politische Generationen vermessen wurden, taugt zur Vermessung ihrer Erfahrungsräume jedenfalls kaum noch: Es gibt da keine historischen Zäsuren mehr, die ihr politisches Handeln erklären – den großen Ernstfall oder einen Ausnahmezustand der Politik haben sie nie kennengelernt. Ebenso unergiebig ist es, sie vor allem aus ihrer konfessionellen oder regionalen Herkunft zu erklären. Beides ist schon bei Steinmeier nicht mehr bedeutsam, nicht weil die Provinz keine Rolle spielt, sondern weil sich diese Provinz überall in Deutschland sehr ähnlich geworden ist. Das Verhalten der Alterskohorte vor Steinmeier, das sind die Achtundsechziger, ließ sich oft zumindest noch aus einem harten Generationenkonflikt erklären, da sie sich ihre Freiheiten und das Recht auf ein selbstbestimmtes Leben vielfach noch gegen eine konservative, autoritäre Umwelt erkämpfen musste. Doch auch das ist bei Steinmeier und vermutlich auch bei vielen seiner Generationsgenossen nicht mehr notwendig. Auch er trägt als Heranwachsender lange Haare, hört die Beatles und die Rolling Stones – und eckt nicht an. Die Gesellschaft ist bereits liberaler und toleranter geworden, man muss schon ein bisschen mehr als das leisten, um noch gegen ihre Konventionen zu verstoßen. Und insbesondere Steinmeiers Eltern sind von einer großen Liberalität, deren Ursprung auch für den Außenminister selbst im Rückblick nicht ganz erklärlich ist. Gleiches gilt aber auch für die Großmutter mütterlicherseits, bei der er nachmittags viel Zeit verbringt, da beide Elternteile berufstätig sind. Es gibt kaum Strafen und so gut wie keine Verbote, das Vertrauen in die Söhne scheint sehr groß gewesen zu sein. Frank-Walter Steinmeier fehlt jeder Grund zur Rebellion.

Deswegen sieht er sich auch nie veranlasst, von seiner Heimat auf abrupte oder radikale Weise Abschied zu nehmen. Es fügte sich alles, Brakelsiek ist einfach der Beginn einer Entwicklung, die stetig nach oben führte. Als Steinmeier zur Bundeswehr geht und dann schließlich zum Studium nach Gießen, verbringt er die Wochenenden zunächst noch zu Hause und streift an den Sonntagen dann und wann weiterhin das Fußballtrikot des TuS 08 Brakelsiek über. Später, bei bereits knapp bemessener Zeit als Chef des Bundeskanzleramtes, verbringt er die Feiertage in seinem Heimatdorf. Erst das Amt des Außenministers macht diese Art von normaler Privatheit fast unmöglich. Selbst der eigene Bruder dringt im Auswärtigen Amt häufig nur bis ins Vorzimmer durch und muss die Glückwünsche zum Geburtstag von seiner Schwägerin übermitteln lassen. Brakelsiek bleibt für Steinmeier wohl bis zum Ende ein Stück Sicherheit und Geborgenheit, gleichsam eine letzte Rückzugslinie gegen die Unwägbarkeiten des Jetzt und der Zukunft.

Auch Gerhard Schröder, der nur 15 Kilometer entfernt aufwuchs und mit dem Steinmeier oft verglichen wird, hat zwar bisweilen mit Mossenberg und seinem Kleine-Leute-Image kokettiert. Aber das war doch etwas anderes. Denn ihm, der wirklich in bitterer Armut und sozial ausgegrenzt leben musste, bedeutete das Weggehen von Anfang an eher Aufbruch, Befreiung und das Ende einer deprimierenden, von permanenter Benachteiligung geprägten Kindheit. Seiner Mutter versprach er als Heranwachsender, dass er sie dereinst »mit dem Benz« abholen werde; Steinmeier schlief auch als Chef des Bundeskanzleramts bei seinen seltenen Stippvisiten in der Heimat in seinem alten Kinderzimmer.

So sollte Kontinuität das beherrschende Leitmotiv im Leben des Frank-Walter Steinmeier werden: Kontinuität des sozialen Aufstiegs, Kontinuität in seinen Freundschaften, Kontinuität in seinen Ansichten. 14 Jahre studierte Steinmeier später in Gießen, machte dort sein Referendariat, promovierte. In der WG, in der er wohnte, wechselten in diesen 14 Jahren viele Male die Mitbewohner. Steinmeier und sein guter Freund Dietrich Härtel aber harrten dort wie ein altes Ehepaar 14 Jahre aus. Dieses Leben in dieser ziemlich heilen Welt ist frei von Brüchen, und vielleicht erklärt dies, warum Loyalität und Solidität, aber eben manchmal auch übergroße Vorsicht und eine unwahrscheinliche Bedachtsamkeit Steinmeiers Charakter prägen. Wer irgendwann in seinem Leben einmal gezwungen war, Tabula rasa zu machen, Abschied zu nehmen, der entwickelt ein anderes Verhältnis zum Regelbruch und zur Unkonventionalität. Er lernt daraus, dass einen manchmal nur der Verrat voranbringt: Verrat an den Überzeugungen der Vergangenheit, Verrat manchmal auch an den Menschen aus der Vergangenheit. Steinmeier aber konnte aus der Geschichte seines Erfolges ja nur den einen Schluss ziehen: dass es sich immer auszahlt, wenn man nach den Regeln spielt, stets einen Fuß vor den anderen setzt und dabei nie vergisst, was einen so weit gebracht hat. Im Fragebogen des Magazins der *Frankfurter Allgemeinen Zeitung* hat er auf die Frage nach seiner größten Schwäche jedenfalls nicht die »Ungeduld« genannt, jene in Wahrheit natürlich völlig lässliche

Tugend eitler Politiker, die sich damit dynamisch und tatkräftig zeigen wollen. Steinmeier war immer geduldig. An Zäunen hat er nie gerüttelt. Er klingelte an der Tür und stellte sich höflich vor; und manchmal brauchte er auf der Türschwelle auch einen kleinen Schubser.

Studium und WG-Karriere

1974 hat Frank-Walter Steinmeier, der Tischlersohn aus Brakelsiek, das Abitur in der Tasche. Er darf studieren, doch zuerst muss er seinen Wehrdienst leisten – bei der Luftwaffe in Goslar. Steinmeier sitzt geduldig seine Zeit ab, so wie Millionen Deutsche vor ihm und nach ihm. Zumindest leidet er offenkundig nicht zu sehr daran: Er absolviert statt der vorgeschriebenen 18 gleich 21 Monate, um seinen Wehrsold aufzubessern. Das soll helfen, sein Studium zu finanzieren. Eigentlich hat Steinmeier mit dem Journalismus geliebäugelt, Sportreporter will er vielleicht werden. Auch ein Studium der Architektur erwägt er. Schließlich aber entscheidet er sich für die Rechtswissenschaft, aus denkbar pragmatischen Gründen: Jura gilt damals als sicheres Brotstudium.

Die Universität Gießen ist wohl nicht seine erste Wahl, doch verantwortlich dafür ist die ZVS, die die Studienplätze zentral zuweist – und außerdem die Tatsache, dass Steinmeier einen wichtigen Teil seiner Heimat mit in die Ferne nehmen möchte: seine Freundin Waltraud, mit der er schon seit Schulzeiten liiert ist. Sie kommt aus einem Nachbardorf von Brakelsiek und möchte Sonderschulpädagogik studieren. Sehr viele Universitätsstädte gibt es nicht, in denen beides möglich ist.

Es ist eine von zwei längeren Liebesbeziehungen im Leben des Frank-Walter Steinmeier, mit einigen Unterbrechungen bleiben die beiden fast 14 Jahre zusammen. 1983 zieht Waltraud für ihr Referendariat nach Oberhausen. Eine Zeit lang führen sie noch eine Fernbeziehung, doch lange geht das nicht gut. Als die Liebe schließlich endet, ist das für Steinmeier, der auch in dieser Hinsicht ein Mensch der Kontinuitäten ist, ein schwerer Einschnitt. In der unmittelbaren Zeit nach der Trennung, erinnern sich seine Freunde in Gießen, hätten sie diesen ansonsten so fröhlichen und gutgelaunten Menschen das einzige Mal in vielen Jahren tieftraurig erlebt.

Im Studium beginnt Steinmeiers ungewöhnlich lange WG-Karriere. 14 Jahre sind es in Gießen, dann vier Jahre in Hannover, wobei er dort bereits mit seiner späteren Frau Elke Büdenbender zusammenlebt. Es ist keine ideologische Entscheidung. Für Steinmeier ist die Wohngemeinschaft keine Keimzelle der revolutionären Gesellschaft, und er wäre wohl auch nicht auf die Idee mancher Kommunarden gekommen, als Akt gegen den Spießerstaat die Klotüren auszuhängen. Er ist einfach ein geselliger Mensch, der gern andere Menschen um sich hat und dessen Toleranzschwelle sehr hoch liegt. Wenn man ihn so lebhaft davon erzählen hört, denkt man, er hätte das WG-Leben gern noch länger geführt. Doch als seine Tochter Merit unterwegs ist, wählen er und seine Frau Elke 1996 das bürgerliche Lebensmodell und nehmen sich in Hannover für die Familie eine Wohnung. Von 1998 bis 2000 wird er allerdings abermals in WGs leben. Mit Gerhard Schröder und anderen aus seinem Team bezieht er ein Gästehaus auf dem Bonner Venusberg. Es ist die wohl mächtigste WG Deutschlands. In Berlin kommen Frau und Tochter dann erst mit ein wenig Verzögerung nach. Steinmeier gründet in der Zwischenzeit eine neue WG mit Alfred Tacke, dem Staatssekretär im Wirtschaftsministerium. So blickt er heute auf rund zwanzig Jahre Wohngemeinschaftsleben zurück.

Steinmeiers erste WG liegt im Gießener Stadtteil Wieseck, rund fünf Kilometer von der Innenstadt entfernt. Die Gegend besitzt noch einen dörflichen Charakter – ein Stück Brakelsiek hat er sich vielleicht bewahren wollen. Es sei, erzählt sein langjähriger Mitbewohner Dietrich Härtel, ein »offenes Haus« gewesen, mit viel Besuch und einer großen Kochrunde an Sonntagen. Für Härtel, der kurz nach dem jungen Mann aus Brakelsiek dort einzieht, war es nicht schwer, es mit Frank-Walter Steinmeier 14 Jahre auszuhalten. An keinen wirklichen Streit, nicht einmal an eine schwere Verstimmung erinnert er sich. »Es ist immer leicht mit Frank gewesen, er war sehr ausgeglichen und strahlte eine Ruhe aus, die sich automatisch auf seine Umgebung übertragen hat.« Die Quelle dieser Gelassenheit vermutet Härtel in Brakelsiek, und er kommt auf Steinmeiers Eltern zu sprechen, die häufig an den Wochenenden und stets mit einem gebackenen Kuchen in Gießen vorbeischauten. Sie hätten einen großen Gleichmut ausgestrahlt und das Gefühl vermittelt, im Leben komme letzten Endes schon immer alles in Ordnung. Und Härtel, der heute als Psychiater in Berlin lebt, findet eine schöne Formulierung für das innere Gleichgewicht Steinmeiers: Er trage wohl auch heute noch ein Stück »inneres Brakelsiek« mit sich durch die Welt. Sehr genügsam sei Steinmeier all die Jahre hindurch gewesen, sein Bier habe er in der immer gleichen Gießener Stammkneipe getrunken. Richtig betrunken habe er seinen Freund allerdings nie erlebt und auch nicht als großen Tänzer auf Partys. Liebhaber der Anekdote kommen bei Steinmeier also auch in seinen Gießener Jahren nicht auf ihre Kosten. Vor allem ein Bild seines Freundes hat sich allerdings bei Härtel eingebrannt: wie dieser häufig in Lektüre vertieft in der Badewanne sitzt und dabei alle Zeit der Welt zu haben scheint. Ein Träumer ist er vielleicht nicht gerade, aber sein Leben verläuft weiterhin in ruhigen Bahnen und mit Freiräumen, die er sichtlich genießt.

Intellektuelle Einflüsse

In der Tat ist das Lesen wohl seine große Leidenschaft, und aus dem Jungen aus Brakelsiek, der seine Schulkarriere zwar mit großer Gewissenhaftigkeit, aber ohne den allergrößten Enthusiasmus absolviert hat, wird jemand, der die intellektuellen Einflüsse aus seiner Umwelt begierig aufsaugt. »Nie mehr in meinem Leben habe ich so intensiv und so viel gelesen wie in den Studienjahren, weit über das Juristische hinaus«, schreibt Steinmeier in seinem Buch *Mein Deutschland*. Der stärkste intellektuelle Einfluss geht aber von dem Jura-Professor Helmut Ridder aus. Unter den Rechtswissenschaftlern seiner Zeit ist er auf jeden Fall ein Exot. Ridder gilt als linker Staatsrechtler, was allerdings nur im Kontext der mehrheitlich konservativen Rechtswissenschaft Sinn ergibt; mit Sozialismus hat Ridder nämlich nicht viel am Hut. Er fühlt sich einem klassischen Linksliberalismus verpflichtet, und Steinmeier selbst ordnet ihn im Rückblick als »Radikaldemokraten« ein. Einer breiteren Öffentlichkeit ist er vor allem als Vorsitzender des Kuratoriums »Notstand der Demokratie« bekannt, das gegen die Notstandsgesetze der Großen Koalition kämpft. Auch in den Diskussionen um Berufsverbote für Mitglieder der KPD streitet er für die liberale Sache und ist außerdem Mitherausgeber des »Alternativkommentars« zum Grundgesetz. In seinem Auftreten ist Ridder freilich eine typisch deutsche Ordinarien-Figur: ein wenig eitel, weitschweifig, auf förmliche Distanz zu seinen Studenten bedacht. Doch was Steinmeier an ihm bewundert, das ist seine breite und universale Bildung, die ihn bei Vorlesungen von einem Artikel im Versammlungsrecht mühelos zum Liberalismus des 19. Jahrhunderts und von dort weiter in die griechische Antike springen lässt. Für manche Gießener Jurastudenten sind Ridders Vorlesungen ein Gräuel und eine regelrechte Pein, denn wie er schreibt, so spricht er auch: Seine Sätze sind schier endlos. Wer nur den Examensstoff beherrschen will, kann das meiste davon rasch vergessen. Wer Ridders Vorlesungen hingegen als intellektuellen Steinbruch begreift und sie durch eigene Lektüre vertieft, für den können sie eine ergiebige Angelegenheit sein. Bei Frank-Walter Steinmeier ist es so.

Besonders wichtig ist Ridder der Blick über den Tellerrand des eigenen Faches. Die Rechtswissenschaft, so findet er, könne nie für sich stehen, sondern müsse sich auch mit anderen Disziplinen auseinandersetzen, vor allem mit der Volkswirtschaftslehre und der Politikwissenschaft. Fachidioten sind ihm zuwider. Von einem solch breiten Interesse wird auch Steinmeier nachhaltig geprägt, der sich 1980 zusätzlich in Politikwissenschaft einschreibt und dort einige Seminare besucht. Das fördert die Einsicht, dass man die Politik und das Recht, wie Ridder selbst sagt, »vielleicht unterscheiden, aber nicht trennen kann«. Für jemanden, der später an der Schnittstelle zwischen Politik und Verwaltung arbeiten wird, ist das vermutlich eine wichtige Erkenntnis gewesen: dass sich diese beiden Sphären gegenseitig durchdringen, dass es immer einen politischen Kontext gibt, in dem all die Paragrafen erst ihren Sinn ergeben – dass aber andererseits jeder gesellschaftliche Bereich immer auch erst durch die entsprechenden Rechtsnormen politische Gestalt gewinnt. Als er nach Studium und Referendariat in Gießen am Lehrstuhl arbeitet und 1991 bei Ridder promoviert, da sucht sich Steinmeier wohl nicht zufällig ein Thema aus, das bis dahin von der Rechtswissenschaft etwas stiefmütterlich behandelt worden ist: Obdachlosigkeit. Im juristischen Koordinatensystem, so Steinmeier, sei sie weithin nur als Störung der öffentlichen Sicherheit definiert, was der sozialen Wirklichkeit mittlerweile völlig hinterherhinke. Am Ende plädiert er für ein »Grundrecht auf Wohnen« und schreibt eine für einen Juristen fraglos sehr politische Arbeit.

Im Mittelpunkt des Kreises von Studenten und Doktoranden, der sich um Ridder bildet, steht die von ihm herausgegebene Zeitschrift *Demokratie und Recht* (DuR). Steinmeier arbeitet seit Anfang der 1980er Jahre im Redaktionsteam mit. Ein weiteres Mitglied ist Brigitte Zypries, die von 2002 bis 2009 Bundesjustizministerin unter Schröder und Merkel sein wird. Es ist eine Bekanntschaft, die für Steinmeiers Leben noch große Bedeutung haben wird. Die redaktionelle Arbeit absorbiert fortan einen Großteil seiner freien Zeit. Und wie sein damaliger Redaktionskollege Michael Breitbach erzählt, sind die Redaktionsräume generell ein Ort der sozialen Begegnung gewesen, in denen viel diskutiert und auch gemeinsam gegessen und getrunken wurde und wo sich manche Freundschaften bildeten. Ein unpolitischer Zirkel ist es nicht. Die meisten sind linksliberaler Gesinnung; echte Marxisten bleiben der Gruppe eher fern. Alle Beteiligten wissen auch, was Ridder mit der Zeitschrift bezweckt: Er schafft ein Gegengewicht zum konservativen Mainstream der deutschen Rechtswissenschaft. In den 1970er Jahren reicht das vermutlich schon, um sich ansatzweise verdächtig zu machen. Dass die Zeitschrift *Demokratie und Recht* vom Verfassungsschutz beobachtet wird, ist den Redaktionsmitgliedern bekannt. Diese Reaktion des Staates erscheint, liest man die Beiträge in der Zeitschrift heute, einerseits ziemlich absurd. Andererseits wird die Zeitschrift vom Pahl-Rugenstein Verlag getragen, von dem man schon damals und nicht zu Unrecht vermutet, dass er finanzielle Unterstützung aus der DDR erhält. Im Herausgeberkreis finden sich außerdem auch einige linksorthodoxe Juristen und Politologen – und das schafft seit Anfang der 1980er Jahre einige Probleme. Denn die Mehrzahl der Beiträge in *Demokratie und Recht* greift zwar klassisch linke Themen jener Zeit auf, beschäftigt sich etwa mit den Radikalenerlassen oder der Justiz in der NS-Zeit. Doch um nicht als sektiererisch wahrgenommen zu werden und zur Mainstream-Rechtswissenschaft wenigstens den Anschluss zu halten, versucht die Redaktion ein offenes Forum zu bieten. So bemüht man sich etwa, auch konservativen Juristen die Möglichkeit zur Publikation zu geben, was allerdings angesichts der schroffen Frontstellung innerhalb des Faches nur selten gelingt. Vor allem aber erscheinen Artikel, die sich kritisch mit dem Rechtssystem auf der anderen Seite des Eisernen Vorhangs beschäftigen. Ein Aufsatz, der das DDR-Strafrecht scharf kritisiert, führt endgültig zu einem offenen Zerwürfnis zwischen Ridder und einem Teil der Herausgeber, die nun stärker versuchen, Einfluss auf die Redaktionsarbeit zu nehmen. 1984 resigniert Ridder und tritt von der Redaktion der *DuR* zurück. Das bedeutet auch das Ende der Arbeit für die übrigen Redaktionsmitglieder. Fortan wird die Redaktion dem Hamburger Staatsrechtler Norman Paech übertragen. Steinmeier wird ihn viele Jahre später persönlich treffen: Er wird als Abgeordneter der Linkspartei im BND-Untersuchungsausschuss sitzen, vor dem sich der Außenminister 2008/2009 zu verantworten hat.

Die Trauer über das Ende des gemeinsamen Projektes ist einerseits groß, denn die Zeitschrift ist ein Stück Lebensinhalt gewesen. Andererseits aber sind die Gängelungen von Herausgeberseite am Ende so stark geworden, dass Ridders Entscheidung von allen mitgetragen wird. Nun ist auch wieder mehr Zeit für andere Projekte, und der Ridder-Kreis arbeitet gemeinsam an einem Kommentar zum Versammlungsrecht. Steinmeier fungiert dabei sogar als einer der Herausgeber.

So ist sein Leben in Gießen mit der Wissenschaft recht ausgefüllt gewesen. Natürlich steht sein Schaffen in einem politischen Kontext. In seinem eigenen Buch *Mein Deutschland* gibt er durchaus erschöpfend darüber Auskunft, welche Debatten ihn damals bewegt haben. Und auch seine Publikationen aus der damaligen Zeit zeigen ihn als Menschen mit einer linksliberalen Gesinnung, der freilich den Traum vom Sozialismus nie so recht mitgeträumt hat. Doch auch in Gießen engagierte er sich weder in der SPD noch in der Juso-Hochschulgruppe. Er habe sich eben für Dinge eingesetzt, die ihn persönlich betrafen, sein Leben sei die Universität gewesen, sagt er heute. Im Übrigen habe er ganze Veranstaltungsreihen über die »Zukunft der Arbeit«, »Obdachlosigkeit« oder die »Justiz im Nationalsozialismus« initiiert und organisiert und damit gewiss stärker an der Front gestanden als all jene, die »sich den Hintern breit gesessen« und dabei abstrakte Theoriedebatten geführt hätten. Natürlich habe er sich intensiv mit Marx beschäftigt, aber all die rein ökonomistischen Betrachtungsweisen habe er doch für reichlich verengt gehalten.

So spricht lange Zeit alles für eine Universitätskarriere: Die Arbeit am Lehrstuhl und mit den Studenten, die Redaktion der *DuR* und auch das Publizieren von Aufsätzen, all das füllt ihn intellektuell aus. Dass sein beruflicher Weg schließlich eine andere Kurve nimmt, hat in erster Linie mit seiner Dissertation zu tun, die ihm den Spaß an der Sache ziemlich verleidet und ihn vor allem die letzten zweieinhalb Jahre seiner Assistentenzeit beschäftigt. Die Arbeit zur Obdachlosigkeit setzt sich gründlich und systematisch mit der Materie auseinander. Für ihren Autor werden die 444 Seiten mit ihren 200 Untergliederungspunkten allerdings eine zähe Angelegenheit. »So etwas bei der Habilitationsschrift noch einmal zu machen, erschien mir keine sehr erfreuliche Aussicht«, sagt Steinmeier trocken.

Doch er hat offenbar keine ganz konkreten Vorstellungen darüber, was er mit seinem Leben anfangen soll. Die grobe Richtung ist klar, es soll eher öffentliche Verwaltung als freie Wirtschaft sein. Irgendwann erreicht ihn ein Anruf von Brigitte Zypries, die mittlerweile in der Staatskanzlei in Hannover arbeitet. Sie erzählt ihm vom rot-grünen Projekt unter Gerhard

Schröder, schwärmt von Aufbruchsstimmung und rät ihm, sich doch einmal zu bewerben. Bisher hat er ein ziemlich ruhiges Leben geführt. Jetzt wird es rasant an Fahrt gewinnen.

3.

Schröders Mann

Lakonischer Beginn einer langen Beziehung

Für viele wird Frank-Walter Steinmeier immer »Schröders Mann« bleiben: sein treuester, wichtigster Mitarbeiter und später dann auch so eine Art Denkmalpfleger der Kanzlerschaft Gerhard Schröders, als Verteidiger vor allem der bis heute in der Partei umstrittenen Agenda 2010. Bei allen Weichenstellungen der politischen Karriere Steinmeiers spielt Schröder eine Rolle: manchmal ganz direkt, als Unterstützer; bisweilen aber auch nur als Schatten, der sich nicht immer zu seinem Vorteil über Steinmeier legt. Der Schatten war wahrscheinlich nie schwerer als zu jener Zeit, da Steinmeier sich gar anschickte, zu schaffen, was Schröder einst geschafft hatte: Bundeskanzler zu werden. Während des Wahlkampfes 2009 sollte Steinmeier der Schröder-Vergleich auf Schritt und Tritt begleiten und ihm wie ein Stück Blei um den Hals hängen.

Es war zu dieser Zeit, da Steinmeier erfolglos versuchte, sich freizuschwimmen, als einer der beiden Autoren dieses Buches Altbundeskanzler Gerhard Schröder in seinem Büro in Berlin besuchte, um über seinen früheren treuen Adlatus zu reden.

Überrascht sei er nicht über den Aufstieg seines politischen Zöglings, sagte Schröder damals: Er habe das früher schon gesagt, dass der Steinmeier für alles infrage komme, die anderen in seiner Truppe hätten das ja nicht ganz ernst genommen. Er aber sei sich sicher gewesen, schon damals in Hannover, erst recht dann in Berlin. Und ja, an die erste Begegnung kann er sich noch sehr gut erinnern, es ist die Geschichte, die auch Frank-Walter Steinmeier erzählt: Man habe einen Medienreferenten gesucht, und nach dem zweiten Vorstellungsgespräch in der Staatskanzlei habe der zuständige Abteilungsleiter einen jungen Mann in sein Büro geschickt. »Er trat anders auf als die anderen«, sagte Schröder, »der kam nicht in gebückter Haltung zu mir. Mussten die anderen auch nicht, aber manche taten es trotzdem.« So habe man sich also kurz beschnuppert, und danach habe er zum Abteilungsleiter gesagt: »Stell den mal ein, der macht mir einen ganz ordentlichen Eindruck.«

Was so lakonisch beginnt, wird die Geschichte der Bundesrepublik prägen: 1991 kreuzen sich in Hannover nicht nur die Wege zweier Männer, die sich in all ihrer Unterschiedlichkeit nahezu perfekt ergänzen. Vielleicht wäre Schröders Weg bis an die Spitze ohne Steinmeier nicht möglich gewesen. Zumindest wäre er wohl nicht sieben Jahre lang Kanzler geblieben. Noch sehr viel wahrscheinlicher aber ist, dass es den Politiker Frank-Walter Steinmeier ohne Gerhard Schröder nie gegeben hätte: Er lernt von ihm nicht nur, wie die Politik funktioniert, sondern nach dem Ende seiner Kanzlerschaft ist es auch Schröder selbst, der Steinmeier als Außenminister lanciert.

Danach allerdings musste Steinmeier auf eigene Rechnung agieren. Wer ihn freilich vor einem größeren Publikum reden hört, der begreift, dass man 14 gemeinsame Jahre nicht so leicht abschütteln kann: Schließt man bei den Reden des Außenministers die Augen, dann glaubt man, den Worten Gerhard Schröders zu lauschen.

Schon 2009 war der Altkanzler zufrieden mit dem Weg, den sein Mann gemacht hat, vielleicht auch ein bisschen stolz; als Steinmeier später als Kandidat für das Amt des Bundespräsidenten nominiert wird, ist es ähnlich. Doch zu sehr konnte er das bei diesem Gespräch Anfang 2009 nicht zeigen. Gerhard Schröder wusste, dass er eine Art Lehrmeister, aber auch Steinmeiers Achillesferse war, weil viele in der Partei seine Rolle inzwischen kritisch sahen und auch weil ein Kanzlerkandidat nicht zu sehr mit einem gönnerhaften Vorgänger assoziiert werden sollte. Schröder wollte Steinmeier nicht schaden; er wollte, dass sein langjähriger Vertrauter Bundeskanzler wird.

Also versuchte Schröder – der die Art, wie die Medien eine Geschichte erzählen und welche Bilder sie dabei benutzen, vielleicht wie kein Zweiter in dieser Republik versteht – den Eindruck zu vermeiden, da hänge jemand am Rockzipfel des Altkanzlers. Natürlich telefoniere man gelegentlich, der Kontakt sei ja nicht ganz abgerissen, sagte Schröder. Doch Steinmeier frage ihn nicht um Rat und würde das auch niemals tun. Er richte sich jetzt nach Steinmeiers Terminkalender, der habe ja nun viel weniger Zeit als er. Manchmal frage er dann, was es denn mit gewissen Dingen auf sich habe, die er ja nur noch aus der Zeitung erfahre. Was die Journalisten zuweilen über seinen Einfluss bei Steinmeiers Inthronisierung zum Kanzlerkandidaten und über angebliche Intrigen schrieben, das, fand Schröder, sei nun wirklich lächerlich. »In den Tagen um Schwielowsee herum war ich die ganze Zeit im Krankenhaus für einen Gesundheitscheck, das erste Mal seit acht Jahren, habe ich vorher immer vor mir hergeschoben.« Er werde im Wahlkampf schon ein bisschen mithelfen, meinte Schröder damals, aber gewiss keine gemeinsamen Auftritte mit Steinmeier absolvieren. Sonst würden sich die

Medien am Ende nur dafür interessieren, wer die bessere Rede gehalten hat, argwöhnte Schröder.

Er hatte vielleicht eine Ahnung, wer das hätte sein können.

Aufstieg im Schröder'schen Machtsystem

Steinmeier beginnt also 1991 seinen Dienst in der niedersächsischen Staatskanzlei. Das Büro befindet sich zunächst in einem winzigen Zimmerchen im Dachgeschoss, das nur über eine separate Hintertreppe zu erreichen ist. Seine erste große Aufgabe ist, den Staatsvertrag mit dem Norddeutschen Rundfunk neu auszuhandeln. Eine nicht ganz unkomplizierte Angelegenheit: Es gilt, sich in der Staatskanzlei auch mit den Regierungschefs der anderen Nord-Länder abzustimmen und zu einigen. Mecklenburg-Vorpommerns Regierungschef Alfred Gomolka ist zwischenzeitlich fest entschlossen, auszuscheren und den gemeinsamen Vertrag nicht zu unterzeichnen. Steinmeier gelingt die Einigung.

Er bleibt Medienreferent bis 1993, doch seine Aufgaben beschränken sich bald nicht mehr auf die Medienpolitik. Formelle Hierarchien sind eben nicht die Sache des niedersächsischen Ministerpräsidenten. Wenn Schröder ein Problem erklärt haben möchte, dann wendet er sich am liebsten gleich an denjenigen, der damit unmittelbar beschäftigt ist. Schröder liebt das Aktenstudium nicht sonderlich, er ist eben das, was man einen »auditiven« Menschen nennt: Er lässt es sich lieber vortragen. Das macht auch Steinmeier in der Folgezeit einige Male und offenbar nicht allzu schlecht. Denn nach und nach bekommt er auch Aufgaben zugewiesen, für die ein »kleiner Medienreferent« eigentlich nicht zuständig ist. Am 24. März 1992 taucht er jedenfalls, so erzählt es Sigrid Krampitz, das erste Mal offiziell im Dienstkalender Schröders auf. Es geht um das Schengen-Abkommen, die Teilnehmer sind neben dem Ministerpräsidenten der Innenminister Gerhard Glogowski, der grüne Bundesratsminister Jürgen Trittin, die zuständige Abteilungsleiterin für Verfassungsrecht Brigitte Zypries, der Fraktionschef der SPD Joke Bruns – und schließlich der Referent Frank-Walter Steinmeier. Schon das zeigt einen rasant schnellen Aufstieg außerhalb der herkömmlichen Verwaltungshierarchien an. Und so bekommt Steinmeier mit der Zeit immer mehr Sonderaufgaben zugewiesen, nicht nur alles, »was durch die Ritzen von Zuständigkeiten und Verantwortlichkeiten fiel«, wie er selbst schreibt, sondern auch jene Dinge, die Schröder für besonders wichtig hält.

Schröder vertraut seinen Leuten, sobald er sich von ihren Fähigkeiten überzeugt hat, und gesteht ihnen dann in hohem Maße Autonomie zu. Das spricht für seine Fähigkeit zu delegieren – und dafür, dass er um seine eigenen Defizite weiß. Er ist aber vielleicht auch stärker als andere Politiker darauf angewiesen, seinen Mitarbeitern die lange Leine zu lassen, denn die Details der Politik haben ihn zeitlebens nicht sonderlich interessiert. Schröder kalkuliert die öffentliche Erwartung, analysiert sodann die Kräfteverhältnisse und legt abschließend die grobe Richtung fest, in die es gehen soll. Den Rest sollen seine Mitarbeiter besorgen, er kommt erst wieder ins Spiel, wenn Entscheidungen nach außen dargestellt werden müssen. Wer bei ihm Karriere machen will, muss dabei eines beherzigen: Mit nichts kann der Ministerpräsident weniger anfangen als mit Schwaflern und Schwätzern, die sich mit unwichtigen Nebensächlichkeiten aufhalten. Man muss schnell zum politischen Kern der Sache vordringen, dabei die Fakten kennen und nennen, ohne sich in richtungslosen Kleinigkeiten zu verlieren.

Steinmeier verfügt über diese Kompetenz. Wissen konnte er das vorher nicht. Gewiss, die juristische Ausbildung hilft, die Dinge prozessual zu betrachten, sich den politischen Verfahrensablauf Schritt für Schritt vorzustellen, mit allen großen und kleinen Abzweigungen, die dabei zu nehmen sind. Sie hält überdies auch zur gebotenen Kürze an, was der Jurist Schröder am Juristen Steinmeier außerordentlich schätzt. Doch seine anderen Talente haben bis dahin im Verborgenen geblüht, denn abgesehen von gelegentlichen Organisationsaufgaben am Lehrstuhl hat Steinmeier bis dahin doch weitgehend ein freies Gelehrtenleben geführt. Nun zeigt sich, dass er noch andere Fähigkeiten mitbringt: hohe Belastbarkeit auch in Drucksituationen und eine rasche Auffassungsgabe, die ihn sowohl im persönlichen Gespräch als auch beim Aktenstudium zügig zum Kern eines Problems vorstoßen und schnell den Weg durch das Dickicht der Gesetzgebung voraussehen lässt, mit allen Hindernissen und Fallstricken, die da lauern können. Er denkt sozusagen die mögliche Kabinettsvorlage gleich mit. Das alles macht ihn für Schröder wertvoll.

Man kann die Tatsache kaum überbewerten, dass Steinmeiers erste reale Erfahrung mit der Politik nicht auf emotionsgeschwängerten Parteitagen der Jungsozialisten stattfand, sondern dass er ohne Umwege in das operative Politikgeschäft einstieg. Seine Karriere begann im Reich des Machbaren, nicht im Reich des Wünschbaren. Steinmeiers Realitätssinn ist daher hoch entwickelt, was ihm später einen entscheidenden Vorsprung verschaffen wird. Andererseits: Wenn es einen Realitätssinn gibt, dann muss es im Umkehrschluss wohl auch so etwas wie einen Möglichkeitssinn geben, der nichts mit einem weltfremden Utopismus zu tun hat, aber die wahrgenommene Realität der Gegenwart überwindet und sich eine alternative Wirklichkeit vorzustellen vermag, eben: eine andere Möglichkeit von Politik. Steinmeiers Möglichkeitssinn aber wird in jenen Jahren nicht geschärft. In seiner Welt gab es nun einmal keine Prämie für intellektuell anspruchsvolle, aber letztlich vielleicht ganz folgenlose Gedankenspiele über das, was in zehn Jahren einmal Politik sein mochte. Steinmeiers zeitlicher Referenzpunkt war einzig und allein die Gegenwart. Die einzige Währung, die in ihr zählte, war die Anzahl der Probleme, die er, wenn er abends sein Büro verließ, vom Tisch bekommen hatte.

»Mach mal« – heimlicher Regent in der Staatskanzlei

So beginnt sein Aufstieg innerhalb des Schröder'schen Machtsystems. 1993 wird er bereits Büroleiter des Ministerpräsidenten, und 1994 übernimmt er die Abteilung für Planung und Richtlinien der Politik. Der große Karriereschub erfolgt 1996. Niedersachsen erlebt einen veritablen Sex-Skandal, nachdem der Finanzminister Hinrich Swieter von einer Frau beschuldigt wird, sie sexuell genötigt zu haben. Die Vorwürfe werden zwar später entkräftet, doch der öffentliche Druck ist zwischenzeitlich so stark, dass Swieter seinen Rücktritt erklärt. Da die personellen Alternativen eher bescheiden sind, muss Schröder einen seiner engsten Mitarbeiter auf den wichtigen Posten befördern, den Staatskanzleichef Willi Waike. Damit ist die zentrale Position im Machtgefüge der Staatskanzlei neu zu besetzen, und Schröders Vertrauen in Steinmeier ist bereits so groß, dass er dem vierzig Jahre alten Verwaltungsjuristen die Nachfolge anträgt. Der aber zögert, so sagt er es jedenfalls, und weiß nicht so recht, ob er sich die Leitung einer Behörde mit immerhin 160 Mitarbeitern auch wirklich zutraut. Er ist gerade fünf Jahre nicht mehr an der Universität, in Niedersachsen nicht besonders verwurzelt und dazu noch ziemlich jung. In den Ministerien, deren Arbeit er zu koordinieren hat, wird er es mit Menschen zu tun haben, die wesentlich älter sind und bisweilen schon seit Jahrzehnten mit der niedersächsischen Politik verwachsen sind. Werden sie seine Autorität anerkennen? Freunde und Kollegen bestärken ihn darin, dass er der Aufgabe gewachsen ist. Das bestätigt sich schnell, anders als seine Sorge, der Neid könnte groß sein: Auch die älteren Kollegen akzeptieren seine Vorrangstellung, da er offenkundig nicht den Eindruck macht, nun abzuheben. Man kann unter den Protagonisten der niedersächsischen Politik der 1990er Jahre lange suchen – und wird doch vermutlich niemanden finden, der etwas Negatives über Steinmeier zu berichten hätte.

Steinmeier ist jetzt für die Koordination des Ganzen zuständig. Welche Probleme das Land Niedersachsen auch beschäftigen, am Ende landen sie auf seinem Schreibtisch. Steinmeier bereitet für Schröder in jener Zeit wesentliche Entscheidungen vor: Die Vertiefung der Ems, um die Existenz der Meyer-Werft in Papenburg zu sichern; die öffentlichkeitswirksame Rettung des Flugzeugwerkes Lemwerder, für die sich natürlich der Ministerpräsident feiern lässt, dessen Details aber Steinmeier regelt. Das meiste davon spielt für die spätere Politik auf Bundesebene keine besondere Rolle, dafür sind die Probleme doch zu unterschiedlich, die Dimensionen ganz andere. In der Landespolitik lässt sich auch keine ausgeklügelte Ordnungspolitik durchsetzen: Man kümmert sich vor allem um die Probleme, die gerade anfallen. Ein Politikbereich jedoch, mit dem Steinmeier es zu tun bekommt, ist für spätere Aufgaben eminent wichtig: die Energiepolitik. Denn die rot-grüne Landesregierung Gerhard Schröders wie auch sein zweites Kabinett, für das er dank einer absoluten Mehrheit 1994 keinen Koalitionspartner mehr benötigt, basteln bereits an Ideen zum Atomausstieg. In Niedersachsen scheitern die Konsensgespräche noch, und den entscheidenden Hebel stellt Hannover in dieser Frage ohnehin nicht. Aber Steinmeier kennt aus ebendieser Zeit die Ängste der Energiewirtschaft ebenso wie die Befindlichkeiten der Umweltverbände. Und nicht zuletzt ist sein Gesprächspartner bei den Grünen schon damals Jürgen Trittin, der dann später Bundesumweltminister wird. Beim Antritt der Regierung Schröder/Fischer 1998 weiß Steinmeier daher sehr genau, wo die Schmerzgrenzen aller Beteiligten liegen und mit welcher Mischung aus Anreiz und Drohung er sie zu Zugeständnissen bringen kann. Später wird der Atomausstieg neben vielem, was die rot-grüne Koalition auch an Fehlleistungen zu verbuchen hat, zu einer veritablen Erfolgsgeschichte werden – die nach einigen Wenden schließlich auch von den nachfolgenden Regierungen nicht mehr infrage gestellt wird.

So wird Steinmeier für Schröder zunehmend wichtiger, am Ende gar unverzichtbar. Der Ministerpräsident, so wird es immer wieder kolportiert, nennt ihn seinen »Mach mal«. Das klingt ein wenig despektierlich, meint aber eigentlich nur, dass sein Vertrauen nahezu grenzenlos ist und er die Dinge bedenkenlos an ihn delegieren kann. Was an Persönlichem zwischen ihnen existiert, ist allerdings nicht so einfach herauszufinden. Ein sehr freundschaftsfähiger Mensch ist Schröder nicht und auch als Vorgesetzter nicht für alle leicht zu ertragen. Er kann sehr schroff sein, auch cholerisch, und in solchen Augenblicken ist er bisweilen äußerst verletzend. Grundsätzlich hat er zu seinen Mitmenschen ein sehr unsentimentales Verhältnis, und wie bei vielen erfolgreichen Politikern sind auch bei seinem Aufstieg zahlreiche Opfer am Wegesrand liegen geblieben. Doch selbst der manchmal abweisende Schröder braucht Rückzugsorte, Menschen, denen er ganz und gar vertrauen kann, bei denen er weiß, dass sie keine eigenen politischen Ambitionen hegen: Menschen wie seine treue Büroleiterin Sigrid Krampitz, wie seinen Pressesprecher Uwe-Karsten Heye. Auch bei Steinmeier setzt bald ein Verhältnis ein, das über das rein Politische hinausgeht. Doch ob das Freundschaft ist? Ob es überhaupt Freundschaft in der Politik gibt? Viele Spitzenpolitiker beantworten die Frage danach zumeist abschlägig. Vertrauen, Wertschätzung, auch Sympathie, diese Worte kommen ihnen leicht über die Lippen. Doch mit dem Begriff Freundschaft tun sie sich schwer, reservieren ihn doch lieber für ihr Privatleben. Zu groß, so sagen sie, ist das Misstrauen im Haifischbecken der Politik, zu gering auch die Zeit, um eine Freundschaft zu pflegen. Und dann hat das Wort bisweilen auch einen schlechten Beigeschmack in der Öffentlichkeit, wird nicht selten mit Kumpanei, Filz und Vetternwirtschaft assoziiert; Helmut Kohl hatte in der Tat sehr viele Freunde. Auch Schröder behilft sich heute damit, zu sagen, dass Steinmeier irgendwie natürlich ein Freund sei, so etwas in der Politik aber immer nur eingeschränkt möglich sei. Andererseits: Spitzenpolitiker verbringen bis zu 16 Stunden am Tag mit ihren Mitstreitern. In dieser Zeit teilen sie alles: Niederlagen und Triumphe, Frustrationsgefühle und Glücksmomente, und natürlich bringt jeder von ihnen auch seine privaten Probleme mit, die in einem solch besonderen Verhältnis nicht verborgen bleiben können. Und sie brauchen Sphären der Verschwiegenheit, in denen sie den permanenten Rollendruck verarbeiten können. Frei von Einsamkeit ist auch Schröder nicht, gerade in den Zeiten, da ihm als Kanzler der Wind manchmal eisig ins Gesicht weht. In Berlin, wo Schröder unter der Woche ohne seine Familie lebt, bittet er Steinmeier noch manchmal spät abends für einen kleinen, thematisch nicht unbedingt dringlich erscheinenden Plausch ins Büro. Für den Kanzleramtschef ist das nicht immer angenehm: Auf ihn wartet in Zehlendorf seine Familie.

Steinmeier ist ohnehin eine Ausnahme: Er hat viele Freunde und scheut sich nicht, sie auch so zu benennen. Seitdem ihr Dienstverhältnis beendet ist, schließt er auch Gerhard Schröder mit ein. Parteifreunde sind das bei ihm natürlich weniger, aber es gibt doch für viele dieser Freundschaften einen beruflichen und politischen Kontext. Aus allen Stationen seines Lebens sind ihm

Menschen geblieben, die er als Freunde empfindet, auch aus der Hannoveraner Zeit, wo sich einmal im Jahr eine Gruppe trifft, die sich »die 90er« nennt und die Staatssekretäre der Schröder-Ära umfasst. Vermutlich sind ihm Freundschaften deshalb so wichtig, weil sie sein Streben nach Kontinuität unterstützen und damit ein roter Faden in seinem Leben sind. Und schließlich hat Steinmeier auch deswegen ein anderes Verhältnis zur Freundschaft, weil er in seiner Karriere nicht den steinigen Weg des Parteipolitikers gehen musste, keinen wirklichen Verrat erlebt hat und daher von persönlichen Verletzungen weitgehend verschont geblieben ist.

Immer ganz eng beieinander: Der designierte Bundeskanzler Gerhard Schröder im Gespräch mit Frank-Walter Steinmeier, dem Chef der niedersächsischen Staatskanzlei. Das Foto entstand am Rande der Feierlichkeiten zum Tag der Deutschen Einheit in Hannover im Jahr 1998. Zu diesem Zeitpunkt ist bereits klar: Steinmeier wird mit Schröder zusammen nach Bonn gehen.

Seit März 1998, nach einer weiteren erfolgreichen Landtagswahl, ist Schröder Kanzlerkandidat. In Hannover sieht man ihn fortan weniger, denn er muss auf den Marktplätzen der Republik für die Ablösung der Regierung Kohl kämpfen. Und so bereitet sich bereits Gerhard Glogowski, der Innenminister, auf die Nachfolge vor und leitet auch die wöchentlichen Kabinettssitzungen. Der wahre Entscheider aber ist Steinmeier, bei dem die Fäden zusammenlaufen und von dem mittlerweile bekannt ist, dass er mit voller Prokura des Ministerpräsidenten arbeitet. Selbst Glogowski akzeptiert das – dass er sich von Steinmeier lediglich gründlich beraten lässt, ist wohl noch eine Untertreibung. Steinmeier ist Schröders Statthalter in Hannover und regiert ein halbes Jahr lang weitgehend eigenständig. Die Arbeitsteilung zahlt sich jedenfalls aus: Die SPD gewinnt die Bundestagswahl und kann gemeinsam mit den Grünen die Regierung Helmut Kohls ablösen.

Der Zufall hat Steinmeier damals an Schröders Seite gebracht. Er besaß 1991 auch ein Angebot aus Nordrhein-Westfalen, hätte dort für Johannes Rau in der Staatskanzlei arbeiten können und war schon drauf und dran, es anzunehmen. Alles wäre anders gekommen, denn es liegt keine Schicksalhaftigkeit in dieser Karriere. So aber folgt Steinmeier Gerhard Schröder, zuerst nach Bonn und bald nach Berlin.

4.

»Seine Effizienz« – Chef des Bundeskanzleramtes

Schröders einsame Entscheidung

Zwei Jahre also hat Steinmeier dem Ministerpräsidenten bei dessen Kampf um die Kanzlerkandidatur den Rücken freigehalten; im letzten halben Jahr war im Grunde er der heimliche Regent in der Hannoveraner Staatskanzlei. Doch die Mühe hat sich ausgezahlt: Gerhard Schröder zieht ins Kanzleramt ein. Frank-Walter Steinmeier, so viel scheint klar, steigt damit vom Leiter der niedersächsischen Staatskanzlei zum Chef des Bundeskanzleramtes auf. Mehr kann ein politischer Spitzenbeamter in diesem Land nicht erreichen.

Jedenfalls wird das mit gutem Grund von jedermann so erwartet, und auch Steinmeier wird sich den Ablauf der Geschehnisse in diese Richtung ausgemalt haben. Schließlich neigen die meisten Bundeskanzler dazu, sich gerade zu Beginn ihrer Amtszeit mit Menschen zu umgeben, mit denen sie seit Langem eng zusammenarbeiten. In der Politik ist Vertrauen die vielleicht wichtigste Ressource, es aufzubauen dauert viele Jahre. Und in der Tat nimmt Schröder seine engsten Mitstreiter mit nach Bonn und Berlin: Sigrid Krampitz soll auch im Kanzleramt das Büro Schröders leiten, Uwe-Karsten Heye soll die Politik des Kanzlers nun auf der nationalen Bühne nach außen verkaufen. Thomas Steg und Reinhard Hesse erhalten weiterhin die Aufgabe, Reden zu schreiben. Insgesamt ziehen nicht weniger als zwanzig Mitarbeiter von der Leine an den Rhein.

Doch für Steinmeier kommt es – zu seiner großen Enttäuschung – anders. Schröder hat seinen westfälischen Landsmann zwar als Staatssekretär auserkoren und ihm zudem die Verantwortung für die Koordination der Bundesnachrichtendienstes übertragen. Die Behörde selbst soll jedoch ein anderer leiten: Bodo Hombach. Er soll Kanzleramtschef mit Ministerrang werden.

Damit hat Schröder eine durchaus fantasievolle und überdies auch recht einsame Entscheidung getroffen. Unter all den Männern (und bisher waren es nur Männer), die die Politik der deutschen Kanzler koordinierten, ist Hombach schon eine sehr spezielle Figur. Die meisten Kanzleramtschefs waren erfahrene Verwaltungsjuristen, einige von ihnen hatten sich zudem als Parlamentarier ihre Sporen verdient. Und es gehört nachgerade zu den Binsenweisheiten der Bonner und später auch Berliner Politik, dass für die Spitze des Behördenapparates Menschen prädestiniert sind, die nicht nur tüchtige Organisatoren sind, sondern auch dem Bild der »grauen Eminenz« entsprechen: stille Makler der Macht, die im Hintergrund, gleichsam unsichtbar, die Fäden ziehen. Sie müssen nicht unbedingt die programmatischen Stichwortgeber des Kanzlers sein und nicht einmal sonderlich kreative Köpfe: Für solche Eigenschaften kann sich ein Kanzler auch andere Menschen in seiner näheren Umgebung halten. Die Aufgabe eines Kanzleramtschefs ist es allein, für eine straffe Koordination der Regierungsarbeit zu sorgen, widerspenstige Minister auf Linie zu bringen, frühzeitig zu wittern, wo bei bestimmten Gesetzesvorhaben die Fallstricke liegen und außerdem darauf zu achten, dass die wirklich wichtigen Themen auf dem Schreibtisch ihres Vorgesetzten landen. Keinesfalls aber dürfen sie auf öffentliche Anerkennung für ihre Arbeit hoffen. Denn diese Anerkennung gebührt stets nur ihrem Vorgesetzten, dem Kanzler.

Der neue Chef des Bundeskanzleramtes indes ist nichts von alledem. Anders als die meisten seiner Vorgänger ist Hombach auch kein gelernter Verwaltungsjurist. Seine Vita ist die des klassischen sozialen Aufsteigers, wie er mit der »Generation Schröder« in der SPD mittlerweile vermehrt nach oben gekommen ist. Nach einer Ausbildung zum Fernmeldetechniker hat Hombach auf der Abendschule das Abitur nachgeholt und danach Sozialwissenschaften studiert. Über seine Arbeit beim Deutschen Gewerkschaftsbund und verschiedenen Einzelgewerkschaften ist er dann zur nordrhein-westfälischen SPD gestoßen und 1981 deren Landesgeschäftsführer geworden.

Damit beginnt sein steiler Aufstieg zu einer der originellsten und intellektuell umtriebigsten Figuren der Sozialdemokratie in den 1980er und 1990er Jahren. Hombach erfindet den Slogan »Wir in Nordrhein-Westfalen« und managt für den Ministerpräsidenten Johannes Rau erfolgreich drei Landtagswahlkämpfe. 1985 holt Rau mit Hombachs Hilfe sogar die absolute Mehrheit. Schon Anfang der 1990er Jahre beginnt Hombach sich als wirtschaftsliberaler Sozialdemokrat zu profilieren, ruft Ludwig Erhard zum Ahnherrn einer modernen Sozialdemokratie aus und propagiert die Öffnung der SPD. Und schon sehr bald findet er ein konkretes Vorbild für den künftigen Weg der deutschen Sozialdemokratie: die englische Labour-Partei unter ihrem Vorsitzenden Tony Blair. Das ist die Richtung, die Hombach für alternativlos hält. Sich selbst sieht er dabei in der Rolle des Peter Mandelson, jenes legendären Spindoktors, der für Blair »New Labour« erfand.

Hombach ist, was in der Politik nicht mehr sehr häufig vorkommt, tatsächlich ein neugieriger Zeitgenosse, der viel liest und sich stets nach interessanten Gesprächspartnern in Wirtschaft und Wissenschaft umschaut. In seinem Stil und seinem Auftreten ist von einem intellektuellen Feingeist indes wenig zu spüren. Dieser Mann von kräftiger Statur ist auch ein Meister darin, seinen Mitstreitern auf die Füße zu treten. Auf Befindlichkeiten anderer nimmt er keine übertriebenen Rücksichten. Von sich selbst und seinen Fähigkeiten zutiefst überzeugt, lässt er jedermann spüren, dass er sich für den Klügsten hält. Hombach inszeniert jedoch nicht nur seine Überlegenheit, sondern zeigt wie so viele andere soziale Aufsteiger auch aller Welt, dass er es geschafft hat: Er zelebriert einen aufwendigen Lebensstil mit teurer Kleidung, feinem Essen, edlen Weinen und dicken Zigarren. In seiner Neigung zum Protz ist er Schröder fraglos wesensverwandt. Und sie gleichen sich auch darin, dass sie beide den öffentlichen Auftritt genießen.

An kritischen Stimmen, die schon damals warnten, dies sei nicht gerade das für einen Kanzleramtschef passende Persönlichkeitsprofil, hat es von Anfang an nicht gemangelt. Und auch Schröder selbst wird gewusst haben, dass er sich mit Hombach keinen Typus wie Hans Globke, den legendär verschwiegenen und zurückgenommenen Kanzleramtschef Konrad Adenauers, ins Haus holte. Warum aber hatte sich Schröder dann für Hombach und gegen Steinmeier entschieden?

Viele glauben, dass Hombachs Installation von Anfang an nur dem einen Zweck diente: Der durchsetzungsstarke Hombach sollte den Einfluss Oskar Lafontaines, der nach dem Regierungswechsel »Superminister« für Wirtschaft und Finanzen wurde, auf die Regierungsarbeit eindämmen. In der Tat erzählte man sich bald, dass Lafontaine von Hombach absichtlich nur ungenügend über die Vorhaben der Regierung unterrichtet werde und dass der Kanzleramtschef überdies befreundete Journalisten mit allerlei Gemeinheiten über den neuen Finanzminister füttere. Und wenn Lafontaine schließlich im März 1999 über Nacht seine Ämter als Minister und SPD-Chef niederlegte, schreibt sich Hombach das heute denn auch auf seine Fahnen, wie Daniel Friedrich Sturm in seinem Buch *Wohin geht die SPD?* berichtet: Es habe, so ist dort zu erfahren, ein kurzes, aber sehr »konfrontatives« Gespräch gegeben, über dessen Inhalt er natürlich nichts Genaueres sagen könne, sagt Hombach. Auf jeden Fall sei Lafontaine am folgenden Tag von allen Ämtern zurückgetreten.

Andererseits hätte es wohl auch Steinmeier gewiss nicht an robuster Durchsetzungsfähigkeit gemangelt, um den Zugriff des Saarländers auf den Regierungsapparat energisch zurückzuweisen. Schröder war das sicherlich bewusst. Schröders Entscheidung für Hombach ist deshalb wohl auch anderen Beweggründen geschuldet.

Der Kanzler wollte tatsächlich einen programmatischen Schrittmacher und erprobten Stichwortgeber im Zentrum seines Regierungsapparates haben, keinen bloßen Koordinator, sondern einen Spindoktor, der auch öffentlich wirken kann. Und das war exakt die Aufgabe, die Hombach als seinen eigenen Talenten angemessen empfand. Steinmeier traute der Kanzler das nicht im selben Maße zu. Schließlich, so erklärt der Altbundeskanzler rückblickend, habe der öffentliche Auftritt in Hannover noch nicht zu dessen Aufgaben gehört. Zudem mag Schröder den Menschen Hombach wirklich, er schätzt dessen zupackende, etwas burschikose Art ebenso wie seinen Ideenreichtum.

Unerfreuliche Zeiten

Für Steinmeier brechen somit in diesem aus sozialdemokratischer Sicht erfreulichen Herbst 1998 unerfreuliche Zeiten an. Mancherorts ist nachzulesen, dass der in seinem engsten Umfeld durchaus harmoniebedürftige Kanzler Steinmeier die schlechte Nachricht nicht selbst überbrachte, sondern stattdessen seine Büroleiterin Sigrid Krampitz geschickt habe – eine Geschichte, die Krampitz selbst im Gespräch allerdings dementiert. Auch Schröder selbst sagt, dass er Steinmeier seine Entscheidung in einem persönlichen Gespräch erklärt habe. Steinmeier habe ihr nicht unbedingt freudig zugestimmt, sie aber ohne großes Murren akzeptiert. Er, Schröder, habe seine Wahl auch nie als eine Zurücksetzung Steinmeiers empfunden – schließlich habe es sich um ganz andere Aufgabenbereiche gehandelt. Ein eingehendes Gespräch über die Besetzung der Kanzleramtsspitze hat es zwischen ihm und Steinmeier aber weder damals noch später gegeben. »Als Schröder mir das sagte, war mir klar, dass ihm klar war, dass er eine Enttäuschung produziert. Das war auch so«, sagte Steinmeier später. Insofern habe es aber keiner großen Erläuterungen mehr bedurft.

Das Maß der Kränkung ist in jedem Fall beträchtlich. Spätestens seit 1996 ist Steinmeier schließlich Schröders engster Mitarbeiter gewesen, hat entscheidend daran mitgewirkt, dass er Kanzler wurde. Jetzt aber wird ihm ein anderer übergeordnet, der erkennbar in ganz besonderer Weise das Ohr des Kanzlers hat. Schlimmer noch: Formell ist nun nicht mehr Schröder, sondern Hombach sein Vorgesetzter. Letztlich ist es nun Hombach, der entscheidet, welche Informationen den Kanzler erreichen, und der dafür sorgt, dass dessen Schreibtisch von zu vielen Akten verschont bleibt; Steinmeier hat sich, so sieht es die Hierarchie vor, als dessen Staatssekretär um Hombachs Schreibtisch zu kümmern.

Zu allem Überfluss pflegen der Kanzler und seine neue »Nummer 1« einen kumpelhaften, männerbündischen Umgang miteinander, was bei Steinmeier und Schröder in dieser extremen Form nie der Fall gewesen ist. Steinmeier schwante wohl schon während des Wahlkampfes, was sich in der Männerfreundschaft zwischen diesen beiden politisch anbahnte. Irgendwann im April oder Mai 1998 erzählte Steinmeier einem Freund, wie man zu dritt zusammengesessen habe und Schröder gesagt habe: Na, Bodo, dann machen wir beide das in Bonn und Berlin. Und der Frank macht die Arbeit. Eine formelle Zusage für den Chefsessel hat es allerdings wohl nicht gegeben. Steinmeier wusste, dass er im Falle eines Wahlsieges Schröder selbstverständlich begleiten würde, doch seine genaue Funktion hatte der Ministerpräsident ihm nicht mitgeteilt. Das, ergänzt Steinmeier, habe auch für die anderen aus dem Team gegolten. Von einem Wortbruch konnte also keine Rede sein. Aber als Vertrauensbeweis konnte Steinmeier die Situation nicht empfinden.

Und der Kanzler gibt sich keine besondere Mühe zu verbergen, wem seine Gunst gehört. Auf einer Reise im Challenger-Flugzeug nach Hannover, die von Journalisten später beschrieben wird, lobt Schröder in geselliger Runde Hombachs Ideenreichtum und sagt dann launig zu Steinmeier: »Frank, und du bist dann dafür zuständig, von den vierzig guten Ideen, die Bodo hat, fünf umzusetzen.« Steinmeier erstarren die Gesichtszüge ob des machiavellistischen Spiels, das Schröder da treibt. »Manchmal hatte er so eine Vorstellung, dass er einen Dr. Jekyll und einen Mr. Hyde braucht«, erzählt Schröders damaliger Pressesprecher Uwe-Karsten Heye. Schröder betraute sehr unterschiedliche Charaktere mit einer ähnlichen Aufgabe und war gespannt, wie die Dinge sich wohl entwickeln würden. Das ist zwar im Grunde eine probate Herrschaftsstrategie, um Konkurrenten, Rivalen und potenzielle Kronprinzen auf die eigene Person zu verpflichten und sich ihre Loyalität zu sichern. Doch im engsten Zirkel, in dem eine Atmosphäre gegenseitigen und uneingeschränkten Vertrauens sicher nicht schadet, wirkt derlei eher kontraproduktiv. Schröder sollte das noch zu spüren bekommen.

Gestörte Balance im Kanzleramt

Nach außen hin versteht Steinmeier es, die Situation mit Fassung zu tragen. Ihm ist kein böses Wort zu entlocken. Nur manchmal, so beobachten es einige Journalisten, steigt ihm eine verräterische Blässe ins Gesicht, Ausweis unterdrückter Aggressionen. Der Gedanke, der ganzen demütigenden Situation seinerseits ein schnelles Ende zu bereiten, ist ihm dann auch kurz durch den Kopf gegangen. Doch sich einfach davonzumachen, sagt er später, und damit Schröder im Stich zu lassen, habe seinem eigenen Selbstverständnis nicht entsprochen.

Im Übrigen wird früh absehbar, dass diese Situation nicht von Dauer sein muss. Denn der Partylaune nach dem Wahlsieg folgt mit nicht allzu großer Verzögerung ein heftiger Kater. Zwar haben die meisten Regierungen die Erfahrung gemacht, dass die Mühen der alltäglichen Regierungsarbeit den anfänglichen Elan schnell aufzehren, weswegen die berühmten »100-Tage-Bilanzen« in den Medien fast durchweg von Häme und Spott geprägt sind. Selten aber ist eine Regierung wohl in dieser Geschwindigkeit wieder auf dem Boden der Tatsachen gelandet.

Natürlich, das hat vor allem mit dem ungelösten Machtkonflikt zwischen Schröder und Lafontaine zu tun, die einfach kein Vertrauen zueinander finden und sich gegenseitig belauern. Auch ist der Machtwechsel von 1998 der erste komplette Regierungswechsel in der Geschichte der Bundesrepublik: Weder die Politiker der Grünen noch die Protagonisten der SPD besitzen

Regierungserfahrung auf Bundesebene. Doch es sind auch die Pannen und Ungeschicklichkeiten im Kanzleramt, die es der neuen Regierung so schwer machen, ihren Kurs zu finden. Und an denen ist Bodo Hombach nicht ganz unbeteiligt. Zum einen prescht er bei jeder sich ihm bietenden Gelegenheit vor und versucht die SPD in Richtung »New Labour« zu zerren, was für ihn vor allem Deregulierung bedeutet und einem Umbau des Sozialstaates gleichkommt. Und Schröder lässt ihn gewähren, was nicht nur Oskar Lafontaine provoziert, sondern auch viele in der SPD-Fraktion nachhaltig verstört. Überhaupt kocht Hombach zwar auf vielen Herdplatten, aber kein Gericht so ganz zu Ende. Auf vielen Politikfeldern zieht Hombach, natürlich mit dem Plazet des Kanzlers, die Dinge energisch an sich – bis ihn seine Neugierde rasch verlässt und er die nächste Baustelle eröffnet. So steht das vorgelegte Tempo in keinem Verhältnis zu den Ergebnissen, und trotz all der hektischen Betriebsamkeit bleiben die meisten Projekte der Regierung auf der Strecke.

Doch das allgemeine Tohuwabohu ist nicht allein Hombachs Schuld. Es ist ja eine einmalige Konstruktion: Knapp unter einem Kanzleramtschef im Ministerrang thront ein formell wie faktisch noch immer sehr starker Staatssekretär. In den Ministerien herrscht daher schnell Verwirrung: Man ist nicht sicher, wer im Kanzleramt eigentlich der richtige Ansprechpartner ist. Besser und sorgfältiger bedient wird man fraglos von Steinmeier, die Gunst des Kanzlers aber scheint Hombach zu besitzen. Und Schröder hatte wohl auch nicht bedacht, dass er mit der Installation Hombachs ja nicht nur Steinmeier vor den Kopf stieß. Mit dem neuen Kanzler zog ein über Jahre eingespieltes Team nach Bonn mit seinen eigenen Spielregeln, Routinen, Hierarchien und Gewohnheiten, ein Team, in dem jeder seine Rolle kannte und um seine Bedeutung wusste und das gemeinsam schon manche Krise durchgestanden hatte. Und Steinmeier war spätestens seit 1996 der Primus inter Pares gewesen. Jetzt aber ist plötzlich alles anders. Die Balance des Schröder'schen Küchenkabinetts ist empfindlich gestört. Obgleich auch Hombach einige Vertraute mitbringt, ist die Hannoveraner Fraktion bei Weitem stärker, und deren Loyalitäten stehen im Konfliktfall völlig außer Frage. Hombach halten die meisten für einen aufgeblasenen Wichtigtuer, der mehr Schaden anrichtet als Nutzen stiftet und der unfähig zum Teamspiel ist. Dieser wiederum weiß um diese Stimmung gegen ihn und spielt mit dem Gedanken, sich einen eigenen Arbeitsstab zuzulegen. Das wiederum nährt das Misstrauen der Hannoveraner. Und so passiert, was in höfischen Gesellschaften ohne feste Hierarchien nun einmal passiert: Es bilden sich Cliquen und Grüppchen, die sich gegenseitig nicht über den Weg trauen.

Bisweilen gebiert diese Konstellation bizarre Situationen. Als Hombach wegen seines umstrittenen Hausbaus – ihm wird unterstellt, von einem Energiekonzern Preisvergünstigungen in sechsstelliger Höhe erhalten zu haben – in die Kritik gerät und sich bei einer aktuellen Fragestunde vor dem Bundestag erklären soll, da zieht er es vor, dieser unangenehmen Veranstaltung lieber fernzubleiben. Stattdessen schickt er ausgerechnet seinen Staatssekretär Frank-Walter Steinmeier, dem dann die Aufgabe zufällt, die dubios erscheinenden Privatpraktiken Hombachs zu verteidigen. Im Kanzleramt, so erzählen es auch Steinmeier wohlgesonnene Menschen, ging es derweil wie im Kindergarten zu: Jeder habe dem Kanzler zeigen wollen, dass seine Schaufel die größere ist. Wenn Hombach Weisungen an Steinmeier gab, dann ging dieser so manches Mal zum Kanzler, um die Dinge wieder geradezurücken. Später wurde Hombach beim Kanzler vorstellig, um sich eben darüber zu beschweren.

Wahrscheinlich hilft es Steinmeier in dieser nicht einfachen Zeit, dass seine Bedeutung im Kanzleramt ja trotz alledem wächst. Die Koalitionsfraktionen und Ministerien wenden sich mit ihren Anliegen immer häufiger an ihn und nicht an Hombach, dessen Schreibtisch zuweilen schon als »Bermuda-Dreieck« verspottet wird: Dort lande zwar vieles, doch nur wenig tauche wieder auf. Da scheint es, den ungeklärten Kompetenzen zum Trotz, doch besser, sich gleich an Steinmeier zu wenden.

Ob Steinmeier auch aktiv gegen Hombach gearbeitet hat, lässt sich hingegen schwer sagen. Sehr wahrscheinlich ist das nicht, und Hombach, der es wissen müsste, schweigt eisern zu seiner kurzen Episode im Kanzleramt. Ein Mann der ausgeklügelten Intrige ist Steinmeier nicht. Außerdem bedeutet jeder Schaden für Hombach auch einen Schaden für Schröder und die gesamte Regierung. Doch immerhin: Er, der sehr genau weiß, wie Behördenapparate funktionieren, kennt die ganz legalen Hebel, mit denen sich der eigene Einfluss sichern lässt. Ein damaliger Mitarbeiter des Kanzleramts berichtet etwa von einem von Steinmeier verfassten Papier, das wenige Wochen nach dem Regierungswechsel kursierte. Darin habe Schröders treuer Paladin die Aufgabenteilung zwischen ihm und Hombach festlegen lassen. Auf den ersten Seiten hätten lauter Dinge gestanden, die Hombachs Aufgaben betrafen, etwa dass ihm jede Rede des Kanzlers vorzulegen sei und einige andere Alleinkompetenzen. Der viel beschäftigte Hombach, der nicht zu den akribischsten Konsumenten interner Vermerke gehört, habe seine eigenen Kompetenzen am Rand zufrieden mit anfangs noch recht akkurat gesetzten Häkchen versehen. Doch ab der dritten Seite habe man sehen können, wie seine Aufmerksamkeit langsam erloschen sei. Erst auf den hinteren Seiten aber habe der Staatssekretär Steinmeier seinen eigenen Kompetenzbereich definiert. Und der hatte es in sich, umfasste er doch unter anderem die hauptsächliche Verantwortung für die Koordinierung der

Ministerien. Damit habe sich Steinmeier einen entscheidenden Informationsvorsprung gesichert und Hombach auf diese Weise nach und nach »inhaltlich ausgetrocknet«.

Irgendwann wird auch Schröder klar, dass seine unkonventionelle Machtkonstruktion vielleicht doch keine geniale Idee gewesen war. Steinmeier selbst sieht jedenfalls voraus, wer bei alledem die Oberhand behalten wird. Im Frühjahr 1999 teilt er einem Freund mit, dass Hombachs Zeit im Kanzleramt wohl bald ablaufen werde – länger als ein paar Monate könne es nicht mehr dauern.

Diese Prophezeiung trifft ziemlich genau ein. Spätestens seit dem Rücktritt Oskar Lafontaines im März 1999 drängt insbesondere die Partei-Linke darauf, Schröders Spindoktor aus dem Zentrum der Macht zu entfernen. In ihren Augen ist es vor allem Hombach, der Lafontaine isoliert hat und mit seinen programmatischen Alleingängen jede Abstimmung verhindert. Und natürlich wissen sie, dass er der eigentliche Erfinder des »Schröder-Blair-Papiers« ist, welches in seiner Lobpreisung freier Märkte und damit von Deregulierung und Rückzug des Staates tatsächlich einen Bruch mit manch lieb gewordenen sozialdemokratischen Grundsätzen bedeutet.

Und dann lässt sich natürlich der vermeintliche Skandal um Hombachs imposante Villa in Mülheim vortrefflich ausschlachten. Die ganze Geschichte, obgleich sie sich quälend lange hinzieht, ist eigentlich wohl nicht so gravierend, dass Hombach sie nicht hätte aussitzen können. Doch im Verbund mit vielem anderen fördert sie Schröders Einsicht, dass er den vielleicht richtigen Mann an die falsche Position gesetzt hat. Als sich schließlich die Gelegenheit ergibt, Hombach mit der halbwegs respektablen Position eines EU-Sonderbeauftragten für den Wiederaufbau des Balkans zu entschädigen, findet sich auch eine Lösung, die diesen das Gesicht wahren lässt.

Steinmeier setzt neue Akzente

Schröders Instinkt mag ihn dieses eine Mal getrogen haben, aber der neue Kanzler ist niemand, dem der gleiche Fehler ein zweites Mal unterläuft. Nach Hombachs Weggang übernimmt Frank-Walter Steinmeier Hombachs Posten und wird neuer Kanzleramtschef. Er ist dort angelangt, wo er schon im Herbst 1998 hingehört hätte: an die Spitze des mächtigsten Behördenapparates der Bundesrepublik.

Triumphgefühle zeigt Steinmeier nicht. Als er wenige Wochen nach Hombachs Ausscheiden über seine Amtsauffassung spricht, lässt er lediglich verlauten, dass er sich keinesfalls in der Rolle des Spindoktors sieht, und schiebt nach: »Man kann nicht nebenbei Programmatik der Partei schreiben – im Übrigen können das andere besser.« Eine kleine Spitze gegen seinen Amtsvorgänger ist das, und in der SPD hört man solche Sätze gerne. Niemand glaubt, dass der Mann, der später einmal als Architekt der Agenda 2010 gelten wird, einen ähnlichen Aufruhr wie Hombach auslösen könnte.

Der neue Chef macht auch in formeller Hinsicht sehr schnell klar, wie er die Akzente zu setzen gedenkt. Schröder bietet ihm an, das Amt des Leiters des Bundeskanzleramtes ebenfalls mit Ministerrang zu versehen. Doch Steinmeier lehnt das ab und bleibt auch als Chef des Bundeskanzleramtes lieber Staatssekretär; der Ministerrang, begründet er seinen Entschluss gegenüber Schröder, schaffe lediglich zu viel Aufmerksamkeit und ziehe unweigerlich öffentliche Auftritte nach sich. Steinmeiers Vorbild aber ist Manfred Schüler, der Kanzleramtschef Helmut Schmidts, mit dem er schon vor der Regierungsübernahme ein langes Gespräch geführt hat und der ihm ebenfalls geraten hat, jede öffentliche Heraushebung auf das Tunlichste zu vermeiden.

So hat er es auch bisher gehalten, sodass den Bonner Journalisten am Tag seiner »Beförderung« bei den obligatorischen Kurzporträts nichts Rechtes einfallen will. Die einfachste Lösung für das Dilemma findet wie immer die *Bild*-Zeitung, die mit der Überschrift aufwartet: »Frank-Walter Steinmeier gibt keine Interviews und arbeitet 16 Stunden am Tag«.

An der Organisation der Arbeitsabläufe im Kanzleramt ändert Steinmeier zunächst nicht sehr viel. Schließlich hat er schon zuvor im Inneren der Behörde den Administrationsstil vorgegeben. Doch ohne den Störfaktor Hombach läuft nun alles wesentlich reibungsloser. Der spröde Begriff vom »Behördenchef« kann ohnehin ein wenig in die Irre führen. Denn sehr viel Verwaltungsroutine stellt sich für den Chef des Kanzleramtes nicht ein. Wenn Steinmeier frühmorgens in sein Büro kommt, dann weiß er selten, was der Tag für ihn bereithält. Er funktioniert, wie er selbst sagt, als »Frühwarnsystem« des Kanzlers: Durch ständige Kommunikation muss er ausloten, wie es um die Unterstützung für bestimmte Gesetzesvorhaben bestellt ist, an welchen Punkten noch Gesprächsbedarf besteht. Eigene programmatische Impulse hält er in der Tat nicht für notwendig. Ankündigungen hat diese Regierung, so empfindet er es, ausreichend produziert, und es existiert ein ziemlich detaillierter Koalitionsvertrag, von dem noch nicht sehr viel abgearbeitet wurde. Was bisher fehlt, sind konkrete Ergebnisse. Die aber braucht die Regierung dringend, eine Regierung, die in der Presse mittlerweile als ein Kabinett infantiler Hedonisten gilt, geführt von einem Spaß-Kanzler an der Spitze, der vor lauter Modenschauen und »Wetten, dass …?«-Auftritten nur noch sporadisch zum Regieren kommt.

Als Steinmeier beginnt, die interne Koordination der Regierungsarbeit allein zu verantworten, hat er bereits neun Monate lang Anschauungsunterricht bekommen, wie man die Geschäfte auf keinen Fall führen darf: Die Regierung war insgesamt zu spontan, ihre Mitglieder er wirkten oft laut und undiszipliniert. Bereits im Februar 1999 hatte er, noch gemeinsam mit Hombach, ein Papier verfasst, das forderte, die Aktivitäten der Ministerien und Koalitionsfraktionen stärker an das Kanzleramt zu koppeln: Alle Kabinettsmitglieder müssten ihre Vorhaben vor ihrer öffentlichen Bekanntgabe dem Kanzleramt mitteilen. Wer ausschere, müsse »vor dem gesamten Kabinett sein Verhalten begründen«. Solange jedoch Hombach Chef des Kanzleramtes war, blieben solche Appelle ziemlich wirkungslos – hielt er sich doch selbst nicht an die geforderte Disziplin. Insofern bietet Hombachs Abschied nun die Chance für einen Neuanfang, die Steinmeier auch nutzt: Seit dem Herbst 1999 nimmt die Kakofonie langsam ab. Die Regierung hat nun tatsächlich ein Zentrum, in dem die Arbeit der Ministerien und der Fraktionen zusammenläuft.

Schröders »Räterepublik«

Doch das ist nicht alles, was Steinmeier verändert. Bald beginnt er, die Entscheidungsprozesse der Regierung neu zu organisieren. Denn so wichtig das reibungslose Ineinandergreifen von Kanzleramt, Ministerien und Fraktion auch sein mag: Diese traditionellen Formen der Politikgestaltung mit ihrem, wie er es nennt, »ritualisierten Weg« über Programmkommissionen, Parteitagsbeschlüsse und langwierige Gesetzgebungsverfahren hält er für nicht mehr ausreichend. Den Realitäten des Regierungsalltages in komplexen Gemeinwesen werde ein solches Verfahren kaum noch gerecht. Zum einen sei Deutschland eben keine reine Parteiendemokratie. Stets tummelten sich noch viele andere Mitspieler auf der politischen Bühne, die allesamt mit faktischer Veto- und Blockademacht ausgestattet seien: die Gewerkschaften und Arbeitgeberverbände, das Bundesverfassungsgericht, eine unüberschaubare Zahl von Interessengruppen und Lobbyverbänden – ganz zu schweigen von den zahlreichen Politikfeldern, auf denen von Brüssel aus auch die Europäische Union mitzureden hat. All diese Akteure gelte es in Zukunft sehr viel frühzeitiger in den politischen Entscheidungsprozess einzubinden, um Blockaden bereits im Vorhinein unwahrscheinlicher zu machen. Steinmeier glaubt, dass die Regierung stark auf die Mitwirkung von Gruppen und Institutionen außerhalb der eigentlichen politischen Arena angewiesen ist. Denn in modernen, hochkomplexen Gesellschaften verfügen nach seiner Überzeugung weder die Regierung noch das Parlament über das notwendige Wissen und die Kompetenz, um sachadäquate Entscheidungen zu treffen. Kurzum: Die Aufgabe einer modernen Regierung sei es, diese Lernprozesse selbst zu organisieren, um die für eine Sachentscheidung relevanten Gruppen miteinander ins Gespräch zu bringen.

Diesen Überlegungen entspringt, was in der folgenden Zeit zu einem Markenzeichen des Regierungsstils in der ersten Legislaturperiode der rot-grünen Koalition wird: Gerhard Schröder bildet für beinahe jedes relevante Politikfeld eine eigene Kommission. Eine Kommission zur Reform des Einwanderungsrechts nimmt da ihre Arbeit auf, dann eine für die Strukturreformen der Bundeswehr, ein nationaler Ethikrat und auch noch eine Kommission für die Nachhaltigkeit in der Finanzierung der sozialen Sicherungssysteme und vieles andere mehr. Nun haben Regierungen schon immer auf den Rat von Experten gebaut, sich externen Sachverstandes bedient. Doch die Anzahl solcher Kommissionen, die Tatsache, dass sie direkt unter Anleitung des Bundeskanzleramtes diskutieren und dass Schröder selbst kaum eine Gelegenheit auslässt, die Ergebnisse dieser Kommissionen zur Richtschnur seines politischen Handelns zu erklären – das ist doch neu und lässt die Journalisten bald von »Schröders Räterepublik« sprechen.

Nun hat Steinmeier sicher recht, wenn er meint, dass die politische Realität sehr viel mehr ausmache als bloß das Zusammenspiel von Kabinett, Parlamentsmehrheit und Parteiorganisation und dass diesen Realitäten Rechnung zu tragen sei. Sein neues Amt tritt er ohne Illusionen an; Steinmeier weiß, dass man in Berlin eine Menge Igel zu kämmen hat, um auch nur kleinste Handlungskorridore zu öffnen. Und er hat sich wohl tatsächlich und eben nicht nur rhetorisch intensiv mit der politikwissenschaftlichen Literatur der letzten zwanzig Jahre auseinandergesetzt, deren Grundton sich von der Planungseuphorie der 1960er Jahre endgültig verabschiedet hat und die nun mit leicht resigniertem Unterton von der »Politikverflechtungsfalle« spricht, in der sich alle Akteure so lange gegenseitig blockieren, bis es schließlich zum politischen Stillstand kommt. Auch Steinmeier ist ein ganz und gar illusionsloser Realist, der um die letztendliche Begrenztheit staatlichen Handelns weiß. Schließlich, so der oberste politische Beamte der Republik, gebe es eine zunehmende Zahl autonomer gesellschaftlicher Teilsysteme, die nach ganz unterschiedlichen Logiken funktionierten und in denen staatliche Intervention nur schwer möglich sei. Steinmeier will im Übrigen das Bewusstsein dafür schärfen, dass sich die Politik zunehmend in zwei Welten spaltet, die bisweilen nichts miteinander zu tun haben: die eine Welt, von der die Medien berichten und in der die Politikdarstellung erfolgt, und eine andere, zweite Welt, in der Politik tatsächlich betrieben wird. In der ersten Welt würden alle Konflikte zugespitzt und personalisiert, es gebe nur triumphierende Gewinner und ultimative Verlierer – es ist die Welt, in der sich sein Dienstherr so trefflich medial zu inszenieren weiß. In der zweiten, der tatsächlichen Welt der Politik sei alles ungleich komplexer und mühsamer, und am Ende stehe fast immer die Realität der Politik, der Kompromiss – das ist Steinmeiers Welt. Insofern will der Kanzleramtschef auch mehr Transparenz schaffen, indem er die Lücke zwischen der Darstellungs- und der faktischen Entscheidungsebene der Politik schließt. Denn nun kann jeder erfahren, welche Personen und welche hinter ihnen stehenden Interessen in den jeweiligen Kommissionen vertreten sind. So soll zurechenbar werden, wer zu welchem Zweck welche Entscheidungen getroffen hat.

Verdruss in der Partei

Und doch deuteten sich bei diesem grassierenden Kommissionswesen schon jene Grundprobleme an, die sich dann wie ein roter Faden durch die Ära Schröder ziehen sollten. Für Partei und Fraktion ist in diesem System der Konsensrunden – in denen ja zum Teil die großen Zukunftsfragen der Republik verhandelt werden – eigentlich kein Platz vorgesehen. Angesichts des erhobenen Anspruchs auf Überparteilichkeit ist das durchaus folgerichtig. Doch zugleich deutet sich damit auch an, was Schröder und Steinmeier von der Fähigkeit der Sozialdemokratie, tragfähige Zukunftsentwürfe zu entwickeln, halten: herzlich wenig. Das Bundeskanzleramt sucht mit erstaunlichem Elan nach gesellschaftlichen Bündnispartnern, setzt auf den regen Austausch mit Experten und Interessenvertretern; die Partei aber fühlt sich bei alldem links liegen gelassen. Es wächst bereits zu dieser Zeit jener Verdruss, der später zum offenen Bruch führen wird. Die SPD-Fraktion klagt, sie sei nur ungenügend in die Entscheidungsprozesse eingebunden und werde allzu häufig vor quasi vollendete Tatsachen gestellt und letztlich nur zum Abnicken solcher Entscheidungen gebraucht, die längst andernorts getroffen worden seien. Zwar setzt der Parteivorsitzende Schröder gleichzeitig eine Programmkommission ein, lässt jedoch keinen Zweifel daran, dass die eigentliche Musik für ihn ganz woanders spielt. Damit entsteht eine Entfremdung, die sich später bitter rächen wird.

Im Übrigen ist das Kommissionswesen der Regierung Schröder in programmatischer Hinsicht auch eine ziemlich bequeme Angelegenheit. Schließlich braucht auf diese Weise nicht dargelegt zu werden, welchen Weg man eigentlich selbst einzuschlagen gedenkt. Ein Lieblingswort Steinmeiers, um seine Vorstellung von einer guten Regierungspolitik zu kennzeichnen, heißt »Komplexität« – wohl um dafür zu werben, dass man viele dicke Bretter zu bohren hat, sodass niemand Wunderdinge von der neuen Regierung erwarten sollte. Das andere Lieblingswort, stetig wiederkehrend, lautet »Konsens«. Doch setzt nicht auch der Konsens voraus, dass wenigstens die Regierung selbst den Weg mit einigen Leitplanken und Begrenzungspfählen vorgibt? Das Bundeskanzleramt unter Steinmeier organisiert den Diskussionsprozess – wohin die Regierung selbst will, darüber lässt sich auf manchen Politikfeldern letztlich nur spekulieren. Das gilt gerade auch für die Wirtschafts- und Sozialpolitik. Plant Schröder nun einen großen Befreiungsschlag, wie ihn die Wirtschaftseliten fordern, ein umfassendes Programm zur Deregulierung des Arbeitsmarktes? Oder ist doch ein irgendwie genuiner sozialdemokratischer Gegenentwurf zur neoliberalen Reform zu erwarten, deren Mantra zu dieser Zeit, genau um die Jahrtausendwende, den öffentlichen Diskurs bestimmt? Schröder selbst lässt sich dazu seit dem kontroversen »Schröder-Blair-Papier« nur noch Widersprüchliches entlocken. Und Steinmeier? Vielleicht ist diese Frage falsch gestellt, denn seine primäre Aufgabe besteht ja darin, den Willen des Kanzlers zu vollstrecken. Das Problem ist nur, dass dessen Wille im Unklaren bleibt.

Die programmatische Ortlosigkeit der Schröder'schen Politik, die mangelhafte Einbindung von Partei und Fraktion, das alles wird später noch einmal eine Rolle spielen. Für den Moment indes – und das ist für den Situationisten Schröder die entscheidende Zeitkategorie – bringt dieser Führungsstil durchaus Vorteile. Strittige Fragen werden aus dem parteiinternen Diskussionsprozess ausgeklammert, und überdies wird so die Sehnsucht der Deutschen nach harmonischer Überparteilichkeit befriedigt. Man hat den Vorsitz einzelner Kommissionen sogar an honorige Persönlichkeiten aus dem Oppositionslager vergeben, wenngleich diese im politischen Tagesgeschäft keine besondere Rolle mehr spielen. Rita Süssmuth sitzt der Ethik-Kommission vor, Richard von Weizsäcker leitet die Kommission zur Strukturreform der Bundeswehr. Das macht es für die Union nicht gerade leichter, Sinn und Zusammensetzung der Gremien zu kritisieren.

Die Legende vom »Dr. Makellos« entsteht

Es ist überdies ein System, bei dem Steinmeier auch seine eigenen Stärken ausspielen kann, wie etwa beim Atomkonsens. Dort gelingt es ihm mit unendlicher Geduld, alle Beteiligten trotz großer Spannungen immer wieder an den Verhandlungstisch zurückzuholen. Wo freilich die strukturellen Voraussetzungen nicht stimmen, scheitert auch die Konsenssuche. So ist es beim Bündnis für Arbeit, das ebenfalls von Steinmeier koordiniert wird und wo Gewerkschaften und Arbeitgeberverbände nicht zueinanderfinden, auch weil ihre jeweilige Basis ihnen jeden Verhandlungsspielraum nimmt. Diese Erfahrung wird noch wichtig sein. Denn unter anderem mit dem Scheitern dieses Bündnisses wird die Regierung Schröder später die Agenda begründen: Da man gemerkt habe, dass der Korporatismus des

»Rheinischen Kapitalismus« nicht mehr funktioniere, habe man eben einen anderen, weniger konsensualen und stärker auf die herkömmliche Gesetzgebung vertrauenden Reformweg einschlagen müssen.

So erlangt Steinmeier im Machtsystem Schröders wichtige Kompetenzen, aber ihm kommt auch noch etwas anderes zugute: Er hat den Vorteil, sein Amt auch zur rechten Zeit angetreten zu haben. Schon bald nämlich gerät die größte Oppositionspartei in den Strudel eines Skandals, der sie auf absehbare Zeit zum Null-Faktor der deutschen Politik macht: Die CDU wird von der Vergangenheit ihrer schwarzen Kassen eingeholt. Das wird sie lähmen und sie ein großes Stück ihrer Glaubwürdigkeit kosten. Der Skandal kratzt auch am Nimbus des Einheitskanzlers Helmut Kohl, zu dem viele in der Union fortan ein gebrochenes Verhältnis haben und der damit als integrative Figur ausfällt. Über Monate beschäftigt sich die CDU vorrangig mit sich selbst, tauscht ihren Vorsitzenden Wolfgang Schäuble aus und ist daher kaum in der Lage, die Regierung im Parlament wirksam zu stellen. Im Juli 2000 gelingt es Schröder sogar, den Widerstand des unionsdominierten Bundesrates gegen die rot-grüne Steuerreform zu brechen.

Überhaupt ist die Zeit vom Herbst 1999 bis zum Beginn des Jahres 2001 die wohl glücklichste Periode der Politik des rot-grünen Bündnisses. Die wenigen Themen, bei denen man tatsächlich von einem genuin rot-grünen Projekt sprechen kann, werden in dieser Zeit im Wesentlichen umgesetzt oder mindestens entscheidend vorbereitet: das neue Einwanderungsgesetz und der Atomkonsens. Gleichzeitig profitiert die Koalition von einem durchaus rasanten Wirtschaftsaufschwung durch den Boom der New Economy. Die Arbeitslosigkeit geht zurück, und Hans Eichel, der neue Finanzminister und Nachfolger Oskar Lafontaines, profiliert sich als erfolgreicher Etatsanierer.

Dies ist die Zeit, in der der Mythos vom nahezu unfehlbaren Kanzleramtschef Steinmeier entsteht. Im politischen Berlin wird es bald Common Sense, dass es dem öffentlich noch immer weithin unbekannten neuen Chef des Kanzleramtes zu verdanken ist, dass die Regierungsmaschine endlich rundläuft. Wahlweise tituliert man ihn als »Seine Effizienz«, »Dr. Makellos« oder »Mr. Perfect«. Für frühere Kanzleramtschefs haben sich die Korrespondenten kaum interessiert, doch über Schröders »Mach mal« erscheinen nun doch bisweilen größere Porträts in den Zeitungen und Nachrichtenmagazinen, auch wenn die meisten Deutschen ihn auf der Straße weiterhin nicht erkennen. Man habe sich um Steinmeiers Image zunächst nicht aktiv bemüht, erzählt Thomas Steg, der Redenschreiber und spätere Regierungssprecher Gerhard Schröders. Als das Bild des makellosen Alleskönners jedoch zirkulierte, da habe man sich gewiss nicht dagegen gewehrt und an seiner weiteren Akzentuierung gearbeitet.

Das Merkwürdige an alledem ist aber nicht nur, dass die handwerklichen Fehler, die der Regierung auch nach dem Sommer 1999 unterlaufen, so gut wie nie dem Kanzleramtschef selbst zugerechnet werden. Vor allem weiß ja eigentlich niemand ganz genau, was Steinmeier wirklich tut. Er tritt kaum einmal öffentlich auf und unterliegt niemals der Versuchung, seine Verdienste nach außen zu kehren. Steinmeiers Arbeit findet eben in den Arkanräumen der Macht statt, abseits der Scheinwerfer der Öffentlichkeit. Und da er sich selbst zu seiner Rolle so gut wie nie äußert, haben es die Journalisten außerordentlich schwer, etwas über jenen Mann herauszufinden, mit dem sie paradoxerweise die Konsolidierung der Regierung verbinden. Steinmeier profitiert in den Berliner Jahren offenkundig auch davon, dass er auf all seinen Stationen niemals verbrannte Erde hinterlassen und die Zahl seiner Feinde stets gering gehalten hat. Für die Berliner Journalisten zumindest ist es so gut wie unmöglich, jemanden zu finden, der etwas Negatives über Schröders rechte Hand sagen würde.

Dabei ist das in Berlin normalerweise durchaus kein Problem – auch über die eigenen Parteifreunde äußert man sich abfällig.

Bei Steinmeier ist das also anders. Immerzu erfährt man nur Wohlwollendes über ihn. Gelobt werden seine Fähigkeit zuzuhören und seine ruhige, auch in Drucksituationen besonnene Art. Dass er eben keineswegs der Typus des spröden Aktenfressers sei, ist zu lesen, sondern über einen herzhaften Humor verfüge und überhaupt selbst am frühen Morgen gute Laune versprühe. Nichts aber wird so ausdauernd hervorgehoben wie die Tatsache, dass dieser Mann stets bescheiden bleibe und sich nicht wichtiger nehme, als er sei. Steinmeier gibt in der ersten Phase der Kanzlerschaft Schröders kaum Interviews. Doch wenn sich irgendwo in Berlin wieder die politische Klasse und jene, die über sie schreiben, begegnen, dann ist er natürlich bisweilen dabei. Und häufig beobachten die Journalisten den Kanzleramtschef in einer typischen Pose, wie sie Gunter Hofmann in der *Zeit* im Jahre 2005 beschreibt: »Lässig an die Wand gelehnt, als gehöre er zum Inventar, schmunzelnd beim Versuch, sich auf alles einen Reim zu machen.«

Ein besonderes Machtverständnis

Dass dieser Mann den Journalisten so offenkundig imponiert, hängt wohl auch damit zusammen, dass Steinmeier sich in einem Punkt markant vom übrigen politischen Personal unterscheidet: Menschen in seiner Position ziehen ihre Befriedigung eben aus dem Erlebnis wirklicher Macht, aus dem Auskosten der Entscheidungs- und Gestaltungsräume, die sie verleihen kann. Die Insignien, die äußerlichen Zeichen der Macht hingegen – öffentliche Bedeutung, Resonanz, Prominenz, Machtzeremonien – sind ihnen eher lästig, weil sie Zeit kosten, oder auch unangenehm, weil sie der öffentliche Auftritt sogar ein wenig ängstigt und sie sich in der zweiten Reihe wohler fühlen. Ihnen fehlt der Narzissmus, über den Politiker in der ersten Reihe wohl notwendigerweise verfügen müssen. Eben das macht sie so wertvoll für die Politik: Weil sie nicht darauf angewiesen sind, dass ihre Erfolge öffentlich werden, tun sie alles, um ihren Verhandlungspartner das Gesicht wahren zu lassen. Frank-Walter Steinmeier hat seine Triumphe nie öffentlich ausgekostet.

Es wäre aber ganz falsch, in der Zurückhaltung, die er in diesen Jahren als stiller Maschinist der Regierungsabläufe an den Tag legte, ein geringeres Machtbewusstsein zu sehen. Steinmeier weiß, dass er als Leiter des Bundeskanzleramtes ein sehr mächtiger Mann ist. Diejenigen, die ihn gut kennen und ihm auch durchaus wohlgesonnen sind, glauben, dass er schon damals durchaus in dem Bewusstsein einer gewissen Unersetzlichkeit lebte. Bisweilen habe er gar ein wenig zu wonnevoll und kokett über die nächtelangen Akten-Marathons gestöhnt, die er wieder einmal hinter sich gebracht hatte, und dann sichtlich die schulterklopfende Anerkennung seiner Mitstreiter genossen, vor allem die des Kanzlers. Das ist Steinmeiers Prämie, für die er 16-Stunden-Tage auf sich nimmt. Er und Schröder, sagt Steinmeier heute, hätten sich eben auch deswegen so gut ergänzt, weil sie »ganz verschiedene Eitelkeiten« gepflegt hätten. Was er damit meint, ist wohl, dass die des Kanzlers befriedigt war, wenn die Öffentlichkeit glaubte, Schröder habe in einem Konflikt die Oberhand behalten. Steinmeiers Eitelkeit schmeichelte es, wenn er in einer verfahrenen Situation einen Kompromiss schmieden konnte, von dem eine Handvoll Beteiligter wussten, dass er ohne ihn nicht zustande gekommen wäre.

Eigentlich ist es unwahrscheinlich, dass jemand in einer solchen Position keine Feinde hat. Man muss allerdings schon lange suchen, bis man jemanden findet, der mit Steinmeier in Berlin über Kreuz liegt. Einer, der seine Abneigung nie verhehlt hat, ist Wolfgang Nowak. Er, der 2005 aus der SPD ausgetreten ist, war von 1999 bis 2002 Leiter der Planungsabteilung im Bundeskanzleramt, bis Steinmeier seine Abteilung auflöste. Steinmeier teilte Nowak die Entlassung in einem persönlichen Vier-Augen-Gespräch mit, mit »mühsam verhohlener Genugtuung«, wie Nowak schon 2009 in einem Gespräch berichtete.

Dabei erzählte sogar Nowak zunächst, dass Steinmeier menschlich vermutlich ein feiner Kerl sei, der bei halb-privaten Anlässen wie Geburtstagsfeiern bescheiden und freundlich wirke, niemals den Kanzleramtschef hervorkehre und nicht beanspruche, im Mittelpunkt zu stehen. Einmal organisierte Nowak gemeinsam mit der Kanzlergattin eine Filmvorführung, *Der kleine Eisbär* wurde gezeigt. Als Steinmeier davon erfuhr, fragte er höflich an, ob er in Begleitung seiner Tochter mitkommen könne: Er kenne das Buch schließlich auswendig, habe Merit oft daraus vorgelesen.

Doch als man Nowak zum »Amtsmenschen« Steinmeier befragte, überschlug sich seine Stimme, und er verschluckte reihenweise die Silben, manchmal auch ganze Worte. Steinmeier habe auf allen Ebenen ein raffiniertes Spitzelsystem installiert, mit Zuträgern, die leider auch in seiner eigenen Abteilung gesessen hätten und vom Behördenchef mit Geheimaufträgen versehen worden seien. Vertrauen habe Steinmeier nur zu von ihm Abhängigen entwickeln können, er, Nowak, sei jedoch höchst unabhängig gewesen, deswegen habe Steinmeier ihm eben zutiefst misstraut. Unsicher sei Steinmeier und habe deswegen auf Machtzeremonielle den größten Wert gelegt: Um sein Büro zu erreichen, habe man unzählige Vorzimmer durchqueren müssen. Seinen persönlichen Zugang zu Schröder habe er eifersüchtig bewacht und jedem misstraut, der sich an ihm vorbei direkt zum Bundeskanzler begeben habe, wenngleich selbst Nowak zugibt, dass das wohl Teil der Funktion eines Staatssekretärs ist. Wer ihm länger zuhörte, konnte den Eindruck gewinnen, dass das Kanzleramt damals von einem pedantischen Kontrollfreak geleitet worden sei.

Ist es nicht merkwürdig, dass von solcherlei Eigenschaften sonst so wenig zu hören ist? Der Fall sei doch ganz klar, antwortete Nowak damals auf Nachfragen: Es hätten eben alle Angst vor Steinmeier. Vielleicht werde der Mann ja doch eines Tages Bundeskanzler, da würden sich die Journalisten kaum Mühe geben, Negatives zu berichten.

Das ist alles sehr überzeichnet und klingt nicht immer plausibel. Aber eines fällt doch auf. Alle Mitarbeiter im Kanzleramt, die mit Steinmeier aneinandergerieten, sind von einem ähnlichen Schlage: Sie hatten einen relativ ungefilterten Zugang zum Kanzler oder nehmen dies zumindest für sich in Anspruch, und sie sind ein wenig komplizierte Charaktere, jedoch durchweg kreative Menschen, die nicht immer nach den Regeln spielen. Steinmeier aber liebt die Regeln. Und wo es um diese Regeln ging, da konnte er als Chef des Kanzleramtes ungemütlich werden und ein sehr offenkundiges Machtbewusstsein an den Tag legen. Das Vorrecht auf seinen unmittelbaren Zugang zu Gerhard Schröder, so heißt es, habe er verbissen verteidigt. Und da war nicht nur Wolfgang Nowak, der sich noch heute der Tatsache rühmt, jederzeit freien Zugang zum Kanzler gehabt zu haben. Zum Ärger Steinmeiers konnte auch Michael Steiner, der Leiter der Abteilung für Sicherheitspolitik und wie Hombach eher ein etwas kapriziöser Charakter, immer direkt zum Kanzler vordringen.

Nun ist es natürlich die Aufgabe eines Kanzleramtschefs, zu entscheiden, mit welchen Fragen und Problemen sein Vorgesetzter konfrontiert wird. Doch es mag schon sein, dass Steinmeier dieses Prinzip seit 1999 sehr strikt ausgelegt und es mit seiner Fürsorglichkeit bei der Abschirmung seines Kanzlers ein wenig übertrieben hat. Steinmeier glaubte wohl, seinen Kanzler, der doch als illusionsloser Pragmatiker gilt, von den vermeintlichen Tagträumern im Kanzleramt fernhalten, ihm deren Flausen austreiben zu müssen.

So ist Schröder ganz begeistert von der Allianz progressiver Regierungschefs mit dem Briten Tony Blair und dem Amerikaner Bill Clinton an ihrer Spitze. Blair und Clinton – das sind Schröders Orientierungsmarken, charmante Sonnyboys, mit denen er wesentlich mehr anzufangen weiß als mit dem etwas steifen und aristokratischen Jacques Chirac; erst später wird Schröder erkennen, dass die Bundesrepublik mit Frankreich abseits seiner persönlichen Neigungen außenpolitisch doch mehr verbindet als mit Amerikas treuestem Bündnispartner Großbritannien.

Steinmeier aber hält diese Allianz von Anfang an für eine Chimäre und das Schröder-Blair-Papier deswegen für einen wirkungslosen Bluff. Der Staatsrechtler sieht schließlich sehr genau, wie unterschiedlich die institutionellen Voraussetzungen auf beiden Seiten sind: hier ein britischer Premierminister, der im Grunde lediglich die eigene Parlamentsmehrheit von seinem Vorhaben zu überzeugen hat – dort der deutsche Bundeskanzler, der sich in einer komplexen Verhandlungsdemokratie bewegt und damit in der Regel ungleich schwierigere Bedingungen vorfindet und der es mit allerlei Mit- und Vetospielern zu tun bekommt. Unter diesen Voraussetzungen immerzu den großen Wurf zu fordern, erscheint Steinmeier daher ein wenig weltfremd.

Mit der Koordinierung der »progressiven Allianz« beschäftigt ist auf Berliner Seite eben jene Planungsabteilung unter der Leitung Wolfgang Nowaks. Dass Steinmeier diese nach 2002 auflöst, ist insofern nur folgerichtig. Schon ein Jahr zuvor, im

Jahre 2001, wurde auch Schröders »Sonderberater« Michael Steiner nach einer verbalen Entgleisung gegen Angehörige der Bundeswehr aus dem Kanzleramt entfernt. Freiwillig geht Klaus Gretschmann, der Chefökonom Schröders, der sich ebenfalls das Recht herausnimmt, direkt und ohne Billigung des Amtschefs mit dem Kanzler zu sprechen. Nach und nach entfernt Steinmeier alle Störfaktoren aus dem Kanzleramt und baut seine Machtposition damit weiter aus.

Die Probleme der Koalition

Freilich ändert auch dies nichts an den langfristigen Problemen der rot-grünen Koalition. Denn auch eine effiziente Administration kann nicht verbergen, woran es dieser Regierung wirklich mangelt: Sie weiß mit der Macht, die der Wähler ihr 1998 verliehen hat, schon nach kurzer Zeit nichts Rechtes mehr anzufangen. Sie hat keine Botschaft, kein Projekt, keine Erzählung. Der Sozialismus ist es nicht mehr, der am Ende des Weges stehen soll, nur: Was ist es dann? Noch vor dreißig Jahren hätte jeder SPD-Funktionär nachts im Halbschlaf die drei Kernforderungen der deutschen Sozialdemokratie nennen können: Abrüstung, soziale Umverteilung, Mitbestimmung. Jetzt wussten viele Sozialdemokraten auch am helllichten Tage nicht, wofür ihre Partei eigentlich stand.

Vom rot-grünen Projekt spricht jedenfalls niemand mehr. Was davon nach 16 Jahren gemeinsamer Opposition noch nicht verwirklicht ist, setzt die Koalition nach zwei Jahren um: das neue Einwanderungsgesetz und den Atomkonsens. Eine andere Zielperspektive gibt es nicht, und man kann auch kaum behaupten, dass Schröder sich sonderlich darum bemüht hätte, dem abzuhelfen. Im Grunde war er wohl ganz zufrieden mit diesem Zustand seiner stillgelegten Kanzlerpartei, der ihm das Regieren erst einmal erleichterte. Und Steinmeier? Auf der einen Seite zählte die Entwicklung langfristiger Perspektiven nicht zu seinen primären Aufgaben als Kanzleramtschef. Er musste ja die Brandherde der Tagespolitik austreten. Heute allerdings ist er auf das Strengste darum bemüht, sich schon für die damalige Zeit eine genuin politische Rolle zuzuschreiben und nicht bloß als bürokratisches Vollzugsinstrument der Schröder'schen Politik zu erscheinen. Insofern aber muss man ihm die Stärken wie die Schwächen dieser Kanzlerschaft ebenfalls voll anrechnen.

Bezeichnenderweise war es kein politisches Projekt, das der rot-grünen Koalition 2002 eine weitere Legislaturperiode bescherte, sondern die Kombination von glücklichen Umständen mit dem noch immer tadellos funktionierenden Instinkt Gerhard Schröders. Fast uneinholbar liegt die Regierungskoalition zurück, als dem Kanzler zunächst George W. Bush und dann die Jahrhundertflut zur Hilfe kommen. Erst als er in den letzten Wochen vor der Wahlentscheidung auf den Marktplätzen der Republik vor dem Irak-Abenteuer der USA warnt und dann schließlich wesentlich präsenter und entschlossener in den Katastrophenregionen zwischen Elbe und Oder agiert als sein Herausforderer Edmund Stoiber, wendet sich das Blatt, und Rot-Grün erhält eine denkbar knappe Mehrheit.

Ein eindeutiger politischer Auftrag ergibt sich aus dem neuen Mandat freilich nicht, und so werden auch die neuen Koalitionsverhandlungen zu einer ziemlich ziellosen und – wie die damals Beteiligten heute offen einräumen – auch lustlosen Angelegenheit. Steinmeier hatte noch angeregt, sich etwas mehr Zeit zu lassen, nach dem anstrengenden Wahlkampf erst einmal zu verschnaufen und die Fachbeamten in den Ministerien mit den

Vorarbeiten zu betrauen. Doch dieses Mal konnte er sich nicht durchsetzen.

Dominiert werden die Gespräche von Finanzminister Hans Eichel, der eine umfangreiche Sparliste erstellt hat, in der sich manches findet, was reichlich skurril klingt, etwa die Ankündigung, den regulären Mehrwertsteuersatz auch auf Hunde- und Katzenfutter zu erheben und die Umsatzsteuerermäßigung auf Schnittblumen zu streichen. Doch während um solche und andere Details mit einiger Emphase gerungen wird, finden sich im Koalitionsvertrag keine Hinweise auf die grundsätzliche Richtung, die die Regierung einzuschlagen gedenkt. Wer das Papier liest, kann jedenfalls nicht ahnen, dass die Bundesrepublik kurz vor einer der größten Sozialreformen ihrer Geschichte steht.

Architekt der »Agenda 2010«

Doch diese Reform kommt, und Steinmeier wird ihr Architekt sein. Die »Agenda 2010« war dabei nicht primär Ausfluss politischer Prinzipien, war nicht der logische Endpunkt eines langen programmatischen Reflexionsprozesses. Sie war eine Krisengeburt, entstanden unter dem Eindruck vermeintlich objektiver und als unausweichlich empfundener Notwendigkeiten. Nachdem man sich von den Strapazen des Wahlkampfes erholt hat, reißen nämlich die schlechten Nachrichten nicht mehr ab, eine Schockwelle nach der anderen schwappt in das Kanzleramt. Die Wirtschaft wächst noch weitaus langsamer als gedacht, die Arbeitslosigkeit steigt und das Haushaltsdefizit nimmt fantastische Ausmaße an, Eichels Sparliste zum Trotz. Es ist der Höhepunkt der wirtschaftlichen Malaise, die die Bundesrepublik seit den frühen 1990er Jahren plagt und das Land, wie auch das britische Magazin *The Economist* schreibt, zum »kranken Mann Europas« gemacht hat.

Es sind diese deprimierenden Nachrichten, die Schröder und seine Mannschaft aus ihrer Sicht zum Handeln zwingen. Doch wo anfangen? Aus dem gescheiterten Bündnis für Arbeit hat man den Schluss gezogen, dass der Konsensweg in der Wirtschafts- und Sozialpolitik nicht allzu weit führt. Keiner hat das so hautnah erlebt wie der Kanzleramtschef.

So trägt Frank-Walter Steinmeier einige Wochen nach der Wahl dem Leiter seines Planungsstabes Heiko Geue auf, ein Papier zu verfassen. Es soll die ökonomische Malaise schonungslos analysieren und zugleich Instrumente zu ihrer Bewältigung nennen. Wie so oft, wenn in der Politik entscheidende Weichenstellungen passieren, ist der handelnde Kreis am Anfang überschaubar. Konzipiert wird das Papier vor allem von Geue, Steinmeier selbst und seinem Büroleiter Stephan Steinlein. Steinmeier hat die frühere Planungsabteilung direkt der operativen Zuständigkeit des Kanzleramtes unterstellt, sodass auch von dort einige Bausteine geliefert werden. Während die Vorbereitungen im Kanzleramt laufen, empfängt Steinmeier die Staatssekretäre der Fachministerien, um sich über die dortigen Reformvorhaben zu informieren. Aus dem Kabinett werden zunächst nur der neue Wirtschaftsminister Wolfgang Clement und Vizekanzler Joschka Fischer über die laufenden Arbeiten unterrichtet.

Nach seiner Fertigstellung spielt das Kanzleramt das Papier Journalisten des *Tagesspiegel* zu, der am 20. Dezember einen Artikel über das »Kanzleramtspapier« veröffentlicht. Die Nachricht löst erst einmal überraschend wenig Unruhe aus. Das Papier liest sich tatsächlich wie ein Potpourri der Forderungen, die bereits zum festen Inventar der »Reformstau«-Debatte gehörten und in diesen Jahren ziemlich unangefochtener neoliberaler Dominanz von Wirtschaftsführern und Ökonomieprofessoren vorgetragen werden: Senkung der Abgabenlast, Flexibilisierung der Arbeitsmärkte, Bürokratieabbau, und das alles mit einiger

Rigidität formuliert. Entscheidend aber ist: Dieses Mal hört man diesen wohlbekannten Dreiklang aus dem Umfeld des sozialdemokratischen Kanzlers. Das hat es seit den Zeiten Bodo Hombachs nicht mehr gegeben.

Das Kanzleramtspapier ist die Basis der berühmt gewordenen »Agenda-Rede«, die Schröder schließlich am 14. März 2003 im Bundestag hält. Man mag darüber diskutieren, ob die Agenda 2010 das Land fundamental verändert hat. Dass sie die deutsche Sozialdemokratie auf eine Weise veränderte, die bis heute nachwirkt, ist hingegen nicht zu bestreiten. Die Agenda wirkt fortan für lange Jahre wie eine Wasserscheide: Seit jenem Tag teilt sich die SPD letztlich in ihre Gegner und ihre Befürworter auf.

Viele glauben, dass das Schlimmste zu vermeiden gewesen wäre, wenn man mehr Mühe darauf verwendet hätte, Sinn, Ziel und Zweck der Agenda von Anfang an besser zu begründen. In der Tat hat Schröder am 14. März darauf verzichtet, eine Erzählung zu den einzelnen Maßnahmen zu entwickeln, sondern stattdessen einen Maßnahmenkatalog in Spiegelstrich-Sprache vorgestellt. Die damals Beteiligten urteilen heute unterschiedlich. Manche meinen, der Widerstand gegen die Reformen der Agenda sei ohnehin unvermeidlich gewesen und auch die schlüssigste, ausgefeilteste Sinngebung der Agenda hätte zum gleichen Ergebnis geführt. Andere bedauern, dass man die Chance der Vermittlung damals vertan habe.

Es ist auffällig, dass Steinmeier auch von jenen, die sich eine stärker intellektuelle Begründung der Agenda gewünscht hätten, von der Kritik ausgenommen wird. Der Kanzleramtschef habe sich, so nehmen ihn seine einstigen Mitstreiter in Schutz, immer wieder über die geistige und philosophische Fundamentierung der Agenda Gedanken gemacht, gerade auch im Vorfeld der Bundestagsrede Schröders. Die ersten Fassungen der Kanzler-Rede hätten solche Elemente auch enthalten. Schröder aber habe all das, um es mit einem seiner liebsten Worte zu sagen, für überflüssiges »Gedöns« gehalten. Die Leute, so dachte er, erwarteten von ihm konkrete Maßnahmen, keine Sonntagsreden.

Nun hätte man ja all diese Begründungen nachliefern können, und die Urheber der Agenda nehmen genau das für sich in Anspruch: Sie verweisen auf eine Reihe von Regionalkonferenzen, in denen Schröder und Franz Müntefering ihre Politik mutig und vehement verteidigten. Sie haben dabei durchaus eindringlich die Notwendigkeit ihrer Politik geschildert – doch in dieser Begründung der Notwendigkeit erschöpfte sich ihr Versuch. Es gab keine Vorstellung davon, wie dieses Land in zehn, zwanzig oder dreißig Jahren einmal aussehen sollte. Die SPD-Funktionäre hatten nach den Konferenzen noch immer keine Ahnung, ob am Ende der Mühseligkeiten etwas stehen könnte, was den im internationalen Vergleich sozialpolitisch ja in der Tat recht verwöhnten Deutschen deutlich machen würde, welchen Sinn die Entbehrungen hatten. So aber funktionieren Erzählungen in der Politik nun einmal: Man besinnt sich auf eine stolze Tradition, beklagt das Jammertal der Gegenwart, stellt dann aber am Ende des steinigen Weges die Vision einer besseren Gesellschaft in Aussicht. Doch die Agenda 2010 war kein von der Regierung initiierter Aufbruch. Als man glaubte, handeln zu müssen, bediente man sich einfach all jener Instrumente, die schon lange auf dem Tisch lagen – doch diese Instrumente kamen aus dem Arsenal des politischen Gegners, nicht aus dem eigenen. Es gab keinen ernsthaften Versuch, das eigene Handeln an sozialdemokratische Traditionen anzukoppeln, obgleich man in der 150-jährigen Geschichte der deutschen Arbeiterbewegung manches hätte finden können. Da waren etwa die »Freiheitlichen Sozialisten« in der Weimarer Republik, die sich damals noch nicht gegen das alte Parteiestablishment durchsetzen konnten, deren Schüler aber in der Bundesrepublik über den Umweg von Bad Godesberg am Ende reüssierten. Eigeninitiative, mehr Wettbewerb und Konkurrenz – das waren für sie keine ketzerischen Begriffe, vielmehr notwendiger Bestandteil einer sozialistischen Zukunftsgesellschaft, in der nur das ehrlich Erarbeitete, nicht aber das Vererbte zählen sollte. Für sie war dies überhaupt das Entscheidende am Sozialismus: Ein entprivilegiertes Aufstiegssystem, das den Aufstieg und Abstieg innerhalb einer Gesellschaft jederzeit möglich macht, damit stets die »hellen Köpfe« nach oben gelangen. Schröder aber hat sich vermutlich nie gefragt, was Eduard Bernstein, Eduard Heimann, Heinrich Deist oder Karl Schiller an seiner Stelle tun würden.

Es rächt sich nun auch, dass man sich nicht hinreichend Mühe gegeben hat, einen Diskussions- und Veränderungsprozess innerhalb der Partei zu organisieren, und sich auch nicht um eine Revision des völlig veralteten »Berliner Programms« bemüht hat. So aber steht die Agenda gegen fast alles, was die SPD über Jahre erzählt und aufgeschrieben hat – und noch im Wahlkampf 2002 hatte Schröder in keiner Weise zu erkennen gegeben, wohin die Reise gehen würde: vermutlich, weil er es damals selbst noch nicht ahnte.

Steinmeiers größte Zeit im Kanzleramt

So trägt es einen also unweigerlich abermals fort – von Steinmeier zu Schröder. Es ist der Kanzler, der am Ende die Agenda verantworten und öffentlich vermitteln muss und der sich ihretwegen auf Parteitagen dem Unmut der Delegierten aussetzt. Steinmeiers Rolle, so bedeutend sie auch bei alledem gewesen sein mag, verliert sich hingegen wieder irgendwo auf den langen, stillen Fluren des Kanzleramtes, wird diffus zwischen unzähligen Telefonaten, die er mit den Beteiligten zu führen hat. Welche der Ideen direkt von ihm stammen, lässt sich kaum feststellen, und vielleicht ist das Zusammenspiel für solcherlei Fragen auch zu prozesshaft. Einer seiner engsten Mitarbeiter sagt heute, Steinmeier sei die eigentliche treibende Kraft gewesen, er habe den Kanzler regelrecht in diese Richtung geschoben, und Schröder selbst hätte kaum den Elan aufgebracht, die Agenda zu konzipieren und umzusetzen.

Auf jeden Fall fällt es Steinmeier zu, die Umsetzung mit all ihren Details zu koordinieren. Das gilt neben der Zusammenarbeit zwischen den Ministerien vor allem für den Vermittlungsausschuss, da die Union im Bundesrat mittlerweile eine satte Mehrheit besitzt. Es ist vielleicht Steinmeiers größte Bewährungsprobe und zugleich seine größte Zeit im Kanzleramt. Sein Einfluss wächst seit 2003 noch einmal beständig. Schröder muss nun nicht »Mach mal« sagen – Steinmeier macht einfach. Der Kanzler hat an ihm schon immer geschätzt, dass er ihm nach Erledigung der Kärrnerarbeit am Ende in der Regel zwei fertige Entscheidungsalternativen vorlegt, zwischen denen er dann wählen kann. Seit der Agenda aber weitet sich sein Handlungsspielraum noch aus, nun ist er zuweilen der eigentliche Entscheider im Kanzleramt. Und Steinmeier ist auch nicht mehr nur der stille Administrator, sondern mischt sich spätestens seit der Agenda auch stärker in die Konzeption der Schröder'schen Politik ein. Denn dem Kanzler geht auf dem mühsamen Weg der Agenda-Durchsetzung die Lust am Regieren verloren. Er ist der Einsprüche und Widerstände aus Partei und Fraktion müde, mag die ständigen Nörgeleien und Klagen einfach nicht mehr ertragen, ist es schlicht leid, die von ihm als richtig erkannte Politik der Öffentlichkeit und der eigenen Partei immer wieder erklären zu müssen. Und er ist dünnhäutiger geworden. Früher hat er bei aller Raubeinigkeit seine Gegner in der Fraktion meist noch mit

Charme auflaufen lassen; jetzt aber neigt er zu einer Schroffheit, die auf viele dauerhaft verletzend wirkt. Ganz anders Steinmeier, der unter der Last der ihm übertragenen Aufgaben seinen Gleichmut selten verliert und regelrecht aufzublühen scheint.

Historisch betrachtet war er gewiss einer der mächtigsten Kanzleramtschefs in der Geschichte der Behörde. Zwar waren auch manche seiner Vorgänger vom Kanzler mit einer weitgehenden Prokura ausgestattet worden. Doch meist war das schiefgegangen, wie etwa bei Ludger Westrick, dem Kanzleramtschef Ludwig Erhards. Wenn Westrick Besucher im Kanzleramt empfing, dann, so hieß es damals in Bonn, begrüßte er sie mit den Worten: »Ist es wichtig, oder wollen Sie den Kanzler alleine sprechen?« Westrick inszenierte sich als der eigentliche Entscheider, was unvermeidlich an der Reputation Erhards als Kanzler nagte, der so als willfähriges Werkzeug seines Kanzleramtschefs erschien. Westricks Fall ist ein Paradebeispiel dafür, warum der Leiter des Bundeskanzleramtes auf keinen Fall versucht sein darf, seine Bedeutung nach außen zu tragen. Und weil Erhards Kanzlerschaft eine ziemliche Katastrophe war, er in den Macht- und Ränkespielen der Bonner Politik oft den Kürzeren zog, besaß auch Westrick in Wahrheit natürlich keine wirkliche Macht, sosehr er sich auch als Marionettenspieler im Palais Schaumburg inszenierte.

Auch jene, die viel eher dem Idealprofil des Kanzleramtschefs entsprachen, reichten wohl nicht an die Bedeutung heran, die Steinmeier für Schröder besaß. Manfred Schüler etwa, der Kanzleramtschef Helmut Schmidts, war in seinen Talenten Steinmeier gewiss ebenbürtig. Doch er diente eben einem Kanzler, der ganz anders veranlagt war als Gerhard Schröder: Schmidt war selbst ein akribischer Aktenleser, kannte sich mit den Detailproblemen der verschiedenen Ressorts selber grundlegend aus. Kurzum: Bei allen ja ganz unbestreitbaren Verdiensten Schülers war sein Kanzler nie von ihm in gleichem Maße abhängig wie Schröder von Steinmeier. Was aber hätte Schröder wohl getan, wenn Steinmeier, etwa in den Jahren 2003 oder 2004, einfach hingeschmissen hätte? Bis sich ein auch nur ähnlich talentierter Administrator in der gleichen Tiefe wie Steinmeier in die Thematik eingearbeitet gehabt hätte, wäre Schröder wohl sehr hilflos gewesen, denn die Details der Politik haben ihn während seiner Amtszeit nie sonderlich gekümmert.

So bleibt nur Hans Globke, der erste Amtschef der Behörde, der Steinmeier an Einfluss vielleicht noch übertraf. Auch er diente einem Kanzler, der nächtelanges Aktenstudium genoss. Aber Globkes Rolle war doch deswegen unvergleichlich, weil er die Chance der Stunde Null hatte. So konnte er alle Ministerien mit seinen Vertrauten besetzen, was ihm Adenauers gesamte Amtszeit über einen uneinholbaren Informationsvorsprung verschaffte. Wenn Wolfgang Nowak Steinmeiers Administrationsstil als »Spitzelsystem« empfand, wie hätte er dann erst das »System Globke« bezeichnen müssen? Im Bonn der 1950er Jahre hustete in den Ministerien wie im Kanzleramt keine Maus mehr, ohne dass Globke davon erfuhr.

Auch konnte Steinmeier, anders als Globke, nicht mehr auf die uneingeschränkte Amtsautorität des Bundeskanzlers bauen. Natürlich führte auch Globke unzählige Gespräche, warb um Unterstützung, schmiedete manche Kompromisse. Bisweilen aber reichte es schon, wenn er als die Stimme seines Herrn Adenauers Anordnungen nach unten durchdekretierte. Das war in den Jahren von 1998 bis 2005 natürlich ganz anders, mit einem sehr viel selbstbewussteren Koalitionspartner, störrischen Abgeordneten, die immerzu Diskussionsbedarf anmeldeten, und manch eitler Primadonna unter den Ministern.

Angesichts der gewandelten Rahmenbedingungen war wohl auch ein anderer Typus Mensch im Bundeskanzleramt gefragt.

Steinmeier besaß zwar ebenfalls die Aura hintergründiger Allwissenheit und hat die Pose des stillen Entscheiders in seinen wenigen öffentlichen Auftritten auch durchaus kultiviert. Doch was er anders als manche seiner Vorgänger nicht verkörperte, war die für »graue Eminenzen« ebenso typische Aura der Furcht. Globke hatte, nicht nur wegen seiner Verstrickungen in den Nationalsozialismus, immer auch etwas Dunkles, Bedrohliches an sich gehabt, und viele andere der erfolgreichen Kanzleramtschefs, wie etwa Wolfgang Schäuble, hatten genau dieses Gefühl ausgekostet. Mit Steinmeier aber regierte kein »Fürst der Finsternis« im Kanzleramt. Gefürchtet wurde Schröder, immer mehr auch Franz Müntefering, der seinen Abgeordneten in der Endphase der rot-grünen Koalition die Daumenschrauben zunehmend fester anlegte und denjenigen, die sich seinem Willen widersetzten, mit dem Verlust des Listenplatzes für die nächste Bundestagswahl drohte. Steinmeier blieb stets geduldig und gab sich auch dort noch Mühe, wo sein Herr und Meister die Gelassenheit längst verloren hatte. Gerade das machte ihn zu einer dominanten Figur im Herbst der Ära Schröder. Es war aber auch ein wenig ein Alarmsignal: Denn dort, wo die Meister des informellen Regierens zu stark den politischen Prozess bestimmen, da liegt oft etwas im Argen. Fast immer deutet es darauf hin, dass sich beim Kanzler und seiner Entourage eine Bunkermentalität entwickelt hat, dass er den eigenen Kontakt zur Außenwelt nicht mehr in ausreichendem Maße hält.

Beginn der Kanzlerdämmerung

In der Tat geht die Ära Schröder bald zu Ende. Als ihm sein Fraktionschef Franz Müntefering im Mai 2005 eröffnet, dass er nach der zu erwartenden Niederlage in Nordrhein-Westfalen den Rückhalt der Fraktion nicht länger garantieren könne, beginnt die Kanzlerdämmerung. Die Wahlen im bevölkerungsreichsten Bundesland gehen tatsächlich verloren, und zwar mit einem katastrophalen Ergebnis. Schröder tritt die Flucht nach vorn an, will wenigstens dieses eine Mal noch das Heft des Handelns in der Hand behalten. Am 22. Mai 2005, eine halbe Stunde nach Schließung der Wahllokale, tritt sein Fraktionsvorsitzender Franz Müntefering vor die Presse und erklärt, dass er sich zusammen mit Gerhard Schröder für Neuwahlen entschieden habe und dies morgen dem SPD-Präsidium vorschlagen werde.

Es ist letztlich diese Entscheidung, die Frank-Walter Steinmeier von den Hinterzimmern in die erste Reihe der deutschen Politik katapultiert, und es ist von einiger Ironie, dass er den Entschluss Schröders zunächst für einen schweren Fehler hält. Steinmeier sieht nämlich vor allem, auf was für ein Vabanquespiel sich der Kanzler da einlässt – und Vabanquespiele sind seine Sache nicht. Denn wer kann schon sagen, ob Schröders Plan für Neuwahlen überhaupt aufgeht? Für Steinmeier hat die Gleichung zu viele Variablen, die allesamt unberechenbar sind. Denn Schröder will die Neuwahlen erzwingen, indem er im Bundestag die Vertrauensfrage stellt und darauf setzt, das Vertrauen nicht zu erhalten. In diesem Fall müsste der Bundestag aufgelöst werden und der Bundespräsident müsste Neuwahlen ansetzen. In Steinmeiers Augen ist man dabei von viel zu vielen Menschen und Institutionen abhängig: vom Bundespräsidenten, der die Neuwahlen ansetzen soll, und vom Bundesverfassungsgericht, das die ganze Angelegenheit ja für unrechtmäßig erklären könnte – ganz zu schweigen von den Parlamentariern der SPD, von denen einige gewiss um ihren Platz im Bundestag fürchten und daher vielleicht geneigt sein mögen, dem Kanzler, paradox genug, das Misstrauen *nicht* auszusprechen. Und dann ist da der lange Zeitraum vom Misstrauensvotum bis zum Wahltag. Steinmeier hat deshalb vor dem 22. Mai 2005 versucht, Schröder von seinem Vorhaben abzubringen. Wie energisch das Gespräch verlief, haben beide Beteilige freilich nie so recht verraten. Am Ende aber zählt natürlich das Wort des Kanzlers. Auch Steinmeiers Argument, dass sich doch offenkundig bereits ein Umschwung der wirtschaftlichen Entwicklung abzeichne, den man vor der Wahl 2006 ursächlich mit den Reformen der Agenda verbinden könnte, finden beim Kanzler kein Gehör mehr. Als Schröders Entscheidung feststeht, verhält sich Steinmeier freilich loyal wie immer und sucht persönlich den Verfassungsrechtler und ehemaligen Richter des Bundesverfassungsgerichtes Ernst Gottfried Mahrenholz auf, um mit ihm die Möglichkeit einer Neuwahl zu besprechen. Mahrenholz hält das von Schröder anvisierte Verfahren für durchführbar.

Die Vertrauensfrage geht aus wie geplant – die Mehrheit der Abgeordneten spricht Schröder das Misstrauen aus, wenngleich die Anzahl der sozialdemokratischen Abweichler erschreckend hoch ist –, der Bundestag wird aufgelöst, und Neuwahlen werden angesetzt.

Für Steinmeier beginnen jetzt die letzten Monate an der Seite Gerhard Schröders. Und das letzte Mal wird er die unbestreitbaren Talente des Kanzlers hautnah erleben können. Denn so schwach Schröder in den Monaten vor der Entscheidung zur Neuwahl auch gewirkt haben mag: Im Wahlkampf revitalisiert sich noch einmal sein Kampfgeist, die Auseinandersetzung wirkt auf ihn, wie Steinmeier selbst sagt, wie ein »Aphrodisiakum«. In einer ganz auf seine Person zugeschnittenen Kampagne gelingt ihm sogar fast die Quadratur des Kreises: Er verteidigt die Politik der Agenda und warnt zugleich vor dem sozialen Kahlschlag einer drohenden schwarz-gelben Koalition – und mobilisiert so noch einmal die Stammklientel. Die Fehler von Union und

FDP, die sich lange Zeit viel zu selbstsicher sind, tun ihr Übriges dazu: Am Ende geht die Wahl schließlich doch viel knapper aus als erwartet, und während im Frühjahr der Abstand zwischen den beiden Volksparteien in Umfragen fast 25 Prozent betrug, landen beide am Ende bei etwa 35 Prozent. Zur Fortsetzung einer rot-grünen Koalition reicht das freilich nicht, und da CDU und CSU hauchdünn vorn liegen, wird auch schnell klar, dass es mit Schröders Kanzlerschaft vorbei ist. Es gibt zwar in den Tagen nach der Wahl noch ein paar (in Wahrheit wohl doch abwegige) Koalitionsoptionen, die durchgespielt werden. Am Ende aber ist es offensichtlich, dass als kleinstes Übel wohl nur eine Große Koalition infrage kommt – mit Angela Merkel als Kanzlerin.

Nach sieben Jahren ist Frank-Walter Steinmeiers Zeit im Kanzleramt vorbei. Hektische Monate liegen hinter ihm, doch er hat sich auch Gedanken über seine eigene Zukunft gemacht. Dass diese indes nicht ganz eindeutig waren, dafür spricht schon allein die Tatsache, dass in seinem politischen und privaten Freundeskreis sehr unterschiedliche Meinungen über Steinmeiers damalige Zukunftsvorstellungen kursieren. Manche meinen, dass er seine Zukunft in jedem Fall in der Politik gesehen, dass er die Arbeit im Kanzleramt ohnehin für ausgereizt gehalten und daher schon länger mit einem Wechsel ins Kabinett geliebäugelt habe. Andere glauben, alles sei in Wahrheit doch sehr viel offener gewesen: Er habe sich auch mit einem Leben außerhalb der Politik anfreunden können, mit einem gut bezahlten Managementposten vielleicht, der ihm wohl wenigstens ein bisschen mehr Zeit für seine Familie gelassen hätte.

Steinmeier selbst antwortet auf solche Fragen mit der ihm eigenen Nüchternheit: »Man konnte 2005«, so der Bundesaußenminister, »nicht davon ausgehen, dass es wirklich noch einmal klappt mit einer sozialdemokratischen Regierungsbeteiligung.« Da er auch kein eigenes Bundestagsmandat gehabt habe, habe es gar nicht in seiner Macht gelegen, weiter in der Politik zu bleiben. Einen Wechsel in die freie Wirtschaft habe er sich durchaus vorstellen können und bei manchen Gelegenheiten auch von entsprechender Seite derlei Signale bekommen. Freilich verbot sich auch nur der kleinste Hinweis darauf, dass er schon an die Zeit danach dachte. Wenn es irgendwie publik geworden wäre, dass Schröders Kanzleramtschef sich – während man offiziell noch um das Überleben der Regierung kämpfte – schon auf die Zeit danach vorbereitete, wäre der Schaden wohl irreparabel gewesen.

Genau zu eruieren ist es daher nicht, mit welchen Vorstellungen Steinmeier die Koalitionsverhandlungen und Personalrochaden verfolgt. Dass er allerdings ins Kabinett einrücken wird, kristallisiert sich bald heraus. Es ist ja ohnehin eine recht ungewöhnliche Konstellation: Als Kanzlerpartei ist die SPD abgewählt, aber anders als es bei einem Sturz in die totale Opposition der Fall ist, gibt es nun keine Tabula rasa, wird die Führungsspitze keineswegs ausgetauscht. Die Position von Franz Müntefering, dem Partei- und Fraktionsvorsitzenden, scheint so stark wie eh und je. Und auch Schröder scheint bei den anstehenden Aufgaben noch ein gewichtiges Wörtchen mitzureden – und kann so den Namen seines langjährigen Vertrauten bei den Verhandlungen lancieren. Steinmeier selbst kann sich ein um einige Kompetenzen erweitertes Wissenschaftsministerium vorstellen, was sich aber schnell erledigt hat. Franz Müntefering drängt darauf, dass die SPD so viele »klassische Ressorts« wie möglich erhält: Finanzen, Justiz – und eben das Außenministerium. Eine Weile scheint das Verkehrsministerium für Steinmeier in Reichweite zu sein. Da das Ressort aber gleichzeitig die Verantwortung für den »Aufbau Ost« tragen soll, kommt dafür nur ein Ostdeutscher infrage.

Neuer deutscher Außenminister

Dass Frank-Walter Steinmeier im Alter von 49 Jahren dann deutscher Außenminister wird, ist fraglos einer Reihe glücklicher Umstände geschuldet. Erste Wahl ist er nicht. Das ist Matthias Platzeck, den Schröder und Müntefering für eine große Zukunftshoffnung der Partei halten. Und da das Amt des Außenministers fast schon automatisch hohe Popularitätswerte garantiert, scheint er eine gute Besetzung zu sein. Mit in der Politik seltener, aber sympathischer Ehrlichkeit bekennt der brandenburgische Ministerpräsident allerdings, dass er doch eigentlich ein »Landei« sei und daher für die Aufgabe nicht infrage komme. Angeblich werden noch ein paar andere Möglichkeiten durchgespielt, aber so furchtbar groß ist die Auswahl nicht. In der Bundestagsfraktion der SPD sitzen nicht mehr sehr viele profilierte Außenpolitiker, und wo es sie doch gibt, wie etwa Hans-Ulrich Klose, da spricht ihr Alter nicht gerade für sie. So fällt die Wahl auf Steinmeier. Er hat damit nicht gerechnet, aber zögert dann andererseits, wie alle Beteiligten sagen, nicht lange, was für ein gesundes Selbstvertrauen spricht. Es ist eine Entscheidung, die zwar viele überrascht, beim zweiten Nachdenken jedoch große Plausibilität besitzt: Vom Kosovo-Krieg bis zum »Nein« zum Irak-Krieg war Steinmeier an allen außenpolitischen Weichenstellungen Schröders maßgeblich beteiligt. Und gerade dieses »Nein« ist bei allen innerparteilichen Verwerfungen doch noch immer eine Klammer gewesen, die die SPD zusammengehalten hat. Bei Steinmeier scheint Schröders Erbe gut aufgehoben. Am 22. November 2005 wird er als Bundesaußenminister vereidigt. Einem Freund hat er kurz zuvor gesagt: Bisher habe er noch samstags mit seiner Familie ohne Personenschutz und oftmals unbehelligt über den Ku'damm laufen können. Damit könnte es bald vorbei sein, was er sehr bedauere.

Doch offenkundig hatte er das Gefühl, dass seine Möglichkeiten in der Politik noch nicht ausgereizt waren.

Zu dieser Zeit, als sich Steinmeiers Leben radikal verändert, tritt auch sein Bruder Dirk eine Abenteuerreise an: Er fliegt nach Nepal. Kurz zuvor hat er noch mit Frank telefoniert, und der hat ihm von einigen Optionen inner- und außerhalb der Politik erzählt. Ausgemacht war da noch nichts. Nach einer viertägigen Wanderung durch das Himalaya-Gebirge erreicht die Reisegruppe ein kleines Bergdorf. Es gibt eine einzige Telefonzelle – Dirk Steinmeier ruft seine Eltern in Brakelsiek an. Es knarzt fürchterlich in der Leitung, man versteht nicht viel, aber so viel dann doch: Es wird eine Große Koalition geben. Merkel wird Bundeskanzlerin. Und Frank, sein großer Bruder, Außenminister. Dirk Steinmeier ist, 10.000 Kilometer entfernt, ziemlich verblüfft. Am Abend trifft die Gruppe im Dorf auf andere deutsche Touristen, die eine ähnliche Wanderung hinter sich haben. Diese fragen, ob es etwas Neues aus der Heimat gebe. Schon, bekommen sie aus Dirk Steinmeiers Reisegruppe zur Antwort: CDU/CSU und SPD bildeten jetzt die Regierung. Merkel würde Bundeskanzlerin, Frank-Walter Steinmeier Außenminister. Die deutschen Touristen schauen sich fragend an. Frank wer? Keiner von ihnen kann mit dem Namen etwas anfangen. Aber das wird sich bald ändern.

5.

Der Außenminister und die Schatten der Vergangenheit

Vom Maschinenraum aufs Sonnendeck der Politik

Willy Brandt, Walter Scheel, Hans-Dietrich Genscher, Joschka Fischer: Es sind große Fußstapfen, in die Frank-Walter Steinmeier nun tritt. Er übernimmt jetzt ein Amt, das wie kein anderes Regierungsressort öffentliche Aufmerksamkeit garantiert und seinen Inhaber – neben der Bundeskanzlerin – zum international bekanntesten Repräsentanten Deutschlands macht.

Ein deutscher Außenminister muss sich nicht in den zuweilen höchst unerfreulichen Niederungen der Innenpolitik bewegen, muss keinem Bürger erklären, warum die Beiträge zur Krankenversicherung steigen, und keine Durchhalteparolen durchgeben, wenn die Arbeitslosigkeit abermals steigt und die Staatsverschuldung entgegen allen Ankündigungen ausufert. Zudem ist der Außenminister eine vergleichsweise souveräne Figur. Natürlich muss er sich mit den Partnern der Bundesrepublik international abstimmen und einigen, nicht aber mit Gewerkschaften und Arbeitgeberverbänden. Anders als in der Innenpolitik, wo schnell von Stückwerk und visionslosem Klein-Klein gesprochen wird, gilt der Kompromiss in der Außenpolitik noch immer als die höchste Form der Staatskunst. Zwar hat ein Außenminister lauter schwierige, hochkomplexe Probleme zu lösen, und das enorme Arbeitspensum verschlingt auch den letzten Rest von Privatleben. Doch zumindest in Steinmeiers erster Phase als Außenminister von 2005 bis 2009 sind die meisten großen Krisen für die Deutschen noch sehr weit weg, meist an einem anderen Ende der Welt gelegen. Deutsche Außenminister sind daher immer auch Minister für Beruhigung und Vertrauen. Wer sich auch nur ein wenig auf die staatsmännische Pose versteht, kann an dieser Aufgabe wachsen und zügig Format gewinnen. Steinmeier übernimmt ein Amt mit fast schon eingebauter Popularitätsgarantie: Selbst Klaus Kinkel, der dann als FDP-Vorsitzender eine der unglücklichsten Figuren in der Geschichte der Liberalen wurde, ist als Außenminister ein beliebter Politiker geworden.

Im Grunde ist ein größerer Unterschied in den Aufgaben kaum denkbar: Als Chef des Bundeskanzleramtes musste Steinmeier für die Öffentlichkeit nahezu unsichtbar sein, durfte keinesfalls eine herausgehobene Stellung einnehmen. Und nun besetzt er jene Position der neuen Regierung, die neben der Kanzlerin die meiste Öffentlichkeit garantiert, freilich auch einfordert. Es ist wahrlich ein Sprung vom Maschinenraum auf das Sonnendeck der Politik.

Steinmeier selbst erklärt allerdings, er empfinde die Zäsur in dieser Schärfe gar nicht. Er wendet sich damit auch gegen die Interpretation, dass nun ein Elitebürokrat über Nacht Politiker geworden sei. Auch seine Aufgabe als Chef des Bundeskanzleramtes sei bereits »hochpolitisch« gewesen, er habe seine Tage ja schließlich nicht mit der Sortierung von Kabinettsvorlagen zugebracht, sondern an vorderster Front Politik betrieben und für die Konzeption und inhaltliche Ausrichtung der deutschen Politik sieben Jahre lang Verantwortung getragen. Die Vermutung, dass die Öffentlichkeit für ihn zuvor ein ungewohntes Parkett gewesen sei, weist Steinmeier gerne von sich: Auch als Kanzleramtschef habe er ja nicht im stillen Kämmerlein gehockt und habe seine Politik, gerade in der Spätzeit der Ära Schröder, bisweilen auch medial vermittelt. Die Konflikte, um die es ging, seien stets sehr öffentliche Konflikte gewesen, da habe auch er automatisch im Blickpunkt gestanden. Im Grunde gebe es nur einen entscheidenden Unterschied, so Steinmeier: Im Kanzleramt seien ständig neue Probleme auf seinem Schreibtisch gelandet, die es dann möglichst schnell abzuarbeiten galt. Nun aber sei der Themenkreis eingegrenzter, was mehr Möglichkeiten eröffne, sich in aller Tiefe mit Problemen zu beschäftigen, die zudem meist auch noch stetig wiederkehrten. Das ist schon wahr: Tatsächlich lässt sich etwa der Nahostkonflikt auch mit der klügsten Kabinettsvorlage nicht einfach aus der Welt schaffen.

In Wahrheit weiß aber wohl auch Steinmeier, dass die Unterschiede in vielerlei Hinsicht doch fundamental sind. Natürlich ist seine Aufgabe an Schröders Seite auf der einen Seite in der Tat hochpolitisch und keinesfalls ein reiner Administratorenjob gewesen. Steinmeier hat schon im Kanzleramt manche Entscheidungen quasi allein getroffen, er tat mehr, als nur die Vorgaben seines Chefs zu exekutieren, er war zugleich Stratege, Konzeptionalist und Umsetzer. Gerade in der Spätphase der Ära Schröder dachte er nicht nur über die Mittel, sondern immer auch über den Zweck seines Tuns nach. Doch ganz souverän in seinem Handeln war er letztlich nie. Das aber ist nun anders: Steinmeier kann weitgehend Politik auf eigene Rechnung betreiben – abgesehen von den Zwängen einer Koalitionsregierung sowie den Vorgaben einer Kanzlerin, die wie fast alle Regierungschefs vor ihr schnell gemerkt hat, dass sich auf internationalem Parkett besser punkten lässt als in den Querelen der Innenpolitik.

Keine ganz untypische Pose: nachdenklich, in Lektüre vertieft. Der Außenminister auf dem Rückweg von Saudi-Arabien nach Berlin.

Vor allem aber: Die Art von Öffentlichkeit, in die er als Außenminister rückt, ist natürlich eine ganz andere. Er wird in einem Schnellkurs lernen, dass Politiker, die sich oft als Gladiatoren der politischen Arena inszenieren, gleichzeitig furchtbar machtlose Menschen sind: Sie haben keine oder nur eine sehr geringe Kontrolle darüber, wie sich ihr öffentliches Bild entwickelt, erleben permanent die Verselbstständigung ihrer eigenen Geschichte und müssen akzeptieren, dass die öffentliche Person, die sie sind, in keiner Weise mit ihrem eigenen Selbstbild korrespondiert. Ein einziges falsches Wort kann die öffentliche Wahrnehmung der eigenen Person umkehren. Das erzieht zur maximalen Vorsicht. Und es ist wohl auch mit ein Grund dafür, warum die Sprache der Politiker oft so unauthentisch und sklerotisch wirkt. Und sagen sie einmal nichts, dann gibt auch ihr Schweigen Anlass zu allerlei Interpretationen. Auf Steinmeier kommt diese Lektion sehr schnell zu. Gerade im Amt, holt ihn die Vergangenheit ein.

In der Schattenwelt des Antiterrorkriegs

Diese Vergangenheit führt zurück in die Zeit nach dem 11. September 2001 und in die Schattenwelt des »Krieges gegen den Terror«. Er selbst sagt, dies sei seine schwerste Zeit im Bundeskanzleramt gewesen: Man habe einerseits alles tun wollen, um die Sicherheit der Bevölkerung zu schützen, aber andererseits alles vermeiden müssen, was die Angst und Hysterie nach den Anschlägen noch weiter anheizte. Eines Sonntags, so erzählt er, sei er mit seiner Tochter im Berliner Zoo gewesen, als er plötzlich einen Anruf von seinem Geheimdienstkoordinator erhalten habe: Man sei gerade informiert worden, dass sich in der Besuchergruppe des AKW Stade jemand befinde, der in Hamburg engen Kontakt zu Mohammed Atta hatte, dem mutmaßlichen Cheflogistiker der Anschläge auf die Zwillingstürme des World Trade Center. Was nun zu tun sei? Er habe sich dann entschieden, das AKW nicht abzuschalten, sondern lediglich mehr Sicherheitspersonal zu schicken und die Besuchergruppe nicht in die sensiblen Bereiche der Anlage vordringen zu lassen. Es war die richtige Entscheidung: Attas Bekannter führte offenkundig nichts Böses im Schilde. Und das Abschalten eines gesamten Reaktors, so Steinmeier später, hätte wohl kaum zur Beruhigung der Bevölkerung beigetragen.

Wenn Steinmeier von seiner Arbeit nach dem 11. September spricht, dann nimmt seine Stimme an Eindringlichkeit zu und wird fast beschwörend. Der Druck, so glaubt man ihm, der muss wohl in der Tat immens gewesen sein. Doch er betont die schwierigen Umstände dieser Zeit vielleicht auch deswegen so häufig, weil er damit schon die Antworten auf Fragen vorbereitet, die ihm bis heute gestellt werden. Steinmeier hat damals als Chef des Kanzleramtes und Verantwortlicher für die Koordination der Nachrichtendienste viele, sehr viele schwere Entscheidungen treffen müssen, und im Nachhinein waren vielleicht nicht alle davon richtig, manche womöglich sogar moralisch fragwürdig. Es sind unterschiedliche Geschichten, mit denen er vor allem in seiner ersten Amtszeit als Außenminister konfrontiert wird, doch alle spielen in der Grauzone der Geheimdienste und erzählen von Begebenheiten, von denen die Deutschen in der Regel nicht viel erfahren. Und ihre Spur führt oft zum ehemaligen Kanzleramtschef Frank-Walter Steinmeier.

Der erste Einschlag findet noch ziemlich weit entfernt von ihm statt. Im Dezember 2005 berichtet der *Tagesspiegel* über den Fall des Deutsch-Libanesen Khaled El-Masri. Dieser ist zwei Jahre zuvor an der serbisch-mazedonischen Grenze festgenommen und danach von der CIA nach Afghanistan verschleppt worden. Ob die Amerikaner ihn – wie sie behaupten – schlicht mit einem gesuchten Al-Qaida-Mann gleichen Namens verwechseln oder tatsächlich auf Auskünfte über die Islamistenszene im bayerischen Neu-Ulm hoffen, zu der El-Masri losen Kontakt haben soll, ist nicht ganz eindeutig. Er wird nach seiner eigenen, allgemein für authentisch gehaltenen Darstellung in einem Gefängnis nahe Kabul vier Monate lang verhört, misshandelt und gefoltert. In dieser Zeit habe ihn auch ein deutschsprachiger Beamter verhört, der sich als »Sam« vorgestellt habe und den er später auf Fotos als einen Mitarbeiter des BKA identifiziert. Weitere Belege gibt es dafür jedoch ebenso wenig wie für die generelle Beteiligung deutscher Sicherheitsbehörden an der Entführung El-Masris. So geht es einzig um die Frage, wann Vertreter der Bundesrepublik von dem Fall erfahren haben. Nach der bis heute gültigen Beweislage geschieht dies erst, nachdem El-Masri von den Amerikanern wieder freigelassen worden ist. Otto Schily ist der Erste, der von der Verschleppung El-Masris erfährt, und zwar Ende Mai 2004 von dem amerikanischen Botschafter Daniel Coats. Der Bundesinnenminister sagt, er habe die Information für sich behalten, da Coats ihm mitgeteilt habe, El-Masri sei mittlerweile wieder auf freiem Fuß. Er habe daher keinen Grund gesehen, die Geschichte an die Öffentlichkeit zu bringen. Ähnlich äußert sich Steinmeier, der vom Fall El-Masri erst im Juni 2004 erfahren haben will. Auch der Kanzleramtschef sieht da keinen Handlungsbedarf mehr. Nach ihrer Einschätzung kann die Bundesregierung zum Zeitpunkt ihrer Kenntnisnahme für den Deutsch-Libanesen nichts mehr tun: Das Unrecht ist ihm schon widerfahren.

Der Fall El-Masri wird Steinmeier noch eine Weile beschäftigen, ihm aber nicht wirklich gefährlich werden. Sonderlich souverän reagiert der neue Außenminister dennoch nicht. Sichtlich gereizt etwa erleben ihn die Abgeordneten der SPD-Fraktion. Sie haben kein Interesse daran, ihm zu schaden, wollen nur Aufklärung und wundern sich, vielleicht ein wenig naiv, warum sie von dem Vorfall nicht früher erfahren haben. Auch fragen sie sich, was wohl noch ans Tagelicht kommen mag. Steinmeier aber empfindet ihr Verhalten als bedrohlich, reagiert unwirsch und verständnislos auf ihre Anfragen. Es entsteht der Eindruck, er halte sie doch ein wenig für politische Einfaltspinsel, die nicht wüssten, um was es damals eigentlich im Kern gegangen sei. Seine Reaktion ist erstaunlich für einen Mann, dem ansonsten eine schier unerschöpfliche Geduld nachgesagt wird. Aber die Situation ist wohl Teil des Rollenwechsels, den Steinmeier nun zu spüren bekommt: Es geht nicht mehr darum, konkrete Probleme zu lösen oder einen Konsens zu finden. Jetzt steht er selbst als Person im Mittelpunkt, fungiert nicht mehr als Schröders Prellbock. »In der Fraktion wird generell viel und gern geredet«, sagt ein Abgeordneter der SPD, der erkennbar Distanz zum politischen Betrieb gewonnen hat, »und oft hat das auch nur therapeutische Funktion.« Steinmeier aber mag nicht den Therapeuten spielen. Er versteht nicht so recht, dass die Abgeordneten die Geschichten aus der Schattenwelt reichlich unheimlich finden, dass sie Klärungsbedarf bei Dingen sehen, die ihm selbst völlig klar erscheinen.

Die Geschichte der BND-Agenten im Irak

Mit dem Fall El-Masri beginnt eine gefährliche Diskussion. Denn die deutsche Öffentlichkeit ist erschrocken, in welchem Maße die Amerikaner über das Leben deutscher Bürger im Ausland verfügen zu dürfen glauben – und wie unbehelligt sie offenkundig auch in Deutschland für ihren »Krieg gegen den Terror« schalten und walten können. Viel ist etwa die Rede von den »Gefangenenflügen« der CIA, die Verdächtige quer über den Globus in Foltergefängnisse bringt, um dort von ihnen Informationen zu erpressen. Und Deutschland scheint ein bevorzugtes Drehkreuz ihrer regen »Reisetätigkeit« zu sein.

Im Januar 2006 ergeben dann Recherchen des ARD-Magazins *Panorama*, dass sich während des Irak-Krieges Agenten des Bundesnachrichtendienstes in Bagdad aufgehalten haben. Das ist noch keine spektakuläre Nachricht – dass es im Interesse der Bundesregierung lag, eigene Quellen zur Lage im Zweistromland zu haben, ist im Grunde eine Selbstverständlichkeit. Die Frage ist nur: Was haben die beiden BND-Agenten in dieser Zeit dort getan? Die ARD-Journalisten berichten, der BND habe direkt mit den Amerikanern kooperiert und auch Koordinaten für Angriffsziele weitergegeben.

Dieser Vorwurf ist politisch hoch explosiv. Deutschlands Widerstand gegen den Irak-Krieg hat der Regierung Schröder 2002 vermutlich die Wiederwahl gerettet. Schröder selbst hat auch danach, im Februar 2003, wenige Tage vor Beginn der Operation »Iraqi Freedom«, im Deutschen Bundestag einen Satz gesagt, der wie in Stein gemeißelt schien: »Unter meiner Führung wird sich Deutschland an einem Einsatz im Irak nicht beteiligen.« Ist es also das, was der Kanzler darunter verstand? Dass man offiziell auf das Schärfste gegen den Krieg polemisiert, inoffiziell der Bush-Regierung aber zuarbeitet? Für Schröder steht nicht weniger als das Vermächtnis seiner Kanzlerschaft auf dem Spiel. Und bei einigen Medien fallen die Recherchen von *Panorama* auch deswegen auf fruchtbaren Boden, weil seine Ablehnung damals so spektakulär ausgefallen ist, weil sie eben nicht auf dem Weg über stille diplomatische Kanäle artikuliert wurde, sondern in der Hitze des Bundestagswahlkampfes 2002. Viele haben ihm vorgeworfen, aus reinem Kalkül gehandelt und den tiefsitzenden Antiamerikanismus seiner Parteibasis bedient zu haben. So steht also der Vorwurf der Doppelmoral im Raum. Und anders als bei der Agenda 2010, über die natürlich auch Anfang 2006 innerhalb und außerhalb der SPD weiter heftig gestritten wird, steht die Richtigkeit des Antikriegskurses der damaligen Koalition mittlerweile kaum noch im Zweifel, ganz gleich, ob dessen Akzentuierung auch ohne Wahlkampf so überaus scharf ausgefallen wäre. Ein neues Kapitel im deutsch-amerikanischen Verhältnis hätte diese Entscheidung wohl auch dann markiert, wenn Schröder sie nicht auf dem Marktplatz in Goslar verkündet hätte. Selbst die Union spricht das Thema mittlerweile lieber nicht mehr an, nachdem ihre Vorsitzende noch im Februar 2003 in der *Washington Post* einen etwas anbiedernden Artikel veröffentlicht hat, in dem sie sich von dem Amerika gegenüber treulosen Kanzler distanziert. Für Steinmeier wirkt die Angelegenheit aus vielerlei Gründen bedrohlich – nicht nur weil er damals im Kanzleramt die Geheimdienstkoordination verantwortet hat. Er hat auch vom ersten Tag an deutlich gemacht, dass er die Grundzüge der rot-grünen Außenpolitik fortführen will. Und als sich die Journalisten in den Tagen des Amtswechsels von Fischer zu Steinmeier fragen, welche Linie der neue Außenminister wohl verfolgen wird, da fällt ihnen vor allem eine Episode ein: Wie nämlich der amerikanische Botschafter in Berlin, Daniel Coats, im Sommer 2002 im Kanzleramt vorstellig wurde und sich dort bitterlich über die Antikriegsrhetorik der Bundesregierung beschwerte, worauf Steinmeier ihm aber nur kühl entgegnete: Wer die Geschichte der SPD kenne, der wisse, dass sie eben grundsätzlich eine Friedenspartei sei und für fragwürdige militärische Abenteuer nicht zur Verfügung stehe. Washington müsse sich eher darauf einstellen, dass über die Frage von Krieg und Frieden während des kommenden Wahlkampfes noch intensiver gestritten werde.

Einem Freund, der Steinmeier in dieser Zeit im Auswärtigen Amt besucht, erscheint der sonst so ruhige Außenminister emotional aufgewühlt. Er ist ja politisch gesehen der letzte Überlebende der rot-grünen Koalition. Steinmeier ist sich anfangs durchaus nicht sicher, ob er die Angelegenheit überstehen wird und wie groß der öffentliche Druck noch werden könnte. Auch deutet nichts darauf hin, dass jemand aus der alten Führungsriege die Verantwortung mit ihm teilen möchte, Gerhard Schröder etwa oder Joschka Fischer. Vermutlich können sie das auch nicht. Es geht schließlich um die Details einer Geheimdienstoperation; diese politisch zu kontrollieren und zu begleiten war seine Aufgabe. Jedenfalls wählt er – genauso wie die Spitze des BND – sofort eine harte und vergleichsweise unflexible Verteidigungslinie, in deren Kern ein eindeutiges Dementi steht. Zwar wird bestätigt, dass sich deutsche Agenten zum Zeitpunkt des Krieges in Bagdad aufgehalten und auch Informationen an die Amerikaner weitergegeben haben. Angriffsziele seien aber definitiv nicht genannt worden. Ganz im Gegenteil seien ausschließlich die Koordinaten sogenannter *non-targets* übermittelt worden, die auf keinen Fall bombardiert werden dürften: Krankenhäuser, Schulen, Kindergärten. Die deutschen Agenten, behauptet der Außenminister, hätten so Leben gerettet. Und: Man werde sich »Versuchen widersetzen, dass jetzt aufgrund einer Nachrichtenlage mit angeblichen Zeugen, die in abgedunkelten Räumen sitzen, Geschichte umgeschrieben wird«. Der Außenminister wittert eine Kampagne, und in der Tat ist zu diesem Zeitpunkt nicht ganz klar, wie belastbar die Quellen von *Panorama* sind. Das Fernsehmagazin beruft sich auf Mitarbeiter des Pentagon, die freilich lieber anonym bleiben wollen. Stichfeste Beweise sind das nicht.

Vergiftetes Lob aus Amerika

Es dauert fast drei Jahre, bis die Geschichte der BND-Agenten im Irak neuerlich Fahrt aufnimmt. Dieses Mal ist es der *Spiegel*, der sich im Dezember 2008 der Affäre annimmt. Und nun werden Ross und Reiter genannt. Das Nachrichtenmagazin veröffentlicht ein Interview mit dem amerikanischen General a. D. James Marks. Und der hat einiges zu erzählen, zum Beispiel, dass er den BND-Quellen mehr vertraut habe als denen der CIA und dass die Hinweise der Deutschen elementar gewesen seien. Er nennt auch konkrete Beispiele. Als die BND-Agenten gemeldet hätten, dass Saddam Hussein damit beginne, die Ölquellen in Brand zu stecken, sei sogar der Beginn der Bodenoffensive vorgezogen worden. Ein anderes Mal habe man die Information erhalten, dass ein Flughafen bei Bagdad, der durch eine amerikanische Luftlandeeinheit eingenommen werden sollte, durch starke Flugabwehrstellungen gesichert war. Man habe daraufhin auf den Einsatz verzichtet, die beiden Agenten hätten so das Leben amerikanischer Soldaten gerettet. »Die Deutschen sind Helden«, sagt Marks.

James Marks ist zu diesem Zeitpunkt zwar längst aus der U. S. Army ausgeschieden, verteidigt aber als sogenannter Experte im Fernsehen im Auftrag des Pentagon die Linie der Bush-Regierung. Bei eingehender Würdigung erscheinen auch einige der von ihm genannten Beispiele für die Hilfe des BND wenig plausibel. Handelt es sich also um ein »vergiftetes Lob«, wie Steinmeier selbst meint, also den Versuch Bush-treuer Militärs, sich im Nachhinein für die deutsche Nichtbeteiligung am Irak-Krieg zu revanchieren? Andererseits äußern sich in der Folge noch andere beteiligte hochdekorierte US-Militärs, wie etwa Tommy Franks, damals Oberkommandierender der Invasion, der sagt, die deutsche Hilfe sei »unbezahlbar« gewesen.

Andere Belastungszeugen, die der *Spiegel* aufgetrieben hat, sind größerer Sympathien gegenüber der Bush-Regierung ohnehin eher unverdächtig. Dass die Rolle des BND so harmlos war, wie von Steinmeier behauptet, erscheint daher höchst unwahrscheinlich.

In unzähligen Sitzungen des BND-Untersuchungsausschusses hat Steinmeier auch zu den Agenten im Irak immer wieder Stellung genommen. Von seiner ursprünglichen Haltung ist er dabei kaum abgerückt, wenngleich er nicht abstreitet, dass manche der Hinweise wohl in die allgemeine Lagebeurteilung der Amerikaner eingegangen sind: »Wir haben nie geglaubt, dass der amerikanische Nachrichtendienst die Meldungen in sein Poesiealbum einkleben würde.« Was genau vorgefallen ist, inwiefern die Tätigkeiten der BND-Agenten überhaupt in allen Details von der Behördenspitze kontrolliert werden konnten, lässt sich schlecht ermessen. Versuche des Untersuchungsausschusses, amerikanische Militärs als Zeugen vorzuladen, scheitern in der Folge. Das US-Verteidigungsministerium verbietet ihnen ohne Angaben von Gründen die Aussage. Wer in jener Zeit, da Steinmeier durchaus in Bedrängnis gerät, mit Menschen spricht, die in Berlin zum außenpolitischen Establishment gehören, erlebt ohnehin wenig Aufregung. Denn die eigentliche Frage, so etwa Volker Perthes, Leiter der »Stiftung Wissenschaft und Politik« und außenpolitischer Berater der Bundesregierung, sei ja ganz einfach gewesen: Worin habe denn eigentlich das strategische Interesse der Bundesrepublik gelegen, nachdem deutlich wurde, dass nichts und niemand die Bush-Regierung von einer Invasion des Irak abhalten konnte? Habe man gewollt, dass die Amerikaner hohe Verluste erleiden und der Krieg länger dauere als unbedingt notwendig? Das sind freilich Überlegungen – und Perthes sagt das selbst –, die ein Politiker wohl nicht in gleicher Weise anstellen darf.

Das Schicksal des Murat Kurnaz

Der letzte Fall, für den Steinmeier in den Keller seiner Vergangenheit hinabsteigen muss, hat politisch gesehen nicht die gleiche Bedeutung wie die Geschichte der BND-Agenten im Irak. Doch vermutlich trifft er ihn am empfindlichsten. Denn dieser Vorgang ist weniger abstrakt, viel konkreter, es geht um das Schicksal eines einzigen Menschen und darum, was Steinmeier hätte tun können, um ihm schweres Leid zu ersparen. Kurz gesagt: Es ist ein Stoff, aus dem auch die Medien sehr viel leichter eine Geschichte stricken können. Es ist die Geschichte von Murat Kurnaz.

Auch Kurnaz gehört zu jenen, die zur falschen Zeit am falschen Ort gewesen sind – wenngleich seine Vorgeschichte zumindest verständlich macht, dass auch deutsche Sicherheitsbehörden ihn lange als potenziellen Risikofaktor einstufen. Unmittelbar nach den Terroranschlägen vom 11. September reist er nach Pakistan, um dort, so seine eigene Aussage, eine Koranschule zu besuchen und die Worte des Propheten zu studieren. Zu diesem Zeitpunkt ist der fromme Muslim längst auf dem Weg, sich auch politisch zu radikalisieren, und lauscht in Bremer Moscheen den Hasspredigten fanatischer Islamisten. Doch als ihn pakistanische Sicherheitskräfte im Dezember 2001 in Peschawar aufgreifen, gibt es keinen überzeugenden Beweis dafür, dass er planen würde, sich dem bewaffneten Kampf der Taliban anzuschließen. Er hat auch keine Straftat verübt. Kurnaz wird den Amerikanern übergeben, die ihn als *enemy combattant* einstufen. Damit sind ihm alle Rechte als Kriegsgefangener versagt. Sein Leidensweg beginnt.

Kurnaz wird erst im afghanischen Kandahar eingesperrt und dann nach Guantanamo verbracht, in das berüchtigte Camp Delta, wo die USA Terroristen und solche, die sie dafür halten, unter menschenunwürdigen Bedingungen gefangen halten. Kurnaz berichtet später detailliert, was ihm dort widerfährt: Schlafentzug, Prügel, eine Zelle kaum größer als ein Käfig, eine Schüssel mit Essen und Trinken und daneben eine für seine Exkremente.

Das ist Kurnaz' Geschichte, aber sie ist auch die Geschichte von Frank-Walter Steinmeier, und dieses Mal ist seine Nebenrolle ziemlich groß. Denn anders als im Fall Khaled El-Masri hätte Steinmeier Kurnaz vielleicht einen Teil seines Martyriums ersparen können. In der sogenannten Präsidentenlage im Bundeskanzleramt, wo neben Steinmeier auch die Leiter der Geheimdienste und die Staatssekretäre des Auswärtigen Amtes sowie des Justiz- und des Innenministeriums sitzen, wird der Fall das erste Mal im Frühjahr 2002 besprochen. Ein Beamter trägt die Erkenntnisse über Kurnaz vor, die ausreichen, um ihn als Risikoperson einzustufen. Ansonsten ist seine Angelegenheit Sache der Amerikaner. Im September 2002 aber wird Kurnaz in Begleitung eines CIA-Agenten von zwei Beamten des BND und einem Mitarbeiter des Verfassungsschutzes befragt. Ihr Ergebnis: Es gebe »keine Hinweise auf eine verinnerlichte islamistische Ideologie«. Der amerikanische Geheimdienst macht daraufhin den Vorschlag, Kurnaz freizulassen und ihn als V-Mann in die deutsche Islamistenszene einzuschleusen.

Die »Präsidentenlage« verwirft im Oktober 2002 die V-Mann-Idee aus verschiedenen Gründen und stuft Kurnaz weiterhin als erhebliches Sicherheitsrisiko ein. Wenig später, am 29. Oktober, tagt die Runde erneut. Der Chef des BND, August Hanning, plädiert dafür, Kurnaz im Falle einer Freilassung in die Türkei abzuschieben und eine Einreisesperre zu verhängen. Kurnaz ist zwar in Bremen geboren und dort auch aufgewachsen, besitzt aber keinen deutschen Pass und ist türkischer Staatsbürger. Damit ist sein Schicksal vorerst besiegelt. Kurnaz muss fast vier weitere Jahre in Guantanamo bleiben. Erst im August 2006 kann er nach Deutschland zurückkehren.

Im Untersuchungsausschuss zum Fall Kurnaz lautet die entscheidende Frage, inwiefern es sich wirklich um ein konkretes Angebot der Amerikaner gehandelt hat. Steinmeier bestreitet das und bezeichnet die Diskussionen um Kurnaz' Freilassung als ein »Agentenspiel«, das nie auf höherer diplomatischer Ebene begleitet worden sei. Ziel der Amerikaner sei es ja im Übrigen nicht gewesen, Kurnaz die Freiheit zu schenken, sondern ihn als V-Mann einzuschleusen. Das aber habe er auf Empfehlung des BND-Chefs und des zuständigen Koordinators im Kanzleramt abgelehnt. Im Übrigen findet er es reichlich konstruiert, aus den Vermerken einzelner Referatsleiter herauszulesen, dass Kurnaz zu diesem Zeitpunkt als gänzlich ungefährdet eingestuft werden konnte. Es hätten weiterhin gewichtige Bedenken von Geheimdienst und Verfassungsschutz bestanden, die er geteilt habe. Und immer wieder versucht Steinmeier auch heute noch die Stimmung nach dem 11. September in Erinnerung zu rufen: die Angst vor neuen Anschlägen, die Vorwürfe, deutsche Sicherheitsbehörden hätten zuvor nicht alles in ihrer Macht Stehende getan, die Anschläge in New York und Washington zu verhindern – führte doch die Spur vieler Attentäter nach Deutschland. Was, so verteidigt sich Steinmeier, hätte man ihm zu Recht vorwerfen können, wenn sich Kurnaz nach seiner Rückkehr in Deutschland keineswegs als harmloser Zeitgenosse entpuppt hätte?

Die Zweifel an seiner Rolle bei den Vorgängen nach dem 11. September begleiten Steinmeier jedenfalls lange. Und zunächst scheint das gefährlich zu sein. Denn wie immer man auch die Schuldfrage beurteilen mag: Es ist der Fall Kurnaz, der genau jenes Image Steinmeiers verstärkt, das er und diejenigen, die an seinem Bild arbeiten, um jeden Preis verhindern wollen: dass da nämlich jemand im Auswärtigen Amt sitzt, der in Wahrheit ein kalter Technokrat ist. Dass er sich im Zweifel für die Sicherheit entschieden hat – was sich ja politisch rechtfertigen ließe –, wiegt bei ihm daher vielleicht schwerer als bei anderen. Mit »glühender Sachlichkeit«, schreibt der *Spiegel*, habe Steinmeier seine Aufgabe verfolgt. Letztlich habe er sich vielleicht nichts zuschulden kommen lassen, aber ihm habe jenes Gefühl für Menschlichkeit gefehlt, dass den mitfühlenden Politiker vom kalten Technokraten unterscheide. Der Fall Kurnaz »zeigt, wie einer, der nie die Kontrolle verlieren wollte, sie gerade deshalb verlor«. Fair ist es sicher nicht, wenn die Medien unermüdlich seine sichtbare Anspannung und äußerste Bedachtsamkeit in der Wortwahl als Beleg dafür werten, dass Steinmeiers Kontrollbedürfnis ganz besonders groß sei, dass er bemüht sei, mit jedem Satz eine Mauer um sich herum aufzubauen, und dass er dann wirke wie ein »sprechender Aktenordner«. Selbstverständlich ist er in seinen Formulierungen äußerst vorsichtig, wägt jedes Wort genau ab. Denn im Frühjahr 2007, als der Wirbel um Kurnaz seinen Höhepunkt erreicht, scheint sein erzwungener Rücktritt eine naheliegende Möglichkeit zu sein. Andererseits entspricht diese Charakterisierung wohl auch einem Menschen, dem man als Kanzleramtschef aufgrund seiner Gründlichkeit nachsagte, er hefte selbst seine Blumensträuße noch in aller Korrektheit ab. Der Vorzug »grauer Eminenzen« entwickelt sich jetzt zu einem Nachteil: Auch Steinmeier traut man zu, immer ein bisschen mehr zu wissen, als er zu sagen bereit ist. Schließlich hat er jahrelang ein »Schattenreich« dirigiert.

Nach dem Untersuchungsausschuss

So sieht es also nicht gut aus für Frank-Walter Steinmeier Anfang des Jahres 2007, als der Untersuchungsausschuss in den Notizen der Geheimdienste kramt und dabei manches findet, was schon ein wenig verstörend und unheimlich klingt. Für Matthias Richling bedeutet der Fall Kurnaz hingegen einen Durchbruch. Der

Kabarettist, dem die geniale Parodie berühmter Spitzenpolitiker ansonsten fast mühelos gelingt, hat mit seinem Steinmeier bis dahin große Probleme gehabt. Nichts wirklich Markantes habe dieser Mann, klagt Richling, die Sprache immer ein wenig »beamtig«, der Auftritt eher spröde. Aber mit dem Fall Kurnaz gewinnt Steinmeiers Beamtentum an Profil, erhält eine Doppelbödigkeit, die es braucht für die gelungene Pointe. Auf der Bühne lässt Richling seinen Steinmeier jetzt fein ordentlich Schlaufen um seine Akten machen, ihm schräg gegenüber sitzt ein Journalist, ebenfalls von Richling gespielt, und interviewt ihn seriös zum Fall Kurnaz. Irgendwann fragt er ihn, ob denn im Fall Kurnaz mit Schadensersatz gerechnet werden könne, und Steinmeier alias Richling antwortet: »Schadensersatz wird es auf jeden Fall geben. Zumal der Schaden beträchtlich ist, den Herr Kurnaz mit Veröffentlichung seines Falls der Bundesrepublik Deutschland zugefügt hat.« Immerhin, urteilen manche Journalisten, habe die ganze Sache ja einen Vorteil: Steinmeiers Defizite seien ja nun rechtzeitig genug offengelegt worden, sodass er gewiss niemals Kanzlerkandidat werde.

Was aber geht im real existierenden Steinmeier vor? Dass ihn die Sache umtreibt und belastet, ist nur zu offenkundig. Aber das lässt durchaus unterschiedliche Interpretationen zu. Seine öffentlichen Auftritte legen die Vermutung nahe, dass er sich missverstanden und zu Unrecht beschuldigt fühlt und eine Kampagne gegen sich vermutet. Andererseits ist Steinmeier grundsätzlich ein sehr nachdenklicher Mensch, der durchaus zur Selbstkritik fähig ist. Vor allem aber: Fast alle, die ihn gut kennen, beschreiben Steinmeier als einen ungeheuren Perfektionisten. Stellt er sich insofern vielleicht doch irgendwann die Frage, ob er nicht zumindest dazu hätte beitragen können, das Martyrium des Murat Kurnaz zu verkürzen und die Tür, die die Amerikaner vermutlich schon zur Hälfte geöffnet hatten, vollends aufzustoßen? Gibt es da nie den leisesten Zweifel am eigenen Verhalten? Und wenn es so wäre: Zugeben darf Steinmeier das natürlich nicht. So bekundet er zwar sein Mitgefühl für das Schicksal des Deutsch-Türken, doch zu entschuldigen brauche er sich nicht und könne es auch nicht, sagt er. Politisch ist das verständlich, denn das wäre so etwas wie ein Schuldeingeständnis, und das könnte der Anfang vom Ende seiner politischen Karriere sein. Das Höchstmaß an öffentlicher Selbstkritik zeigt er bei der Anhörung im Untersuchungsausschuss, und auch das ist eher ironisch unterlegt: »Nachher ist man immer schlauer. Man hätte nachher leben müssen.«

Aber es ist dieser Untersuchungsausschuss, der die Wende einleitet. Auffällig ist zumindest, dass die Vorbehalte und das Misstrauen in der Folge zwar nicht aufhören, die Rücktrittsforderungen jedoch nachlassen und schließlich ganz abebben. Steinmeier wackelt nicht in der Anhörung, und das, obgleich die Abgeordneten ihn fast sechs Stunden lang befragen. Er tritt bestimmt auf, aber doch nicht mit der Arroganz eines Joschka Fischer (»Schreiben Sie auf: Fischer ist schuld!«) oder Otto Schily. Von seiner Linie weicht er freilich keinen Meter zurück und versucht daher auch nicht, irgendwelche Verantwortlichkeiten von sich zu schieben. Zwar weicht er einmal aus, als er sagt, dass er in seiner Zeit im Kanzleramt wohl an die 4000 nicht ganz unwichtige Gespräche geführt habe, an die er sich nicht allesamt detailliert erinnern könne. Als ihm aber ein SPD-Mann im Ausschuss beispringen will und sagt, dass es in der Präsidentenlage ja auch keine formelle Beschlusskompetenz gegeben habe, da sagt er, er wolle »jetzt nicht auf die semantische Brücke ausweichen, dass da keine Entscheidungslage gewesen wäre«. Er reagiert sogar ein wenig gekränkt, als Otto Schily, der einen Karriereabsturz nicht mehr zu fürchten hat, die Verantwortung mit großer Geste allein auf sich nehmen möchte.

So übersteht Steinmeier die Krise. Und am Ende, so paradox dies klingen mag, hat es ihm im Ganzen vielleicht nicht einmal geschadet. Erstens wird durch die Affären deutlich, dass Steinmeier für seine Partei in dieser Zeit nur schwer zu ersetzen ist. Je länger der Untersuchungsausschuss andauert, umso stärker zeigt sich, dass die SPD bestrebt ist, ihn um jeden Preis zu halten. Als es für kurze Zeit wirklich eng wird und die Spekulationen beginnen, wer ihm überhaupt im Amt nachfolgen könne, da fällt kein Name, der in irgendeiner Weise plausibel wäre. Niemand hat zugleich die Expertise und das persönliche Format, um dieses Amt auszufüllen. Die Partei *braucht* Steinmeier. Die Frage, ob ein Politiker zurücktreten muss, bemisst sich ja in den seltensten Fällen am Grad seiner Verfehlungen oder am Druck, den die Gegenseite ausübt. Entscheidend ist, wie stark die Bereitschaft der eigenen Leute ist, den Beschuldigten nicht fallen zu lassen.

Zweitens sind diese Krisen vielleicht auch für Steinmeier selbst wichtig gewesen. Dass Politiker manchmal ein Tal durchqueren müssen und gerade aus ihren Niederlagen gestärkt hervorgehen, ist im Falle Steinmeiers evident. Er hat sich selbst bewiesen, auch so etwas durchstehen, allerlei Unerfreuliches aussitzen zu können, wenn man nur gute Nerven und eine gute Portion Abgebrühtheit besitzt. Das ist eine Fähigkeit, die für einen Politiker wichtig ist. Und was immer der politische Gegner künftig auch gegen ihn auffahren mag: Steinmeier ist schon einmal durchs Feuer gegangen.

Drittens bleibt auch die Frage, ob die Untersuchungsausschüsse ihm in der Öffentlichkeit geschadet haben, mindestens diskutabel. In der Tat brechen seine Popularitätswerte auf dem Höhepunkt der Kurnaz-Affäre kurzzeitig rasant ein, im »Deutschlandtrend« vom Februar 2007 von 69 Prozent auf 47 Prozent. Doch davon wird er sich schnell erholen. Und die Mehrzahl der Deutschen ist selbst zu diesem Zeitpunkt der Meinung, dass es richtig gewesen ist, Kurnaz nicht früher nach Deutschland einreisen zu lassen. Vielleicht liegt es daran, dass er nicht wie Müller, Meier oder Schulte aussieht, sondern nach seiner Entlassung aus der Gefangenschaft lange Haare und einen wallenden Bart trägt und so dem Schreckbild des Islamisten entspricht. Im Übrigen: Die Geschichte mag Kratzer hinterlassen haben, aber nicht alle Kratzer schaden. Für einen Beamten kann es durchaus schmeichelhaft sein, »Dr. Makellos« genannt zu werden – für einen Politiker ist das anders. Er muss Gegenstand des öffentlichen Interesses sein, eine eigene Geschichte, Kante, Gegner und Kritiker haben. Steinmeier, der um seine Ämter niemals kämpfen musste und darum nie unterliegen konnte, hat nun zumindest einmal in den Abgrund geschaut. Bei allen moralischen Ansprüchen, die die Bürger an ihre Spitzenpolitiker haben: Einen allzu braven Zeitgenossen können sich wohl auch die Deutschen nicht als Kanzler vorstellen. Und für zu brav kann man Steinmeier nach allem, was vorgefallen ist, nicht mehr halten.

Neue Chancen und Erfolge

Doch was sich in den Affären um El-Masri, Kurnaz und die BND-Agenten im Irak über fast drei Jahre an Unerfreulichkeiten über Steinmeier zusammenballt, ist ohnehin nur ein Ausschnitt aus einer ansonsten fraglos erstaunlichen Erfolgsgeschichte. Denn auch wenn der Job des Außenministers günstige Möglichkeiten der Profilierung bietet: Man muss diese Chancen auch zu nutzen wissen. Steinmeier tut das und lässt seinen äußerst populären Vorgänger Joschka Fischer damit ziemlich schnell vergessen.

In Stil und Auftreten als Außenminister ist ein größerer Unterschied zwischen diesen Männern allerdings kaum denkbar. Gewiss, beide beherrschen die Pose des Staatsmannes exzellent, aber die Art, wie sie sie interpretieren, ist vom ersten Tag an sehr unterschiedlich. Wenn Fischer seine Stirn effektvoll in Falten legte und ebenso kryptisch wie unheilsschwanger über die Brandherde der Welt sprach, dann sollte jedermann wissen, wie schwer die Last war, an der er trug. Schließlich wusste er von Gefahren, die da dräuten, anderen aber verborgen blieben, er dachte in Dimensionen, die all den Nicht-Außenministern zu ihrem Vorteil verschlossen blieben – sie wussten ja gar nicht, wie nah die Welt täglich am Abgrund stand. Mit großem staatsmännischen Ernst spricht auch Steinmeier über die Krisenregionen dieser Welt. Doch er hält eine persönliche Distanz zu den Dingen, etwas, was Fischer nie ausgestrahlt hat. Im Mittelpunkt stehen stets die Probleme, nicht Frank-Walter Steinmeier.

Fischer erfreute sich auch sichtlich daran, im Kreise der Großen dieser Welt zu verkehren und von ihnen als gleichberechtigter Gesprächspartner akzeptiert zu werden – von keinen anderen Begegnungen schwärmte er so inbrünstig wie von denen mit der amerikanischen Außenministerin Madeleine Albright, der »lieben Madeleine«, wie er zu sagen pflegte. Bei Steinmeier lassen sich solcherlei Differenzierungen nicht ausmachen. Am besten, heißt es, verstehe er sich mit dem luxemburgischen Außenminister Jean Asselborn, auch dieser ein eher unprätentiöser Zeitgenosse. Und Steinmeier stützt sich vom ersten Tag an stärker auf den Beamtenapparat seines Ministeriums und auf einige Vertraute aus seiner Zeit im Kanzleramt. So arbeitet Steinmeiers wichtigster Mitarbeiter, sein Büroleiter Stephan Steinlein, seit 1999 für ihn, kommt ursprünglich jedoch selbst aus dem diplomatischen Dienst, sodass der Umzug vom Kanzleramt ins Auswärtige Amt für ihn eine Art Heimkehr bedeutete. Fischer hingegen hatte erst einmal einige Freunde aus Frankfurter Sponti-Zeiten bei sich untergebracht und war im Behördenapparat anfangs durchaus auf Vorbehalte gestoßen.

Dass Steinmeier insgesamt sehr positiv aufgenommen wurde, liegt sicher auch an der Tatsache, dass die meisten höheren Beamten und die Staatssekretäre ihn noch aus seiner Zeit im Kanzleramt kannten, als die Fäden der Schröder'schen Außenpolitik auf seinem Schreibtisch zusammenliefen. Sie können sich sicher sein, dass er über die wesentlichen Themen gut unterrichtet und außerdem bereits jetzt exzellent mit den Arbeitsweisen des Hauses vertraut ist. Dass sie es mit einem gewissenhaften Behördenchef zu tun haben, erfahren die Mitarbeiter des Auswärtigen Amtes allerdings schon bei dessen Antrittsrede. Den üblichen Lobreden auf die exzellenten Mitarbeiter im Auswärtigen Amt folgt sogleich eine deutliche Anweisung: Er sei ja zu Recht als »dialogbereiter Mensch« bekannt, so Steinmeier, und werde Widerrede und Gegenargumente jederzeit schätzen. »Aber ich bin auch jemand, der erwartet, dass das, was intern diskutiert und entschieden wurde, auch loyal nach außen vertreten wird. Loyalität ist keine Einbahnstraße. Insofern sage ich in aller Klarheit: Wo immer ich den Eindruck habe, dass es an dieser Loyalität fehlt, werde ich sie mit aller Entschlossenheit einfordern.« Dann wird er noch deutlicher: »Wer immer gegen den Grundsatz der Verschwiegenheit verstößt, muss mit Konsequenzen rechnen.« Da spricht noch einmal der Behördenchef, der weiß, dass in der Politik kaum etwas so schnell bestraft wird wie unkontrolliertes Geplapper in der Öffentlichkeit.

Kontinuitäten und Akzentverschiebungen

Die Kontinuitäten in den außenpolitischen Grundlinien sind allerdings vom ersten Tage an überdeutlich. Das ist wenig verwunderlich, war Steinmeier doch seit dem Kosovo-Krieg 1999 maßgeblich an allen außenpolitischen Grundsatzentscheidungen der rot-grünen Koalition beteiligt. Und als Steinmeier 2005 zum ersten Mal die Verantwortung für die Außenpolitik der Bundesrepublik übernimmt, da ist dieses Politikfeld zwischen den Parteien seit Jahrzehnten ein vergleichsweise befriedetes Terrain. Es sind weniger als ein halbes Dutzend Entscheidungen in der bundesrepublikanischen Geschichte, die polarisiert haben und über die intensiv gestritten wurde: die Westbindung unter Konrad Adenauer, die Ostpolitik Willy Brandts, die Nachrüstung während der Kanzlerschaft Helmut Schmidts (wo der Konflikt allerdings nicht zwischen den Parteien, sondern innerhalb der SPD stattfand), und dann, schon mit etwas diffuseren Fronten, der Kosovo-Krieg und schließlich das deutsche Nein zum Irak-Krieg. Doch sobald die Entscheidungen einmal durchgesetzt waren, sind auch sie schnell Teil der bundesrepublikanischen Staatsräson geworden. Auch die Entscheidung, mit der Teilnahme am Kosovo-Krieg der gewachsenen Verantwortung Deutschlands in der Welt gerecht zu werden, hat einen solchen Wendepunkt markiert.

Da so vieles in der Außenpolitik zur bundesrepublikanischen Staatsräson gehört, ist es nicht ganz leicht auszumachen, ob es für die Phase zwischen 2005 und 2009 so etwas wie eine »Steinmeier-Doktrin« gibt, also eine Strategie, die eindeutig seine Handschrift tragen würde. Die tragenden Säulen seiner Außenpolitik sind wohl in der Tat mehr oder weniger Allgemeingut: Die Erweiterung und Vertiefung der Europäischen Union, die steigende Verantwortung Deutschlands in der Welt, die Einsicht, dass sich die globalen Kräfteverhältnisse in einem grundlegenden Wandel befinden, dass man daher Akteure wie Indien oder China stärker als zuvor einbinden muss. Auch mit seiner wiederholt geäußerten These, dass im Zeitalter der Globalisierung Innen- und Außenpolitik keine scharf getrennten Sphären mehr sind, hat Steinmeier das Rad nicht neu erfunden. Auch er bewegt sich innerhalb des Koordinatensystems, das die deutsche Außenpolitik seit Langem bestimmt.

So stößt man, neben manch letztlich substanzlosem und bisweilen auch inszeniertem Streit mit der Kanzlerin, auf leichte Akzentverschiebungen, die der neue Außenminister vorgenommen hat. Lateinamerika und den Maghreb-Staaten widmet er unverkennbar eine stärke Aufmerksamkeit als sein Vorgänger. Die Kulturpolitik hat er ebenfalls stärker in den Mittelpunkt seiner Arbeit gestellt, weitaus stärker jedenfalls als Joschka Fischer – was für einen Grünen-Politiker eigentlich erstaunlich ist. Das mag sicherlich auch daran liegen, dass der finanzielle Spielraum der Bundesrepublik bis zur Finanzkrise im Herbst 2008 vergleichsweise groß gewesen ist. Deutsche Kultureinrichtungen im Ausland zu finanzieren fiel so leichter. Sieht man jedoch, mit welchem Eifer sich Steinmeier auch den Details der Kulturpolitik widmet, dann wird deutlich, dass er darin tatsächlich eine wichtige Komponente seiner Außenpolitik erkennt. Und sichtlich genießt der Vielleser Steinmeier die Begleitung deutscher Schriftsteller und anderer Kulturschaffender auf seinen Auslandsreisen. Im Vorfeld seiner Nominierung als Kandidat für die Bundespräsidentenwahl wird sich das positiv für ihn auswirken.

Gleichwohl: Zumindest angesichts des Wissens um den Fortgang der Geschichte und die zweite Amtszeit Steinmeiers ab 2013 tritt eine Differenz zwischen Kanzlerin und Außenminister schließlich doch zu Tage: Sie zeigt sich im Umgang mit Staaten wie China und Russland, deren politische und ökonomische Bedeutung unbestritten ist, die jedoch nicht gerade den gewünschten demokratischen Standards entsprechen. Es ist letztlich ein Streit um die richtigen Instrumente, nicht um die Ziele. Die überragende ökonomische und politische Bedeutung dieser Staaten steht für beide außer Frage, ebenso wie das langfristige Ziel, sie von den Vorzügen freier Gesellschaften zu überzeugen – was damals noch nicht illusorisch erscheint, da insbesondere Russlands Weg noch eine demokratische Entwicklung möglich erscheinen lässt. Steinmeier aber hält wenig davon, ihnen ihre Menschenrechtspolitik öffentlich vorzuhalten, so wie es die Kanzlerin vor allem im Falle Chinas mehrfach tut. Seiner Meinung nach erschweren solcherlei Vorhaltungen lediglich den Dialog. Er hält derlei für eine »Lautsprecherdiplomatie«, der es um die öffentliche Zustimmung, nicht aber um wirkliche Veränderung gehe. Die eigenen Ansprüche zu artikulieren sei eine Sache, schreibt er in seinem Buch *Mein Deutschland*, »die Kluft zwischen Anspruch und Wirklichkeit zu überbrücken« jedoch viel schwieriger. Steinmeier sagt, es gehe ihm nicht darum, die Bedeutung der Menschenrechte zu relativieren, die zwar einer europäisch-westlichen Tradition entstammen, jedoch auch seiner Ansicht nach universale Gültigkeit beanspruchen können. Die Frage sei vielmehr: Auf welchem Wege will man ihnen auch anderswo Geltung verschaffen? Menschliche Kontakte, konkrete Verbesserungen der jeweiligen Lebenssituation und kleinere Öffnungen, etwa auf dem kulturellen und auch dem wissenschaftspolitischen Gebiet – das sei, so sagt er, der richtige Weg.

»Wandel durch Verflechtung« – die Russlandpolitik

Am stärksten prägt diese Maxime seine Politik gegenüber Russland. Steinmeier entstaubt dafür eine alte Parole von Egon Bahr aus der Zeit von Willy Brandts Ostpolitik und wandelt sie in seinem Sinne um: Bahr hatte für das Verhältnis der beiden deutschen Staaten zueinander einst den Begriff »Wandel durch Annäherung« kreiert. Mit Blick auf Russland sieht Steinmeier die größten Chancen in einem »Wandel durch Verflechtung«: So eng müssten die kulturellen, politischen und wirtschaftlichen Beziehungen Europas zu Russland werden, dass die gemeinsamen Interessen die Unterschiede langsam aufheben. Das ist typisch für Steinmeiers politisches Denken: Man macht eine realistische Analyse der jeweiligen Standpunkte, filtert dann heraus, in welchen Punkten Konsens herzustellen ist, und macht sich schließlich auf den Weg der Umsetzung.

Schon in den Jahren 2005 bis 2009 wird diese Politik häufiger an Grenzen stoßen – was freilich nichts ist im Vergleich zu den Aporien ab 2013, als der ins Auswärtige Amt zurückgekehrte Steinmeier mit einem noch wesentlich aggressiveren Russland konfrontiert ist. In seiner ersten Amtszeit aber scheint die Geschichte eher noch einen offenen Ausgang zu haben, auch wenn damals schon Zweifel angebracht sind, ob und inwiefern – um Steinmeiers Ideen ernst zu nehmen – die enge Kooperation deutscher und russischer Unternehmen die russische Zivilgesellschaft stärken und damit zur Demokratisierung beitragen kann oder ob die Förderung von Goethe-Instituten im Ausland nennenswert die Strahlkraft demokratischer Institutionen erhöht. In den Jahren zwischen 2005 und 2009 deutet sich bereits an, dass auf ökonomische Öffnungsprozesse nicht zwingend auch politische folgen und dass viele Staaten auf der Welt die westliche Moderne gleichsam halbieren: Sie übernehmen deren technologische Fortschritte, lehnen ihre kulturellen Errungenschaften aber eher ab.

Allerdings würde auch der Außenminister nicht abstreiten, dass es gerade beim Verhältnis zu Russland ebenso um handfeste ökonomische Fragen geht: Schließlich sind Deutschland und Europa auf den Import von russischem Gas und Erdöl angewiesen. Steinmeier behandelt das Thema Russland offensiv, wenngleich ihm bewusst ist, dass ihn das in einer Hinsicht verwundbar machen kann: Auch in seinem Umfeld sind nicht alle glücklich darüber, dass Gerhard Schröder relativ rasch nach seinem Ausscheiden aus der Politik beim russischen Energiemonopolisten Gazprom angeheuert hat. Seitdem wird beim Altbundeskanzler jede Verteidigung der russischen Politik als Eigennutz und Beleg für seine männerbündische Freundschaft mit Wladimir Putin interpretiert. Und da Steinmeier noch immer auf das Engste mit seinem früheren Vorgesetzten assoziiert wird, werden seine Worte zur Russlandpolitik stets doppelt und dreifach gewogen. Vermutlich kann der Außenminister nicht mehr zählen, wie oft ihm die Frage gestellt wurde, ob auch er Putin für einen »lupenreinen Demokraten« halte. Meistens umschifft er die Frage. Einmal ließ er sich allerdings in einem Interview dann schließlich doch den Satz entlocken, dass es sich bei Russland sicherlich nicht um eine »lupenreine Demokratie« handle. Sogleich hatten die Zeitungen ihre Geschichte und schrieben von den offenkundigen Differenzen und davon, dass Steinmeier sich damit bewusst von der Politik Schröders distanziert habe.

Das sehen beide natürlich gänzlich anders. Im Jahr 2009 auf diese mögliche Differenz angesprochen, kann Gerhard Schröder mit einer interessanten Argumentation aufwarten: Er habe ja ebenfalls nie von einer »lupenreinen Demokratie« gesprochen, sondern sich auf Putin als »lupenreinen Demokraten« bezogen. Das müsse man doch wohl noch trennen dürfen, findet der Altbundeskanzler – das politische System und die Gesinnung eines Einzelnen. Dass es in Russland noch allerlei Defizite gebe, bestreite ja niemand, doch das ändere seiner Ansicht nach nichts an der Einschätzung der Person Putins. Folgt man Schröders Urteil, dann muss man sich den Herrscher im Kreml als unglücklichen Menschen vorstellen, der sich gezwungen sieht, entgegen seiner demokratischen Gesinnung ein paar Hundert Demonstranten der Opposition auf dem Roten Platz verprügeln und festnehmen zu lassen, weil sein Land für solcherlei Meinungsäußerung einfach noch nicht reif ist.

Obgleich Steinmeier seine Haltung zu Russland in dieser Phase noch nicht wesentlich ändert, wird er doch bereits etwas vorsichtiger darin, die »neue Ostpolitik« allzu offensiv zum Markenzeichen seiner Politik zu machen – was vielerlei gute Gründe hat. Eine Zäsur markiert 2008 der Kaukasus-Krieg, als russische Einheiten bis ins georgische Kernland vordringen. Das Ansehen Russlands in Europa ist danach schwer beschädigt. Noch sind es vereinzelte Kassandra-Rufe, die einen neuen Kalten Krieg heraufziehen sehen und die Politik des Kremls mit dem aggressiven Expansionsstreben der sowjetischen Machthaber vergleichen. Aber die Zweifel an der Außenpolitik Moskaus wachsen, nicht zuletzt auch bei Steinmeier selbst, und schränken somit seinen Handlungsspielraum ein. Gleichwohl: Den Gesprächsfaden nach Moskau in keinem Fall abreißen zu lassen, das bleibt ihm wichtig. Dieses Bemühen wird im Übrigen, unter noch viel schwereren Bedingungen, auch seine zweite Amtszeit entscheidend prägen, in der ihn manche als Apologeten russischer Aggression attackieren.

Ansonsten hat Steinmeier schnell die Erfahrung seiner Amtsvorgänger gemacht: dass die Vermittlungsleistungen eines deutschen Außenministers, der ja keine Weltmacht vertritt, fast überall auf der Welt gefragt sind. Eigentlich wurde bei seinem Amtsantritt erwartet, dass er sich stark auf die Europapolitik konzentrieren würde, und dies nicht nur weil er mit diesen Themen im Kanzleramt ganz hauptsächlich betraut war. Mit ihrer besonderen Verschränkung von Innen- und Außenpolitik schien die Brüsseler Konsens- und Kompromisswelt wie geschaffen für ihn. Doch sehr schnell hat Steinmeier sich den Regionen zugewendet, die akut diplomatischer Vermittlung bedürfen, etwa dem Nahen Osten. Steinmeier tritt nicht nur für eine Intensivierung des Dialogs mit dem Iran ein. Sein ambitioniertestes Projekt ist fraglos der Versuch, Syrien, von der Bush-Regierung noch zur »Achse des Bösen« gezählt, für einen Friedensprozess wieder mit ins Boot zu holen. Einfach ist das freilich nicht und in vielerlei Hinsicht ein diplomatischer Drahtseilakt. Die erste geplante Begegnung scheitert noch: Steinmeier befindet sich Mitte August 2006 bereits auf dem Weg nach Damaskus, als ihn im Flugzeug die Information erreicht, dass der syrische Präsident Baschar al-Assad eine Rede gehalten hat, in der er von der Ehre spricht, die es für Syrien bedeute, die Hisbollah zu unterstützen, und in der er Israel einen Feind nennt, mit dem es niemals Frieden geben könne. Steinmeier lässt den Flieger auf halbem Wege umkehren. Es ist die vielleicht einzige spektakuläre Handlung seiner ersten Amtszeit. Er hat sich danach dennoch bemüht, die Fäden wiederaufzunehmen. Bei Verhandlungen mit den autoritären Regimen dieser Welt zeigt sich sein Verhandlungsgeschick ohnehin am stärksten. Denn wer in Interessenlagen so nüchtern denkt wie er, mit einem scharfen Blick für schmale Handlungskorridore auch in verfahrenen Situationen, der kann auch die aussichtslosesten Dilemmata noch in halbwegs geordnete Prozesse überführen, um dann, wie es Bernd Ullrich in der *Zeit* formuliert hat, »menschliche Widersprüche und übergriffige Russen oder Iraner in Gespräche, Verträge und Roadmaps zu verwickeln«. Seine Geduld ist dabei oft genug gefordert. Bei einem seiner zahlreichen Aufenthalte in Zentralasien, einer wichtigen Region für seine »Energieaußenpolitik«, erklärt er dem kirgisischen Staatspräsidenten angesichts der Demonstranten vor dem Präsidentenpalast in ruhigen und gesetzten Worten, warum Demokratie zwar manchmal ganz schön anstrengend werden könne, letztlich aber eine lohnende Sache sei.

Diplomatie in den Krisenregionen der Welt: Der Bundesaußenminister Frank-Walter Steinmeier mit einer Transall C 160 der Bundeswehr auf dem Weg nach Afghanistan.

Nah an der Idealbesetzung

Steinmeiers diplomatisches Geschick ist unverkennbar, und auch durch seine vorherige Tätigkeit kommt er einer Idealbesetzung für das Außenministerium sehr nahe. Dennoch: 2005 bis 2009 fehlt noch das wirklich große Thema, mit dem er sich einen Platz in den Geschichtsbüchern sichern kann. Wahrscheinlich fehlt auch eine wirklich dramatische Krise, in der er sich zu bewähren hat. Aber auch das wird später noch kommen.

Steinmeier hat die Grundpfeiler einer insgesamt sehr kontinuierlichen Außenpolitik nicht infrage gestellt. Es ist auch nicht wirklich erkennbar, dass es mit Angela Merkel abseits kleiner Nickeligkeiten wesentliche Auffassungsunterschiede gegeben hätte. Gewiss, als der amerikanische Präsident noch George W.

Bush hieß, ist schon spürbar gewesen, dass ihr Amerika-Bild ein gänzlich anderes ist. Für die ehemalige DDR-Bürgerin Merkel bleiben die USA trotz mancher Verfehlungen die Schutzmacht von Freiheit und Demokratie. Steinmeier, in dieser Hinsicht ganz anders sozialisiert, sieht vielleicht stärker die historischen Defizite Amerikas, die nicht erst mit dem Irak-Desaster beginnen. Doch darüber hinaus?

Den späteren Kanzlerkandidaten Steinmeier hätte es allerdings ohne den Außenminister Steinmeier nicht gegeben – und den Kandidaten für das Amt des Bundespräsidenten gewiss auch nicht. Da in der Außenpolitik zur Zeit der ersten Regierung Merkel der bundesrepublikanische Normalzustand herrscht, nämlich keinerlei Polarisierung zu beobachten ist, hat Steinmeier wie andere Außenminister vor ihm eine fast schon präsidiale Rolle für die Deutschen eingenommen. Wer will ihm widersprechen, wenn er an die Vernunft aller Beteiligten im Nahostkonflikt appelliert, den Wiederaufbau in Afghanistan lobt und von den Vorzügen der EU-Erweiterung schwärmt? Da macht es auch nichts, wenn er seine Aussagen vor den Kameras anfangs noch in unzähligen Nebensätzen verschachtelt, sodass man daraus kaum eine fünfsekundige Einspielung für die *Tagesschau* schneiden kann. Doch er klingt stets sehr beruhigend und vernünftig, und er spricht von Dingen, die so komplex erscheinen, dass man sie gerne jemandem anvertraut, der sich mit der Materie offenkundig bestens auskennt. Es ist eine merkwürdige Mischung aus Präzision und Unschärfe, die Steinmeiers Worte begleitet; er webt harmonische Klangteppiche, die beim ersten Hören nach großer Bestimmtheit klingen – und doch fällt es schwer, sich an irgendeinen Satz von ihm zu erinnern. Das liegt freilich nicht nur an ihm selbst: In den internationalen Beziehungen sind die Sprachregeln so hochgradig formalisiert wie nirgendwo sonst. Steinmeier ist sich selbst dessen bewusst, und er leidet auch ein wenig darunter, dass die Probleme in Wahrheit viel zu komplex sind, als dass man sie in kurzen Statements unterbringen könnte. So bleibt ihm oft nur, jene Sätze zu vermeiden, die irgendwo auf der Welt missverständlich aufgenommen werden könnten, und solche zu sagen, die auch am nächsten Tag noch gelten – und ansonsten den diplomatischen Gepflogenheiten zu folgen und irgendwie den Eindruck zu erwecken, dass er die Lage halbwegs unter Kontrolle habe.

So wird Frank-Walter Steinmeier, der Mann mit der nachdenklichen Pose und einem häufig ironischen Schmunzeln im Gesicht, der oft merkwürdig lange Pausen macht, wenn er spricht, und der die Öffentlichkeit niemals gesucht hat, zu einem der populärsten Politiker des Landes.

Und während das passiert, schlittert seine Partei in die bis dahin vielleicht tiefste Krise ihrer Geschichte.

6.

Der Weg zum Kanzlerkandidaten

Alarmsignale für die SPD

Wann beginnt die Geschichte, an deren überraschendem Ende Frank-Walter Steinmeier im Jahr 2009 Kanzlerkandidat der SPD wird? Sie beginnt, und das ist ein bekanntes Muster in seinem Leben, mit dem Abstieg der anderen. Franz Müntefering, Matthias Platzeck, Kurt Beck – das ist die Liste der Parteivorsitzenden, die in den Jahren 2005 bis 2008 den Bettel hinschmeißen; es sind die Jahre, als aus einem politischen Spitzenbeamten die letzte Hoffnung der SPD wird. Sie alle hätten naturgemäß das erste Zugriffsrecht auf die Kanzlerkandidatur gehabt. Die Art und Weise, wie sie nahezu erleichtert aus dem Vorsitz geflüchtet sind, war auch als Alarmsignal zu deuten, dass die Probleme der SPD nicht geringer werden sollten.

Der Erste, der den Reigen eröffnet, ist Franz Müntefering. Er, dem es doch angeblich stets nur um die Sache und nie um Personen geht, tritt zurück, weil er seinen engsten Vertrauten, Kajo Wasserhövel, nicht als Generalsekretär durchsetzen kann. Müntefering hat zu dieser Zeit wohl schon zu lange die Rolle des Zuchtmeisters inne. Denn in den Tagen vor seiner Entscheidung für Wasserhövel hält er es kaum für notwendig, sich abzusichern und um die notwendige Zustimmung zu werben. Als ihm die erweiterte Parteiführung die für ihn selbstverständliche Solidarität versagt, legt er nur wenige Wochen nach der Bundestagswahl 2005 das Amt nieder, das er einst als »das schönste nach dem Papst« bezeichnet hatte. Er kehrt gut drei Jahre später zwar zurück, doch da ist die Frage der Kanzlerkandidatur schon entschieden.

Danach ist Matthias Platzeck an der Reihe. Der brandenburgische Ministerpräsident gilt in der Nach-Schröder-SPD als der große Hoffnungsträger. Es ist allerdings nicht mehr allzu schwer, im Jahre 2005 zu einem solchen zu avancieren: Zusammen mit Kurt Beck, der schnell abwinkt, und Harald Ringstorff in Mecklenburg-Vorpommern ist er einer von nur noch drei SPD-Ministerpräsidenten in einem der Flächenstaaten der Bundesrepublik. Das politische Berlin ist nachgerade entzückt von ihm, denn Platzeck drückt sich gewählt aus, verströmt Sensibilität und Nachdenklichkeit. Und in seinem Talent, anderen das Gefühl zu geben, gerade ihnen mit besonderem Interesse zuzuhören, steht er selbst Steinmeier nicht nach. Nach der burschikosen, zuweilen brachialen Art, mit der erst Schröder und dann Müntefering die Partei geführt haben, wirkt das auf viele wohltuend. Ein paar Wochen verkörpert Platzeck für die Sozialdemokraten tatsächlich das Versprechen auf bessere Zeiten. Nach seiner Wahl hält er eine viel umjubelte Rede, und in einer verwegen gereimten Alliteration entfährt es dem SPD-Generalsekretär Hubertus Heil spontan, im Überschwang der Gefühle: »Wir brauchen keinen Messias, wir haben einen Matthias.«

Platzeck ist in der Tat kein Messias, sondern nur eine 146 Tage währende Episode. Denn bald schon erinnert sein diskursiver Führungsstil viele Sozialdemokraten an den früheren Parteivorsitzenden Björn Engholm, auch der ein sympathischer, sensibler, kluger Mann, der am Ende aber als kraftloser Schöngeist galt und sich auf die Moderation zwischen den Parteiflügeln beschränkte. Inhaltlich unvorbereitet, so wird es bald kolportiert, erscheint Platzeck angeblich auf wichtigen Sitzungen des Parteivorstandes. Mit der akribischen Vorbereitung auf seine Arbeit, heißt es, nehme er es nicht so genau. Der Stress aufgrund der Doppelbelastung als Ministerpräsident und Parteivorsitzender setzt ihm gesundheitlich sehr zu. Nach einem Hörsturz im April 2006 erklärt er seinen Rücktritt. Sicherlich ungerecht und nicht ohne Sarkasmus erinnern manche an den ersten SPD-Vorsitzenden nach dem Zweiten Weltkrieg: Kurt Schumacher führte die Partei an Arm und Bein amputiert und gepeinigt von furchtbaren Schmerzen sechs Jahre lang und verstarb in seinem Amt. Es sind andere Zeiten.

Und dann schließlich Kurt Beck. Euphorische Erwartungen wie bei Platzeck produziert seine Übernahme des Parteivorsitzes zwar nicht. Doch immerhin ist sie eine Entscheidung von fast schon zwingender Logik. Anders als Platzeck kennt Beck das Innenleben der Partei exzellent, weiß um all die Neurosen und Befindlichkeiten. Vor allem aber ist er ein gestandener, starker Ministerpräsident. Beck hat in Rheinland-Pfalz, immerhin die Heimat Helmut Kohls, drei Landtagswahlen für die SPD gewonnen, beim letzten Mal sogar mit absoluter Mehrheit. Davon kann die SPD andernorts nur träumen. Er wirkt integrierend, verkörpert noch ein Stück weit die Kleine-Leute-SPD und ist ein passabler Redner.

Veränderungen im Machtgefüge

Zu Münteferings und Platzecks Zeiten spielt Steinmeier im inneren Machtgefüge der SPD noch keine Rolle. Doch unter Kurt Beck ist das anders – auch wenn er zunächst abermals nur die Hintergrundfigur in einem zähen Drama gibt. Wann immer Beck in Schwierigkeiten gerät, beginnen Spekulationen um die Kanzlerkandidatur Steinmeiers. Zwischen April 2006 und Sommer 2008 wird man dieses Spiel einige Male beobachten können: Ist der Pfälzer in der Baisse, steigen in der Öffentlichkeit die Aktien des Ostwestfalen. Die Relationen zwischen den beiden werden also von den Gesetzen des Nullsummenspiels bestimmt: Verliert der eine, gewinnt der andere. Nach dieser Logik wird auch klar, warum Beck Steinmeier nicht gewinnen lassen konnte, ohne selbst dabei sein Gesicht zu verlieren. Die Rollenzuschreibung der Medien hätte eine andere Dramaturgie wohl nicht zugelassen.

Nun muss man mediale Aufmerksamkeitszyklen solcher Art nicht automatisch zum entscheidenden Erfolgskriterium machen. Es hat Zeiten gegeben, in denen Politiker noch über Loyalitätsreserven verfügten, die sie auch eine schlechte Presse überstehen ließen – und Beck sollte bald eine sehr schlechte Presse bekommen. Mehr als zehn Jahre lang haben die Journalisten den SPD-Vorsitzenden der 1950er Jahre, Erich Ollenhauer, als einfältigen, skatspielenden Tölpel karikiert. Doch er blieb neben Willy Brandt der Parteivorsitzende mit der längsten Amtszeit. Auch Kurt Becks Image als pfälzischer Provinzler, das ihm bald anhängt, muss also kein Nachteil sein. Vergleichbare Boshaftigkeiten hat Helmut Kohl zwanzig Jahre lang ertragen – und die Partei trug ihn mit. Kurz gesagt: Wo das Selbstwertgefühl einer Partei noch intakt ist, wo sie ein autonomes Eigenleben besitzt und ein verlässliches Parteiethos existiert, da muss das mediale Bild des Vorsitzenden nicht die entscheidende Rolle spielen. Doch all diese Resistenzkräfte sind der SPD Anfang des neuen Jahrtausends längst verloren gegangen: Sie hat schlicht keinen mentalen Rückzugsort mehr, der sie gegen die Stimmungsausschläge der Mediengesellschaft immun macht. So sind es in der

Tat die Medien und das Hintergrundrauschen der Dauer-Demoskopie, die Steinmeier rasch nach oben katapultieren. Die Umfragen für die Partei sind mau – Steinmeiers Popularität aber ist beeindruckend. Daraus folgt eine scheinbar simple Gleichung, und der Abstieg der SPD verschmilzt mit dem Aufstieg des Frank-Walter Steinmeier.

Dabei macht Kurt Beck beileibe nicht alles falsch. In den ersten Monaten seiner Amtszeit – auch das ist heute weitgehend verdrängt – liegt die SPD in den Umfragen mit der Union fast gleichauf, im Oktober 2006 führt sie mit drei Prozentpunkten. Becks Strategie für die Partei ist auf den ersten Blick durchaus einleuchtend: Auch der rheinland-pfälzische Ministerpräsident will die Reformen der Regierung Schröder nicht zurückdrehen. Er weiß, dass es mittlerweile kein Zurück mehr zu der Vor-Agenda-SPD gibt, da man sich nicht einfach von der Politik der letzten Jahre distanzieren kann. Und ihm ist bewusst, dass eine Partei, die weiterhin in der Regierung ist, keinesfalls in eine Oppositionsmentalität verfallen darf. Aber Beck sieht eben auch sehr klar, dass die Agenda die Partei fast zerrissen hat und er als Vorsitzender die Wunden der letzten acht Jahre heilen muss.

Dies ist freilich eine Aufgabe, die zu diesem Zeitpunkt kaum zu bewältigen ist. Da ist nicht nur der Spagat zwischen den beiden Parteiflügeln, den Beck hinbekommen muss. Er muss jene Sozialdemokraten zufriedenstellen, die sich als Gralshüter des Schröder'schen Reformwerkes verstehen, und jene, die damit am liebsten brechen würden. Beck hat es zudem mit einer Kanzlerin zu tun, die der SPD kaum Luft zum Atmen lässt, weil sie sich der sozialdemokratischen Programmatik großzügig bedient. Die Zeiten des Neoliberalismus, des uneingeschränkten Lobgesangs auf Deregulierung und weniger Staat, gehen, zumindest rhetorisch, langsam dem Ende entgegen. Angela Merkel hat das am eigenen Leib gespürt, als die Beschlüsse des Leipziger Parteitages der CDU von Ende 2003 mit ihrem Loblied auf freie Märkte, Deregulierung und mehr Eigenverantwortung des Einzelnen sie zwei Jahre später fast die Kanzlerschaft gekostet haben. Fortan ist sie bemüht, ja keine Angriffsfläche mehr zu bieten, und geht immer häufiger auf Forderungen der Sozialdemokraten ein, vielmehr: Sie macht sie sich häufig selbst zu eigen. Dass sie damit langfristig einen ganz ähnlichen Identitätsverlust in ihrer eigenen Partei riskiert wie ihr Vorgänger im Kanzleramt, kümmert sie erst einmal nicht. Denn offenkundig schadet diese Strategie den Sozialdemokraten mehr als ihrer eigenen Partei, und sie selbst installiert damit einen präsidialen Führungsstil, wie ihn sich Gerhard Schröder wohl erträumt hätte.

Geregeltes Parteigetümmel

Überall dort, wo die SPD ihr Profil als Partei der sozialen Gerechtigkeit schärfen könnte, steht also auch schon die Kanzlerin. So bleibt der SPD die Profilierung versagt, weswegen sie in dieser Koalition keine Erleichterung findet. Man mag das für höchst ungerecht halten, da sich überzeugend argumentieren lässt, dass es in Deutschland in den Jahren der zweiten Großen Koalition von 2005 bis 2009 alles in allem recht sozialdemokratisch zuging: Doch der SPD hat es wenig genutzt und den rasanten Verlust ihrer Wähler und ihrer Mitglieder nicht aufgehalten. Die Politik ist eben ein ganz eigenes Spielfeld mit durchaus seltsamen und unberechenbaren Regeln, in der die Erfolgskriterien gar nicht exakt zu benennen sind. Am besten beschreibt die Realität vielleicht, was der Soziologe Rainer Paris als das »geregelte Getümmel« der Politik bezeichnet: Ein riesiges Spielfeld, auf dem verschiedene Mannschaften in unterschiedlicher Größe und Stärke bunt gegeneinander antreten und sich auch nach dem Anpfiff über die Aufstellung und Hackordnung innerhalb der eigenen Mannschaft zanken. »Es stehen auch Tore herum, in die die verschiedenen Mannschaften hin und wieder hineintreffen, doch die Anzahl der Tore entscheidet nicht über den Ausgang des Spiels. Wer am Ende tatsächlich gewonnen oder verloren hat, darüber befinden nach Spielschluss die vielen Zehntausende von Zuschauern, die natürlich die ganze Zeit über alles andere als neutral sind, im gewaltigen Stadionrund per Abstimmungsvotum und Akklamation.«

In der SPD schießt man allerdings, nachdem man mit Kurt Beck zunächst gut ins Spiel gefunden hat, bald schon bevorzugt in das eigene Tor – was die Zuschauer nicht besonders goutieren. Das ist nicht allein Becks Schuld, aber er trägt seinen Teil dazu bei. Er bemüht sich zwar, so häufig wie möglich in Berlin zu sein, aber natürlich bleibt seine mangelnde Präsenz ein Problem. Und sie wird es vor allem deswegen, weil er es versäumt oder für unnötig befunden hat, seine eigenen Leute in der Parteizentrale zu platzieren. Beck hält stattdessen an den Leuten fest, die Franz Müntefering oder Matthias Platzeck im Willy-Brandt-Haus installiert haben. Das zeugt zwar von Vertrauen, ist aber auch naiv. Die Parteizentrale in Berlin ist nicht die rheinland-pfälzische SPD, die er aus seiner Mainzer Staatskanzlei heraus dirigiert. Im Willy-Brandt-Haus sitzen rund 140 Mitarbeiter, nicht wenige reden regelmäßig mit Journalisten. Sie haben ganz unterschiedliche Loyalitäten, sind die Diener vieler Herren. Nicht einmal für die eminent wichtige Position des Büroleiters hat Beck es für nötig befunden, einen Mann seines eigenen Vertrauens auszuwählen. Und so läuft ihm schon bald vieles aus dem Ruder, ist die Abstimmung und Koordination zwischen den Führungsfiguren der SPD denkbar schlecht, die Kakofonie groß. Das gilt vor allem für das Verhältnis zwischen Beck und dem Arbeits- und Sozialminister Franz Müntefering, der glaubt, dass seinem Nachfolger so ziemlich alles abgeht, was man braucht, um eine große Partei zu führen. Beck und Müntefering mögen sich nicht, und sie reden auch nicht sehr viel miteinander. Bei einer entscheidenden Frage setzt sich Beck allerdings tatsächlich gegen den Vorgänger durch: Auf dem Hamburger Parteitag im Oktober 2007 gewinnt er die Mehrheit der Delegierten dafür, das Arbeitslosengeld I zu verlängern – gegen die ausdrückliche Empfehlung des zuständigen Ressortchefs Müntefering. Der fühlt sich düpiert, zutiefst gedemütigt gar. Und in den Tagen nach der Entscheidung steht in den Zeitungen, dass Becks Position nun unangreifbar stark, die Zeit des letzten großen Sozialdemokraten Müntefering aber wohl abgelaufen sei. In der Tat erwägt Müntefering schon seit geraumer Zeit einen Abschied, zumindest eine Auszeit von der Politik. Seine Frau Ankepetra ist schwer erkrankt. Wenige Wochen später tritt er als Minister zurück. Doch Müntefering wird wiederkommen.

Schwere Zeiten für Kurt Beck

Der Hamburger Parteitag bedeutet noch einmal einen Erfolg für Kurt Beck. Es wird sein vorerst letzter sein. Danach brechen so viele Ereignisse über ihn und die SPD herein, dass es schwer ist, den Überblick zu behalten. Nur eines scheint eindeutig: Der SPD-Vorsitzende steht vor vielen schweren Entscheidungen, und zumeist entscheidet er unglücklich. Erst lobt er den amtierenden Bundespräsidenten Horst Köhler, gibt dann aber dem Drängen des linken Parteiflügels nach, mit Gesine Schwan eine eigene Kandidatin zu nominieren. Aber zu seinem größten Problem wird zweifelsohne der Zickzackkurs, den Beck in Hessen fährt. Erst lehnt er Bündnisse zwischen SPD und Linkspartei brüsk ab – kapituliert dann aber vor der hessischen Vorsitzenden Andrea Ypsilanti, die mit aller Macht ein solches Bündnis zu erzwingen versucht. Er kann Ypsilantis Koalitionsversuche wohl ohnehin nicht verhindern, doch weil er ihr seinen Segen gibt, wird ihr Scheitern auch zu seinem.

Steinmeiers Rolle bei alledem war nie besonders groß. Er taucht nur sporadisch auf dem Spielfeld auf. Das mag zunächst noch sehr verständlich sein, denn Steinmeier ist ja nur Außenminister. Er verfügt weder über irgendein Parteiamt, noch besitzt er ein Bundestagsmandat. Wo er inhaltlich steht, ist hingegen kein Geheimnis: Steinmeier gehört zu den hartnäckigsten Verteidigern der Agenda. Er hat sie schließlich in weiten Teilen entworfen. Im September 2007 bringt er gemeinsam mit Steinbrück und Platzeck ein Buch heraus; *Auf der Höhe der Zeit* ist der Titel, und in dem Buch steht eigentlich nicht viel Spektakuläres: Die Autoren wollen den Reformkurs fortsetzen, mahnen gar noch zu mutigeren Schritten für die Zukunft. Gerade für Letzteres, bisweilen formuliert in einem schroffen Überredungsstil, ernten sie jedoch einen regelrechten Proteststurm innerhalb der Partei. Auch Kurt Beck hält das Werk für keinen gelungenen Beitrag zur inneren Balance der SPD und grollt vernehmlich. Doch Steinmeier trifft die Wut weniger, denn zum Glück zieht vor allem der Finanzminister Peer Steinbrück den Unmut auf sich. Bei der Buchvorstellung vergleicht er den inneren Zustand der SPD mit einem Sofa, das nach vielen Jahren schon nach seinem Besitzer riecht, an dem dieser aber trotz diverser Rotweinflecken und Katzenfusseln leider weiterhin furchtbar hängt. »Ein neues Sofa muss her«, befindet der Finanzminister.

Dieser Vorgang zeigt, dass die Agenda-Politiker zumindest für eine Fortsetzung ihres Kurses keine Mehrheit mehr besitzen. Vielleicht ist Steinmeier der Schreck dermaßen in die Glieder gefahren, dass er sich aus innerparteilichen Querelen fortan lieber heraushält. Dennoch wird er einen Monat nach dieser Publikation stellvertretender Parteivorsitzender. Kurt Beck will Stärke demonstrieren und schlägt ihn neben Andrea Nahles und Peer Steinbrück als seinen Stellvertreter vor. Und einige Wochen später wird Steinmeier nach Münteferings Rückzug aus dem Kabinett auch noch Vizekanzler der Großen Koalition und verantwortet fortan die Abstimmung der sozialdemokratischen Minister. Das mediale Hintergrundrauschen wird noch lauter, nun kursiert sein Name ständig als möglicher Kanzlerkandidat in den Leitartikeln, die von der Malaise der SPD handeln. Und doch: Als die SPD in den Folgemonaten im Chaos versinkt, ist von ihm zu alledem kaum etwas zu vernehmen. So steht er auch während des Hessen-Debakels, wie es der Politikwissenschaftler Franz Walter formuliert, »merkwürdig unentschlossen im Off«. Man weiß auch nicht recht, ob Steinmeier die Spekulationen um die Kanzlerkandidatur eher mit Wohlgefallen oder mit Ärger registriert. Bis 2006 ist sein Dementi noch hart gewesen: Er wisse, was er könne und was er nicht könne, wiederholt er. Klarer kann man die eigenen Ambitionen nicht eingrenzen, und unter normalen Bedingungen hätte eine solche Demonstration fehlenden Machtwillens weitere Diskussionen ausgeschlossen. Doch die Zeiten sind für die SPD nicht normal. Beck befindet sich im Abstieg und scheint die ganze SPD mit sich zu ziehen. Und da sich sonst niemand für Spekulationen ernsthaft anbietet, geht das Fragespiel munter weiter. Steinmeier wiegelt weiter ab, mithilfe der üblichen Floskeln, freilich mit besonderer Disziplin und Ausdauer: Dass Kurt Beck ein starker Parteivorsitzender sei, sagt er, und dass die Frage generell unsinnig und verfrüht sei, denn es gehe ja in der Politik nicht um Personalentscheidungen, sondern um die Sache.

So hält er sich äußerst bedeckt, zu den eigenen Ambitionen sowieso, aber auch zum politischen Kurs Kurt Becks. In offiziellen und inoffiziellen Gesprächen unter Spitzengenossen, so heißt es, mahnt er bisweilen, gibt zu bedenken, stellt kritische Nachfragen. Öffentlich jedoch ist kaum etwas von ihm zu vernehmen. Frank-Walter Steinmeiers Verhalten wirkt in diesen Monaten loyal. Doch jedermann weiß, dass er Ypsilantis Kurs in Hessen für eine Harakiri-Aktion hält, ebenso wie die Idee, Gesine Schwan womöglich mit den Stimmen der Linkspartei zur Bundespräsidentin zu wählen.

Vermutlich ist seine Zurückhaltung von allen möglichen Handlungsalternativen noch immer die beste. Was gibt es bei all den Querelen schon zu gewinnen? Was etwa soll ein Machtwort an die hessische SPD nutzen, die in Berlin viele für eine Horde unkontrollierbarer Verrückter halten? Auch Beck weiß das und versucht sich deshalb auch gar nicht erst an einem solchen Machtwort. Steinmeier hat abgewartet, und Abwartenkönnen, das ist eine in der Politik unterschätzte, aber wichtige Eigenschaft. Die Erfolgspolitiker der 1980er und 1990er Jahre, die Schröders, Lafontaines und Möllemanns, waren noch mit der Methode der gezielten Provokation aufgestiegen, positionierten sich gegen ihre eigenen Parteivorsitzenden und fanden so mediale Beachtung. Doch provozieren kann man nur gegen Autoritäten, so hatten es auch Lafontaine und Schröder stets gehalten. Die SPD aber hat seit Langem keine Autorität mehr. Steinmeier also schweigt – und gewinnt paradoxerweise zusätzliche Aufmerksamkeit: Die Exegese dieses Schweigens finden die Journalisten mit der Zeit interessanter als die unendlichen Kabalen in der SPD.

Die deutsche Sozialdemokratie scheint spätestens im Frühjahr 2008 in Trümmern zu liegen. Dass es so nicht weitergehen kann, wird jetzt auch jenen klar, die Beck noch stützen, etwa die Partei-Linke um Andrea Nahles. Niemand wäre wohl vor dem Jahr 2007 auf die Idee gekommen, Beck das Etikett

»links« anzuheften. In Rheinland-Pfalz führt er eine Koalition mit der FDP an, und die Agenda hat er zwar in einzelnen Punkten für sozial unausgewogen, im Kern jedoch für sinnvoll gehalten und selbstverständlich mitgetragen. Für die Gruppe um Nahles aber ist Beck das kleinere Übel, denn da aus ihren Reihen noch niemand weit genug ist, selbst die Galionsfigur zu geben, wissen sie, dass die Wahrscheinlichkeit groß ist, dass es nach ihm noch weitaus schlimmer kommen kann. Der Pfälzer ist für sie der Damm, der keinesfalls brechen darf, daher stützen sie ihn. Er hält viele ihrer Ideen für Unsinn, hat aber andererseits die Zeit der Zumutungen für vorerst beendet erklärt. »Immer mal langsam mit de Leut!«, pflegt der Pfälzer dazu zu sagen. Und Beck sucht seinerseits den Rückhalt der Parteilinken, weil sein Misstrauen gegenüber Steinmeier und Peer Steinbrück zunehmend wächst und er sich nicht sicher sein kann, was in Berlin unter der Woche besprochen wird, wenn er sich in Mainz befindet.

Ist dieses Misstrauen gerechtfertigt? Zwar erlegt sich Steinmeier nach außen hin die größtmögliche Zurückhaltung auf, kein öffentliches Wort der Kritik am Führungsstil seines Vorsitzenden kommt ihm über die Lippen. Doch wer mit Menschen in seinem Umfeld spricht, der merkt, dass es mit dem Respekt für Beck nicht weit her ist. Beck habe keine Ahnung davon, wie die Politik in Berlin nun einmal funktioniert, hört man dann, vor der bösen Hauptstadt habe er sich gefürchtet und daher eine regelrechte Paranoia entwickelt. Fast noch schriller aber stufen sie sein Umfeld ein. Dass der Wahlkampf aus der Mainzer Staatskanzlei geführt werden könnte, halten sie für einen schlechten Witz. Gänzlich falsch sind Becks spätere Vorwürfe daher nicht, dass die aus seiner Sicht versnobten Strippenzieher der Berliner Politik, die »Büchsenspanner«, wie er sie später bitter tituliert, ihn nie als einen der ihren akzeptiert hätten. Er besitzt nicht jenen Habitus ostentativer Bedachtsamkeit und Präzision, der all den Berliner Referenten, Büroleitern, Abteilungsleitern in den Ministerien und mittlerweile auch vielen Politikern selbst zu eigen ist, die damit signalisieren, dass im Auge des Taifuns Windstille herrscht. Beck ist nicht cool, sondern laut und impulsiv, das kann ein bisschen peinlich sein, wenn man sich im »Café Einstein« in gedämpfter Atmosphäre und bei einem leckeren Frühstück zum morgendlichen Sondierungsgespräch trifft. Die Berliner Politikmenschen haben tatsächlich jenes Bild von ihm, das mittlerweile auch in keinem Zeitungsartikel mehr fehlen darf: Ein tapsiger Problembär aus der Provinz, der sich in Berlin nur verlaufen hat. Natürlich wird die Frage erlaubt sein, ob jemand, der nur sehr gebrochen Englisch spricht und seinen Heimatort niemals verlassen hat, tatsächlich ein 82-Millionen-Volk in die globale Wissensgesellschaft führen kann. Aber der Grad der Boshaftigkeit, die Beck entgegenschlägt, ist schon atemberaubend.

Im Ortsverein von Kirchmöser/Plaue

Es ist auch kaum zu übersehen, das bei der Berichterstattung über Beck und Steinmeier mit zweierlei Maß gemessen wird. Deutlich wird das vor allem, als Steinmeier anfängt, auch ganz traditionelle Politikerbilder zu produzieren. Diese Phase beginnt spätestens im Sommer 2007, als er sich bemüht, ein eigenes Bundestagsmandat für die Wahl zwei Jahre darauf zu erlangen: im Wahlkreis Brandenburg-Havel und auf Vermittlung Matthias Platzecks. Ein sicherer Wahlkreis für die SPD ist ihm da zugeschanzt worden, und die amtierende Bundestagsabgeordnete Margrit Spielmann will sich ohnehin zurückziehen. Außerdem liegt er – für den viel beschäftigten Außenminister ein gutes Argument – nicht einmal eine Autostunde von Berlin entfernt. So wird er eines von 16 Mitgliedern des SPD-Ortsvereins Kirchmöser/Plaue.

2007 und 2008 macht Steinmeier in der Region jeweils eine Sommerreise. Er will sich den Menschen in der Region vorstellen, ihnen zeigen, dass er kein kühler Diplomat ist. Aber natürlich sind seine Auftritte auch für ein weitaus größeres Publikum gedacht: Es sollen Bilder vom potenziellen Kanzlerkandidaten Steinmeier entstehen. 2007 ist das Medieninteresse noch nicht sehr groß, es sind nur einige wenige Journalisten, die ihn begleiten, Kamerateams sind so gut wie keine dabei. Im August 2008 aber, in der Abenddämmerung der unglücklichen Ära Beck, als Steinmeiers Kanzlerkandidatur näher rückt, ist die Karawane von Journalisten, die sich an seine Fersen geheftet hat, beeindruckend. Manchmal freilich erzeugt das ein merkwürdiges Missverhältnis. In dem Örtchen Belzig begleiten den Wahlkreiskandidaten Steinmeier insgesamt, so zählt die *Frankfurter Rundschau*, 85 Lokalpolitiker, Journalisten und Sicherheitsbeamte. Man wartet darauf, wo und wie der Außenminister es menscheln lässt. Das Problem ist nur, dass er die Chance gar nicht erhält – denn auf dem Marktplatz in Belzig ist an diesem heißen Mittag kein Mensch auf der Straße. Man lässt sich nichts anmerken, und der Tross wandert ungerührt weiter. Dann erreicht er eine Eisdiele, die »Eis-Zauberei«, und ihr Inhaber, Norbert Marx, steht tatsächlich hinter der Ladentheke. Steinmeier tritt ein, »die Sicherheitsleute«, so der Reporter der *Frankfurter Rundschau*, »stürmen hinterher, Kameraleute folgen, Fotografen. Ein Bürger! Ein echter Bürger. Ein Brandenbürger!« Eine Minute später verlässt Steinmeier das Geschäft, ein kleines Lächeln auf dem Gesicht und eine große Eistüte in der Hand. Er hat endlich den Wähler getroffen und sogar ein Eis bei ihm gekauft.

Auf seiner Sommerreise 2008 durch seinen neuen Wahlkreis in Brandenburg. Viele Jahre hat Steinmeier als »graue Eminenz« Politik hinter den Kulissen betrieben. Jetzt muss er es »menscheln« lassen; diese jungen Brandenburger aus Belzig kommen allerdings noch nicht als Wähler infrage.

Steinmeier übt anders als Schröder keinen Magnetismus auf die Menschen aus. Man wahrt Distanz zu ihm, so wie er es seinerseits auch tut. Andererseits schadet ihm seine Distinguiertheit eigentlich gar nicht sehr. Die Leute mögen ihn, finden ihn sympathisch, gerade weil er sich nicht an sie anbiedert.

Überdies findet seine Sommerreise inmitten der Wirren des Kaukasus-Krieges statt. Während Steinmeier sich zu Kindern setzt, durch die Mark Brandenburg radelt und mit den Genossen Grillabende veranstaltet, reichen ihm seine Mitarbeiter immer wieder ein Telefon: Steinmeier muss vermitteln. Dann wird es plötzlich sehr ernst, und der Genosse Frank ist wieder Außenminister. Wenn er telefoniert, was er auf dieser Reise offenkundig häufig tut, sich dabei von den Journalisten ein Stück weit entfernt und lässig an einem Apfelbaum abstützt, dann hat er – was wohl auch stimmt – gerade Wichtiges zu tun. Wenn sich aber Kurt Beck zum Telefonieren in seinen Dienstwagen zurückzieht, dann heißt es, er flüchte wohl vor den Fragen der Journalisten.

Seine Ambitionen auf die Kandidatur werden spätestens Anfang 2008 offenkundig. Denn Steinmeier tut in dieser Zeit noch anderes, um sich der Parteibasis zu empfehlen – er übt sich als Wahlkampfredner. Das ist fraglos die wichtigste Disziplin, und viele halten die Frage, ob er sie erlernt oder nicht, für den eigentlichen Lackmustest. Schließlich kann sich niemand diesen besonnenen, nachdenklichen Menschen als tobenden, schwitzenden und feurigen Volkstribun vorstellen. Steinmeier selbst mag solche Zuschreibungen nicht, hält sie für die Erfindungen von Journalisten, die es sich gerne einfach machen. Doch die eigentliche Frage ist, ob ihm die Zuschreibungen überhaupt schaden. Denn genauso wie bei seinen Bemühungen um Volkstümlichkeit kreieren sie eine bestimmte Erwartungshaltung – und die ist gar nicht so schwer zu erfüllen.

Schon vor den Landtagswahlen in Niedersachsen und Hessen Anfang 2008 macht der potenzielle Kanzlerkandidat seine Sache gar nicht so schlecht. Jedenfalls zeigt er Leidenschaft, zeigt Körpereinsatz und schreit, ja brüllt ins Mikrofon. Manche finden seine Vorstellung schon etwas übertrieben, und vor allem erinnert er in seiner Sprachmelodie und Intonation stark an Gerhard Schröder. Er tut das nicht bewusst und behauptet selbst, das könne wohl bloß daran liegen, dass er und der Altbundeskanzler nur 15 Kilometer entfernt voneinander aufgewachsen seien. Das ist natürlich, wie er wohl auch selbst weiß, nicht die ganze

Wahrheit. Steinmeier hat 14 Jahre an der Seite eines Menschen verbracht, den er für vieles bewundert und von dem er manches gelernt hat. Einige der wirklich wichtigen Reden Schröders hat er mitformuliert, und die Stimme, die er dabei in seinem Kopf hörte, war natürlich die des Ministerpräsidenten respektive Bundeskanzlers. Es ist nicht verwunderlich, dass er deswegen, als er schließlich selbst die Bühne betritt, sehr ähnlich klingt. Ein wirkliches Problem aber ist, dass er in der Tat bisweilen zu laut ist, vor allem dauerhaft zu laut, und dann eine Stunde im Zustand vermeintlicher Dauerempörung verbringt.

Seine Fähigkeit öffentlich zu reden, wird zwar mit der Zeit immer besser, aber ein wirklich mitreißender Redner wird er nicht. Zu dem befürchteten Abstoßungsprozess durch die Parteibasis ist es dennoch nicht gekommen, Steinmeier ist in erstaunlichem Maße von den meisten Sozialdemokraten akzeptiert worden, wenngleich ein Stück Distanz geblieben ist. Er habe keinen Stallgeruch, hat es geheißen, doch ist das in diesen Jahren wirklich noch so wichtig? Steinmeier, der schnell lernt und über Sensibilität verfügt, hat sich in den Kulissen rasch zurechtgefunden und alle notwendigen Vorgaben bedient: Er erzählt von der eigenen bescheidenen Herkunft, lässt den Namen Willy Brandts ein paar Mal in seine Rede einfließen und empört sich selbstverständlich über die »soziale Kälte« des politischen Gegners. In der SPD muss niemand mehr an fehlendem Stallgeruch scheitern.

Steinmeier hat der Öffentlichkeit und der eigenen Partei irgendwann also hinreichend bewiesen, dass er alles Notwendige beherrscht. Und das ist auch schon der Schlusspunkt einer Kandidatwerdung, für die es angesichts der prekären Lage der SPD nicht sehr viel bedurft hat. Jetzt wird das Rauschen zum Orkan, es läuft alles auf ihn zu. Kurt Beck, der Querelen, die er als Aktionen von Heckenschützen interpretiert, ohnehin überdrüssig, sieht ein, dass eine eigene Kandidatur sinnlos wäre.

Sein Image ist zu sehr beschädigt, die Zweifel an ihm innerhalb der SPD sind mittlerweile flügelübergreifend. Aber Beck, der ja ebenso das erste Zugriffsrecht auf die Kandidatur wie das Vorschlagsrecht hat, möchte darüber selbst entscheiden. Es soll souverän wirken, vielleicht wie bei Angela Merkels Wolfratshausener Frühstück mit Edmund Stoiber, als sie dem Bayern die Kandidatur antrug. Schon im Frühsommer lässt er, freilich noch etwas verklausuliert, in einem persönlichen Gespräch mit Steinmeier durchblicken, dass er sich für den Außenminister entschieden hat. Ende August 2008 entscheidet Beck sich schließlich, Steinmeier die Kandidatur offiziell anzutragen. In einem Vier-Augen-Gespräch nimmt Steinmeier das Angebot an. Die Entscheidung soll so schnell wie möglich öffentlich bekannt gegeben werden, bei einem gemeinsamen Auftritt. Beck möchte jetzt alles schnell über die Bühne bringen, damit die Spekulationen endlich aufhören. Vorgesehen ist zunächst der 1. September. Da aber, lässt Steinmeier ausrichten, stehe eine Sitzung des Ministerrates in Brüssel an. Auch in den darauffolgenden Tagen hat er keine Zeit. Man einigt sich daher auf den 7. September, die Klausurtagung der SPD am Schwielowsee bei Berlin soll der Rahmen sein. Als das Datum feststeht, telefoniert Steinmeier noch einmal mit seinem Parteivorsitzenden: Er sagt, er wolle Franz Müntefering für den kommenden Wahlkampf wieder mit an Bord haben, und schlägt ein Gespräch zu dritt vor, in dem Unstimmigkeiten ausgeräumt und eine Strategie für die künftige Führungsarbeit besprochen werden sollen. Beck ziert sich, denn Müntefering hat sich seit dem Tod seiner Frau im Juli schon einige Male zu Wort gemeldet – es waren nicht gerade Beifallsbekundungen an die Adresse des Parteichefs. Doch da die Idee ja nicht unvernünftig klingt und auch Andrea Nahles ihm zur Versöhnung rät, stimmt Beck zu. Am Donnerstag, dem 4. September, soll das Treffen stattfinden. Der Ort des Treffens ist ungewöhnlich und seine Wahl schon ein Indiz dafür, dass Beck die Sache bald entgleiten wird: Der Parteivorsitzende zitiert Steinmeier und Müntefering nicht zu sich nach Mainz. Man trifft sich stattdessen in Bonn, dem Wohnort Münteferings.

Wie Steinmeier Kanzlerkandidat wird

Das Treffen in einem Hotel am Rhein beginnt in frostiger Atmosphäre. Nur einen Tag zuvor hat Müntefering mit einem Auftritt vor bayerischen Sozialdemokraten im Münchener Hofbräukeller endgültig sein Comeback gegeben. Es ist eine starke Rede gewesen, wie vielleicht nur er sie halten kann, und er ist dafür umjubelt worden. Er hat sich auch mit der Verzagtheit der momentanen Parteiführung beschäftigt und schließlich in seinem unnachahmlichen Duktus gesagt: »Besser heißes Herz und klare Kante als Hose voll.« Beck weiß, wen Müntefering damit meint. Doch er reißt sich am Riemen, das Gespräch dauert vier Stunden, wird zum Ende hin gar ein wenig gelöster – und schließlich gibt Beck seinen Widerstand auf. Es solle ein sogenanntes »Kanzlerteam« geben, die drei sollen gleichberechtigt darin Verantwortung tragen. Am folgenden Sonntag in Schwielowsee, wenn Beck Steinmeier zum Kanzlerkandidaten ausruft, soll auch das verkündet werden.

Faktisch ist das Becks Entmachtung. Er hat sich gegen Münteferings Rückkehr gesträubt und kurz zuvor noch scheinbar großherzig verlauten lassen, dass der 68-Jährige bei seiner Rückkehr natürlich gern eine beratende Funktion einnehmen dürfe – doch er hat diese Rückkehr nun nicht verhindern können. Müntefering wird sich im Wahlkampf, den er schon dreimal erfolgreich für die SPD organisiert hat, Beck niemals unterordnen. Jeder weiß das, und Steinmeier selbst weiß es nicht nur: Er will es auch so. Wenn Beck jetzt noch weitermachen möchte – seinetwegen soll er es tun. Wenn er aber zu dem Schluss kommt, es sei besser zu gehen – dann wird er ihn auch nicht aufhalten. Manche sagen, es sei ein »stiller Putsch« gewesen, Steinmeier habe dieses eine Mal beweisen wollen, dass er sich ein Amt auch holen kann. Doch selbst dafür ist die Gegenwehr von Beck viel zu gering, Steinmeier muss sich gar nichts holen.

Beck aber dämmert erst zwei Tage später, dass sich die Geschäftsgrundlage vollständig geändert hat. Es ist der Tag vor dem Treffen am Schwielowsee. Beck sitzt in seinem Wohnzimmer, schaut das Länderspiel Deutschland gegen Liechtenstein. Es ist wahrlich kein Leckerbissen für Fußballgenießer, und so schaltet Beck zwischenzeitlich den Videotext an und liest dort: Steinmeier wird Kanzlerkandidat. Die Meldung ist vom *Spiegel* veröffentlicht worden. Eine weitere Indiskretion ist geschehen, das Überraschungsmoment, das Beck nutzen wollte, um einen letzten Rest Souveränität zu bewahren, ist dahin. Der Text von *Spiegel Online* liest sich so, als habe Steinmeier Beck zu der Entscheidung gedrängt und der Parteivorsitzende das Gesetz des Handelns nicht mehr selbst in der Hand. In der Halbzeitpause des Deutschland-Spiels erzählt Ulrich Deppendorf in den *Tagesthemen* eine ähnliche Version des Geschehens. Beck fühlt sich düpiert. Er ist sich sicher, dass Müntefering selbst oder sein Umfeld dahintersteckt. Er hockt, so hat er es später selbst geschildert, danach noch viele Stunden in seinem Wohnzimmer und überlegt, ob es aus diesem Dilemma noch einen Ausweg gibt, entwirft dabei auf rund zwanzig Zetteln alle möglichen Szenarien, wie seine Situation noch zu retten wäre. Doch auf keinem der Zettel steht etwas, was ihm plausibel erscheint. Am Ende einer langen Nacht zerreißt er sie und spült die Papierschnipsel die Toilette hinunter.

Als Beck am Schwielowsee ankommt, hat er seine Entscheidung gefällt. Noch vor der eigentlichen Klausurtagung gibt es ein Treffen in einem nahe gelegenen Landgasthof, an dem außer Steinmeier und Beck auch Andrea Nahles, Hubertus Heil und Peer Steinbrück teilnehmen. Beck sagt, er werde zurücktreten, er habe genug von den Intrigen. Er schlägt, quasi als letzte Amtshandlung, noch den Arbeitsminister Olaf Scholz als seinen Nachfolger vor. Die Idee klingt zu dieser Zeit reichlich kühn und wird von der Runde wenig überraschend zurückgewiesen. Was dann folgt, hat sich Beck wohl nicht ausgemalt: Steinmeier schlägt Müntefering als neuen Parteichef vor. Der Pfälzer ist entsetzt. »Das ist die größte Demütigung meines politischen Lebens«, zitiert ihn später der *Spiegel*. »Jetzt werden die belohnt, die das alles angerichtet haben.« Das ist in der Tat bitter, wie überhaupt die gesamte Situation wenig Würde besitzt: Für 12.30 Uhr hat eine große Reisegruppe die Terrasse gemietet, dem Wirt sind die Einnahmen wichtiger als die Zukunft der deutschen Sozialdemokratie. Das Quintett rückt also ab, und die letzten Worte, auch das hat der *Spiegel* recherchiert, werden auf dem Parkplatz gewechselt. Dort wird noch Andrea Nahles überzeugt, und Beck entfährt nur noch ein lakonisches und resigniertes »Dann machen wir es jetzt so«. Während der Klausurtagung setzt Beck die anderen Sozialdemokraten in Kenntnis, und in welcher Lage die Partei sich befindet, dokumentieren die Schilderungen eines Teilnehmers: Beck sei nach seiner kleinen Ansprache ohne Umschweife hinausgegangen. Jemand habe noch gerufen: »Kurt, warte doch«, doch er sei nicht aufzuhalten gewesen. So hätten also rund fünfzig Spitzengenossen sprachlos im Raum gestanden, nicht wenige von ihnen konsterniert angesichts der bevorstehenden Rückkehr Münteferings. Der besonnene Matthias Platzeck habe dann als Erster das Wort ergriffen und gesagt, das sei eine brenzlige Situation, jeder solle sich überlegen, was er nun sage. Daraufhin wurde vorgeschlagen, sich zuerst untereinander in Gruppen zu beraten, was zur

Folge hatte, dass ein Teil der Anwesenden sich um Andrea Nahles, der andere um Frank-Walter Steinmeier sammelte. In der Mitte des Raumes stand einer allein – Olaf Scholz, der für ein paar Stunden designierter Parteivorsitzender war.

Bei der anschließenden Abstimmung spricht man sich bei zwei Enthaltungen für Müntefering als neuen Parteivorsitzenden aus. Er hat es sich zurückgeholt – das »schönste Amt neben dem Papst«. Und Frank-Walter Steinmeier bestätigt anschließend auf einer Pressekonferenz seine Kanzlerkandidatur.

An der Seite Franz Münteferings beim Sonderparteitag der SPD im Oktober 2008 in Berlin: Steinmeier wird Kanzlerkandidat der SPD. Die Pose des großen Triumphators aber fehlt; dafür scheint eine Menge Distanz zur eigenen Rolle im Spiel.

7.

Staatsmann im Wartestand: Die Zeit in der Opposition

Eine bittere Niederlage

Es muss etwas ganz Außergewöhnliches passiert sein. Anders lassen sich die Reaktionen im Willy-Brandt-Haus kaum erklären, denn die Genossen klatschen Beifall, obwohl Tränen angebracht wären: Sonntagabend, 27. September 2009, kurz nach 18 Uhr. Die deutsche Sozialdemokratie ist am Boden und feiert sich dennoch selbst. Die SPD kommt bei der Bundestagswahl auf 23 Prozent der Stimmen, ein historisches Tief, so schlecht war sie nie. Sie verliert elf Prozentpunkte; so viel hat zuvor noch keine Partei zwischen zwei Bundestagswahlen eingebüßt. Binnen gut zehn Jahren ist der SPD die Hälfte ihrer Wählerschaft abhandengekommen, auch das: ein beispielloser Niedergang der 1863 als »Allgemeiner Deutscher Arbeiterverein« gegründeten Sozialdemokratie. Das Debakel des Wahlabends haben hauptsächlich zwei Männer zu verantworten, die in diesem Moment auf dem Podium stehen: Frank-Walter Steinmeier, der Kanzlerkandidat der SPD, und Franz Müntefering, der Parteichef. Hinter ihnen leuchtet in roter Schrift auf grauem Grund der Wahlkampfslogan »Unser Land kann mehr«, vor ihnen steht die in Bronze gegossene Skulptur Willy Brandts. Unterhalb des Podiums, den Blick nach oben, auf die Verlierer gerichtet, applaudieren die Genossen. Der Lärm ist ohrenbetäubend, die Szene unwirklich. Der Schock ist offenbar so groß, dass er den Zustand der Lähmung überspringt.

Zuerst redet Müntefering, danach Steinmeier, was bereits verrät, wer hier wen abzuschirmen gedenkt. Ein »bitterer Tag« sei es, sagt Steinmeier, daran gebe es nichts rumzureden, eine »bittere Niederlage«. Er sagt, der Wahlkampf sei »mit großem, großem Engagement« geführt worden; er habe »viel, viel Unterstützung auf den Straßen und Plätzen gespürt«. Er will den Satz fortsetzen, muss jedoch abbrechen. Denn die Menschen in der SPD-Zentrale toben, übertönen den Kanzlerkandidaten und Außenminister, der lächeln muss, den linken Arm durchgestreckt ans Rednerpult presst, die rechte Fußspitze nach hinten auf den Boden stellt. Steinmeier wirkt überrascht. Das Schauspiel, das sich ihm bietet, irritiert selbst ihn kurzzeitig und ist doch nur eine merkwürdige Facette eines ohnehin denkwürdigen, niederschlagenden und richtungweisenden Wahltages – für die SPD, aber auch für Steinmeier persönlich.

Überrascht über seine Niederlage kann Steinmeier nicht sein. Denn im Wahlkampf hatte er vor einem schier unlösbaren Dilemma gestanden: In der Regierungskoalition hatte man recht konfliktfrei zusammengearbeitet, auf den Marktplätzen aber musste Steinmeier im Wahlkampfsommer gegen Angela Merkel poltern, die mit einer »unsozialen« schwarz-gelben Politik zurückwolle in die 1990er Jahre. Und da ihm die furiose Attacke ohnehin nicht recht liegt, wurde es ein eher zäher Wahlkampf.

Die Kanzlerin war populär und das Land, das lange Jahre als wirtschaftlich kranker Mann in Europa galt, kam mit den Auswirkungen der Finanzkrise sehr viel besser zurecht als andere Nationen. Andererseits: Seit 2008, als die Finanzkrise ihren Höhepunkt zu erreichen begann, sprachen nicht wenige davon, dass die Zeit eines ganz und gar ungehemmten Turbokapitalismus nun vorbei sei, und prophezeiten die Rückkehr des Staates, der schließlich in der Krise bewiesen habe, dass er alleine in der Lage sei, die Verwerfungen der Märkte zu bändigen. Heute wissen wir, wer der eigentliche Profiteur der Verwerfungen der Jahre nach 2008 sein wird: der Rechtspopulismus. Doch selbst wenn 2009 die Rückkehr klassisch linker Politik bedeutet hätte: Wie hätte das Steinmeier und der SPD nutzen sollen? Zwar bemühte der Kandidat sich redlich darum, seine Partei von der CDU abzugrenzen, sie als Garanten sozialer Sicherheit darzustellen. Da war etwa Steinmeiers auch von Experten durchaus gelobter 67-seitiger »Deutschlandplan« mit Konzepten zum Abbau der Arbeitslosigkeit und zum Umbau der Wirtschaft. Vier Millionen Arbeitsplätze sollten so geschaffen werden. Es sollte – sprachlich wie inhaltlich – an den »New Deal« Franklin D. Roosevelts erinnern, mit dem der US-amerikanische Präsident das Land in den 1930er Jahren aus dem Abgrund der Großen Depression geführt hatte. Die historische Analogie war gewagt, zündete jedoch nicht recht.

Die SPD steckte eben weiterhin inmitten eines Desintegrationsprozesses, der ihren Status als Volkspartei infrage stellte. Nach der Agenda 2010 – und das gilt unabhängig davon, ob sie richtig war – war die Reputation der SPD als Partei der sozialen Gerechtigkeit beschädigt. 2005 war dieser Prozess noch einmal partiell aufgehalten worden, was zum einen am virtuosen Wahlkämpfer Gerhard Schröder lag, zum anderen aber einfach darin begründet war, dass Angela Merkel damals noch als die neoliberale Reformerin des Leipziger Parteitages galt. 2009 aber ließ sie keine Angriffsfläche zu und ebnete die Unterschiede zur SPD einfach ein. Steinmeier merkte 2009 relativ früh, dass gegen sie in diesem Wahlkampf kaum ein Kraut gewachsen war.

Es waren überhaupt unerquickliche Zeiten für ihn gewesen, ein kleines Martyrium. In seiner Haut hatte er sich nie besonders wohl gefühlt, und das ist der Grund, warum er 2013 und auch im Vorfeld der Kandidatenfindung 2017 bei der Frage, ob er als sozialdemokratischer Kanzlerkandidat zur Verfügung stehe, kaum noch in Versuchung geraten und relativ schnell abwinken sollte. Während des Wahlkampfs 2009 hasste Steinmeier – und das ist ein starkes Wort bei ihm – das Image, das ihm öffentlich zugeschrieben wird: jenes des farblosen, langweiligen Technokraten, der keine Visionen habe. Er sei »vermutlich kein schlechter Kanzler«, mutmaßte der *Spiegel* in dieser Zeit, aber eben »dröge und langweilig«. Steinmeier selbst hielt die Zuschreibungen für ein Medienphänomen, ein Image, das an ihm klebt und das er nicht loswird, das mit der Wirklichkeit aber nicht viel gemein hat. Der Kandidat öffnete sogar sein Privatleben ein kleines Stück, was aber auch nicht sehr half, die Erzählung über ihn in diesem Wahlkampf groß zu verändern. Seine Ehefrau Elke Büdenbender fragte, was an einem Menschen langweilig sein kann, der nach einer Auslandsreise um Mitternacht nach Hause kommt und dann noch bis zwei Uhr nachts die Ikea-Regale seiner Tochter aufbaut.

So war der Wahlkampf vor sich hingeplätschert – im Rückblick fast eine andere, unbeschwerte Zeit. Ein großes Thema etwa war die Dienstwagenaffäre der Gesundheitsministerin Ulla Schmidt, die ihren Ministerwagen für private Fahrten im Urlaub in Spanien genutzt hatte, was vielleicht nie aufgefallen wäre, wenn ihr S-Klasse-Mercedes nicht dort gestohlen worden wäre. Auch im TV-Duell schlug sich der Herausforderer wacker, jedenfalls nicht schlechter als die Kanzlerin. Aber auch damit kam die SPD nicht recht vom Fleck. Es gab eine Menge sogenannter bürgerlicher Wähler, die Steinmeier respektierten und ihm das Amt zutrauten – und am Ende doch für Merkel stimmten.

Wie wird es weitergehen?

An jenem Wahlabend 2009 im Willy-Brandt-Haus mimt Franz Müntefering ein letztes Mal den Frontmann, wohl ahnend, dass er künftig in der Partei keine Rolle mehr spielen wird. Am folgenden Montag werden das Präsidium, der Vorstand und die Landes- und Bezirksvorsitzenden tagen. Im November steht ein Parteitag an, auf dem eine neue Führung gewählt wird. So gilt es also, rasch Fakten zu schaffen, denn andernfalls könnten Dynamiken entstehen, die nicht mehr zu beherrschen sind. So sieht es jedenfalls Müntefering und setzt sich daher für Steinmeier ein. Der Sauerländer spricht in jedes Mikrofon, das ihm an diesem Abend hingehalten wird, mit der ihm eigenen schnörkellosen Diktion: Die Agenda 2010: richtig, Hartz IV: richtig, Rente mit 67: richtig, Große Koalition: richtig, der Wahlkampf: gut und der Kandidat: ebenfalls gut. Glück auf. Über den Rest könne man reden. Aber klar sein müsse: An Frank-Walter Steinmeier ist unbedingt festzuhalten.

Bereits am Vortag haben die Zeitungen berichtet, dass Steinmeier den Posten des Fraktionschefs anstrebe – unabhängig davon, ob die SPD in der Regierung oder in der Opposition landen werde. Offensiv für Steinmeier tritt zudem der scheidende Fraktionsvorsitzende Peter Struck auf. Er sagt der *Frankfurter Rundschau* einen Tag vor dem Wahltermin:

»Frank-Walter Steinmeier muss weiterhin eine zentrale Rolle spielen.« Struck und Müntefering, die beide in Kürze von der politischen Bühne abtreten, legen sich für Steinmeier ins Zeug. Sie sehen ihr Erbe durch Steinmeier offenbar am besten verwaltet und trauen ihm am ehesten zu, die SPD in der Opposition neu zu sortieren, ohne dabei die von der vorangegangenen Führungsriege eingeschlagenen Wege entscheidend zu verlassen. Doch der Wahltag verläuft dramatisch. Steinmeiers Weg auf den anvisierten Fraktionsposten steht keinesfalls von vornherein fest. Sigmar Gabriel, der als Umweltminister im Wahlkampf erfolgreich eine Anti-Atom-Kampagne gestartet hat, meldet, äußerst forsch im Ton, Ansprüche an. Früh am Wahlsonntag greift er zum Telefonhörer, kontaktiert Steinmeier und sagt, dass er bei einer Niederlage der SPD selbst den Fraktionsvorsitz im Bundestag anstrebe. Steinmeier hingegen könne ja den Parteivorsitz übernehmen. Es muss wie eine Drohung auf den Noch-Kanzlerkandidaten wirken, der über deutlich weniger Erfahrung mit parteiinternen Pokerspielen verfügt. Und Zeit zur gründlichen Analyse gibt es kaum. Steinmeier muss sich über sein Vorgehen klar werden – unter Zeitdruck und unter Berücksichtigung der Kräfteverhältnisse und Stimmungslagen im Entscheidungszentrum der Partei. Was ist die Unterstützung des Parteivorsitzenden Müntefering und des Fraktionschefs Struck tatsächlich noch wert? Haben sich hinter dem Rücken der Altvorderen womöglich bereits neue Koalitionen gebildet, die sich anschicken, die Partei zu übernehmen? Hat sich die Macht innerhalb der SPD bereits entscheidend verschoben, und er, Steinmeier, hat es im Wahlkampfgetümmel nicht bemerkt? Ist Gabriel, den Steinmeier seit eineinhalb Jahrzehnten kennt, nicht ohnehin alles zuzutrauen?

Die neue Personalie: Fraktionsvorsitzender

Die Sitzung der Parteiführung findet rund eine Stunde vor Schließung der Wahllokale statt. Was die Bürger noch nicht wissen können, steht für die Parteien, auch die SPD, aufgrund der bereits vorliegenden Vorab-Ergebnisse der Wahlinstitute längst fest: Die SPD hat die Wahl verloren, und zwar deutlich. Nach einer kurzen »Lagebeurteilung« geht es um Personalfragen. Steinmeier blickt in die Runde und fragt, ob jemand etwas dagegen habe, wenn er gleich vor die Presse trete und ankündige, für den Fraktionsvorsitz zu kandidieren. Finanzminister Peer Steinbrück, Struck und Müntefering verneinen ausdrücklich. Die stellvertretende Parteivorsitzende Andrea Nahles schweigt. Niemand widerspricht. Sigmar Gabriel ist nicht mit im Raum. Er gehört diesem engsten Zirkel, bestehend aus Parteivorstand und Fraktionsspitze, noch nicht an. Wenig später treten Müntefering und Steinmeier gemeinsam in das Atrium des Willy-Brandt-Hauses und verkünden die neue Personalie.

Doch ganz so glatt läuft es dann doch nicht. Der nächste Tag bringt erwartbaren Ärger. Die SPD-Funktionäre kommen in den Gremien zusammen, machen ihrem Unmut hinter verschlossenen Türen Luft, rechnen ab. Von einem »Scherbengericht« und einer »schonungslosen Bilanz«, bei der wirklich alles angesprochen worden sei, werden die Medien hinterher berichten. Steinmeier, wie so häufig zaudernd, denkt offenbar kurzzeitig darüber nach, seine Kandidatur doch noch einmal zurückzuziehen, stellt sie zumindest im kleinen Kreis zur Disposition. »Ihr seid gegen die Agenda 2010, die Rente mit 67, Hartz IV, gegen den Afghanistan-Einsatz. Das ist das, wofür ich elf Jahre Politik gemacht habe«, sagt er. Für ein Zurückdrehen der Zeit stehe er nicht zur Verfügung. Doch auch in diesen Gesprächen an diesem Tag erhält Steinmeier Zuspruch, beispielsweise von den Ministerpräsidenten Kurt Beck und Matthias Platzeck, die ihm beide inhaltlich nahestehen. Auch seine Ehefrau Elke Büdenbender soll ihn noch in der Wahlnacht ermutigt haben, weiterhin Politik zu machen, was ihn bestärkt haben dürfte. Am Wahlabend, im fünften Stockwerk des Willy-Brandt-Hauses, hatte sie ihm angesichts des Debakels die Hand gehalten.

Letztlich ist Steinmeier der Fraktionsvorsitz nicht mehr zu nehmen. Die Konstellationen sind für ihn günstig, trotz des Wahldebakels höchste Parteiämter für sich zu reklamieren und auch zu erhalten. Die Reihe seiner Fürsprecher ist ausreichend groß. Die Zahl seiner Gegner, die vor allem im linken Flügel der SPD zu finden sind, ist hingegen zu klein, und sie befinden sich nicht unmittelbar an den Schaltstellen der Macht. Dass Steinmeier auf diese Weise die Rolle des Oppositionsführers seiner Partei im Deutschen Bundestag übernehmen kann, sagt gleichermaßen etwas über ihn aus wie über den Zustand seiner Partei. Denn mit aller Entschlossenheit zur Macht strebt Steinmeier abermals nicht. Eher zögerlich meldet er sein Interesse an, was aber angesichts der Lage und der Verfassung der Partei genügt, um sich durchzusetzen oder genauer: durchgesetzt zu werden.

Für einen Moment scheint zusätzlich gar der Parteivorsitz möglich. Die Ironie des Ganzen wäre dann wohl noch offener zutage getreten: Er, der historisch geschlagene Bundeskanzler-Kandidat, hätte in Personalunion die SPD nach seinen Vorstellungen ausrichten und gestalten können. Wieder ist es allerdings Sigmar Gabriel, der dazwischengeht. »Mach nicht beides«, sagt er zu Steinmeier am Montag nach der Wahl. Es handelt sich um einen Appell, durchaus in eigener Sache. Gabriel nämlich hat sich vorab in kleiner Runde mit Olaf Scholz, Klaus Wowereit und Andrea Nahles verständigt und ihnen bedeutet, selbst für den Parteivorsitz bereitzustehen. »Also, ich würd's machen«, hat er ihnen gesagt. Niemand hat Widerspruch geäußert. Für Steinmeier klingen die Worte Gabriels an ihn mehr wie eine Drohung denn wie ein gut gemeinter Ratschlag. Im Fortgang der Präsidiumstagung jedenfalls zieht Steinmeier sich zurück, sagt kaum etwas, schweigend und in sich gekehrt. Vielleicht hat er selbst Bedenken, zu viel zu wollen und hinterher alles zu verlieren, wenn er auch noch den Parteivorsitz anstrebt. Womöglich hält sich das Interesse des Mannes, der erst vor ein paar Jahren die Institution des sozialdemokratischen Ortsvereins kennengelernt hat, in Wahrheit auch in Grenzen.

Zwei Tage später kommt die neue SPD-Bundestagsfraktion, die Steinmeier anführen soll, zu ihrer konstituierenden Sitzung zusammen. Die Stimmung ist furchtbar, berichten Beobachter. Die Teilnehmer sind teils melancholisch, teils wütend, teils aufgewühlt. Wolfgang Thierse warnt seine Kollegen vor Schuldzuweisungen an Steinmeier und ruft beschwörend: »Wir sind keine Wendehälse, die heute ›Hosianna‹ rufen und morgen ›Kreuzigt ihn‹.« Vereinzelt werden Stimmen laut, die dafür plädieren, die Wahl des Fraktionsvorsitzenden zu verschieben und zu einem späteren Zeitpunkt darüber zu entscheiden, wer Oppositionsführer wird, um auf diese Weise einen Fraktionschef Steinmeier doch noch zu verhindern – jedoch ohne Erfolg. Wieder beziehen die Altgedienten Stellung für Steinmeier. Peter Struck reagiert als Erster, fährt eine Abgeordnete, die sich für einen späteren Wahltermin ausgesprochen hat, hart an: »Ja, wo lebst du denn? Wir wählen jetzt.« Die Eskalation sucht niemand aus dem Lager der Steinmeier-Gegner. Auch ihnen fehlt, nicht anders als dem Rest einer erschöpften Partei, die Energie, es auf die Spitze zu treiben, zu revoltieren.

88 Prozent der neu gewählten Parlamentarier votieren für Steinmeier. Das ist ein gutes, angesichts des desaströsen Wahlergebnisses ein sehr gutes Resultat. Vor den – jetzt nur noch –

146 Abgeordneten betont Steinmeier anschließend die Bedeutung der Oppositionsarbeit für die Demokratie, erinnert an den Machtverlust im Bund 1982 und sagt: »Ich werde mit aller Kraft daran arbeiten, dass diese Oppositionszeit eine möglichst kurze wird.« Er habe entschieden, sich nicht aus der Verantwortung zu stehlen und dabei zu helfen, die SPD wieder voranzubringen. Dafür sollten der Partei- und der Fraktionsvorsitz auf »mehrere Schultern« verteilt werden. Der Vorschlag stamme von ihm, sagt Steinmeier und betont: »Die Fraktion ist das Machtzentrum der Partei.« Sie müsse eine »Vorbildfunktion für die gesamte Partei« haben. Durchaus bemerkenswerte, selbstbewusste Worte, die er zu Beginn seiner Fraktionsführerschaft wählt. Sie zielen vorausschauend auf die neu zu wählende Parteiführung. Steinmeier möchte sich ihr gegenüber positionieren. Zusammensetzen wird sie sich – das werden bereits die kommenden Tage zeigen – aus dem Parteichef Gabriel, dessen Stellvertretern Klaus Wowereit, Olaf Scholz, Hannelore Kraft und Manuela Schwesig sowie Andrea Nahles als neuer Generalsekretärin. Sie sind, mit Ausnahme von Schwesig, die seine Entdeckung war, allesamt keine politischen Freunde Steinmeiers, womit sich früh eine Spannung zwischen der Partei- und der Fraktionsführung abzeichnet, die die künftige Zusammenarbeit prägen wird.

Ein schwerer Übergang

Frank-Walter Steinmeier hat hoch verloren und ist doch relativ weich gefallen. Und wie so oft in seiner Karriere hielten ihn andere offenkundig für unverzichtbar, weswegen er es kaum nötig hatte, sich brachial in den Vordergrund zu schieben.

Doch der Übergang, der folgt, fällt ihm über alle Maßen schwer. Seine Position ist nun auf höchstem Niveau gesichert, er selbst jedoch stürzt in ein Tief. Zwei Monate lang schob er den »Blues«, heißt es aus seinem Umfeld, von einem tiefen emotionalen Loch berichten Vertraute, von Lustlosigkeit und von Antriebsschwäche. Die Presse fällt zudem denkbar schlecht aus. Der gescheiterte Kanzlerkandidat wirke »lustlos in seiner neuen Rolle«, seine Stimmung sei »fast depressiv« und mit dem Amt fremdle er, ist zu lesen. In der Fraktion frage man sich, weshalb Steinmeier sich den Knochenjob noch antue, obwohl ihm jegliche Perspektive in der Partei fehle. Er stehe ohne eigene Truppen weder bei den Linken noch bei dem konservativen Seeheimer Kreis da. Eine zweite Kanzlerkandidatur sei überdies illusorisch, meint man. Die Kritik ist hart. Der *Spiegel* schreibt im Dezember 2009: »Am Abend des 27. September rief er sich zum neuen Fraktionsvorsitzenden aus. Er hat sich an der SPD festgehalten wie ein Kind an seiner Mutter. Warum eigentlich? Was glaubt er in der Partei noch erreichen zu können? Ist es vernünftig, wenn einer, der so krachend verloren hat, gleich nach dem nächsten Amt greift? Ohne ein Wort der Kritik, ohne auch nur kurz innezuhalten? Selten zuvor hat sich ein Politiker aus einer so schwachen Position heraus in ein Amt gehievt, das ihm so viel Stärke abverlangt.« Die *Welt* ätzt unter der Überschrift *Grauer Mann, was nun?*, bis vor Kurzem habe Steinmeier mit der US-Außenministerin Hillary Clinton debattiert, nun müsse er sich »mit der Hinterbänklerin Elvira Drobinski-Weiß treffen und die Arbeitsgruppe Tourismus konsultieren«. Die *taz* legt sich fest, formuliert den schmissigen Titel »Siggi Top« und schreibt: »Steinmeier ist als Fraktionschef ein Mann des Übergangs.«

In der Tat, der Wechsel aus dem geliebten Außenministerium in die Fraktion fällt Steinmeier schwer. Die Wahlniederlage setzt ihm zu. »Das steckt man nicht so weg«, sagt er, »das bleibt einem in den Kleidern hängen.« Steinmeier gehört zu den Politikern, die tatsächlich zur Selbstkritik fähig sind. So kreidet er sich das 23-Prozent-Fiasko auch selbst an, sucht bei sich nach Fehlern und Fehltritten. Er zweifelt an sich selber und hadert mit sich. Im neuen Amt fühlt er sich anfänglich unwohl. Über Erfahrung in der Oppositionspolitik verfügt er nicht. Er hat seine bisherige Karriere auf der Seite der Regierung zugebracht. Er ist ein Mann der Exekutive, der nun sein erstes parlamentarisches Mandat bekleidet. Und was für eines! Die Aufgabe könnte kaum schwieriger sein. Nicht mit weisungsgebundenen Ministerialbeamten und behördlichen Referenten hat Steinmeier es fortan zu tun, sondern mit knapp 150 frei gewählten Abgeordneten, die eine Vielzahl von Hintergründen, Interessen und Loyalitäten mit in die geschrumpfte Bundestagsfraktion bringen, die sehr viel schwieriger einzuhegen sind als die Mitarbeiter einer Behörde. Der Historiker Hans-Peter Schwarz schreibt dazu: »Ein Fraktionschef reitet zwar nicht eben einen Tiger, aber doch einen Mustang, der gerne durchgeht.« Hinzu kommt die Bürde des Amtes. Steinmeiers Handeln und Verhalten wird fortan verglichen werden mit der Arbeit von Herbert Wehner, Peter Struck und Franz Müntefering, was nicht immer ganz fair ist, aber zu einer Längsschnittbetrachtung dazugehört. Bei Hans-Jochen Vogel und auch bei Helmut Schmidt fragt Steinmeier nach Rat, wie man ein guter Oppositionsführer werde.

Zudem sieht er sich erfahrenen Oppositionskämpen gegenüber. Mit den Fraktionsführern Oskar Lafontaine und Gregor Gysi (Die Linke) sowie mit Jürgen Trittin und Renate Künast (Die Grünen) konkurrieren teils glänzende Redner und in der parlamentarischen Auseinandersetzung seit Jahrzehnten geübte Politiker mit ihm um inneroppositionelle Aufmerksamkeit. Und auf der Regierungsbank sitzt die Kanzlerin, das natürliche Angriffsziel jeden Oppositionsführers. Das Problem ist nur: Unter Angela Merkels Führung hat Steinmeier die vergangenen vier Jahre Außenpolitik gemacht, weitgehend reibungslos, konfliktfrei und oft mit ihr in Überstimmung. Wie schwierig sich aufgrund der vorausgegangenen Großen Koalition Oppositionsarbeit zum Teil gestaltet, zeigt beispielsweise die Diskussion um die Aufklärungsdrohne »Euro Hawk«, die sehr teuer war, aber leider nie abhob. Steinmeier will 2013 Merkel sowie Verteidigungsminister Thomas de Maizière (CDU) in den Untersuchungsausschuss dazu laden. In der Großen Koalition ist aber de Maizière Kanzleramtschef gewesen und damit Kabinettskollege von Steinmeier. Die beiden Männer kennen und mögen sich, und sie weisen frappierende biografische Parallelen auf: Beide sind Mitte der 1950er Jahre geboren, westdeutsche Juristen, begannen ihre Karriere in der Staatskanzlei eines Landes, wechselten in den Bund, wurden »Chef BK«, dann Fachminister. Die Regierungskoalition aus Union und FDP reagiert auf die Forderung Steinmeiers prompt damit, dass dann aber auch eine etwaige Beteiligung Peer Steinbrücks zu prüfen sei. Auch er hat als Finanzminister der schwarz-roten Vorgängerregierung angehört und ist zum Zeitpunkt der Debatte Mitte Juni 2013 zugleich Kanzlerkandidat der SPD. Kurzum: So berechtigt die einzelnen Anwürfe auch gewesen seien mögen, sie zuzuspitzen und auf einzelne Teile der Regierung abzustellen, fällt der SPD-Fraktion um ihren Vorsitzenden Steinmeier schwer.

Das Dilemma der Oppositionszeit

Hierin liegt das Dilemma der Folgezeit: Steinmeier kann sich von der Regierungspolitik nur schwer absetzen. Sein Blick richtet sich vielleicht auch daher zu Beginn auf die eigenen Leute. »Der Laden muss sich insgesamt stabilisieren«, verkündet Steinmeier. Mit einer ähnlichen Strategie hatte schon Hans-Jochen

Vogel nach 1982 den Machtverlust der SPD abgefedert: Am besten war, man gab den Abgeordneten genügend Aufträge, damit alle inhaltlich beschäftigt blieben und keiner auf merkwürdige Ideen kam. Wie einst Vogel will Steinmeier seine Partei regierungsfähig halten, er verachtet diejenigen in der SPD, die sich stets nach dem Luftreich der Träume sehnen und für den Papierkorb schreiben.

Steinmeier kann sich dabei von Anfang an auf ein Team aus Vertrauten stützen, die den Übergang mit ihm bewerkstelligen. Er holt sich fünf neue Stellvertreter an die Seite. Der ehemalige Arbeitsminister Olaf Scholz sowie der bisherige SPD-Generalsekretär Hubertus Heil übernehmen Stellvertreterposten. Auch Gernot Erler, vormals unter Steinmeier Staatsminister im Auswärtigen Amt, der bayerische SPD-Vorsitzende Florian Pronold sowie die bisherige brandenburgische Gesundheitsministerin Dagmar Ziegler werden Fraktionsvize. Vier weitere Stellvertreter übernimmt Steinmeier von seinem Vorgänger Peter Struck: Elke Ferner, Ulrich Kelber, Joachim Poß und Angelica Schwall-Düren. Obwohl die Fraktion 76 Mitglieder weniger als in der vorangegangenen Legislaturperiode hat, reduziert Steinmeier die Anzahl seiner Stellvertreter nicht. Sie bleibt bei neun.

Wolfgang Silbermann, der in Oxford Philosophie studiert und bereits zum Wahlkampfteam gehört hat, wird sein persönlicher Referent im Bundestag; ab 2013 wird er als Redenschreiber mit Steinmeier auch ins Außenministerium wechseln. Hannes Schwarz, der später ins Arbeitsministerium wechseln wird, fungiert als Fraktionssprecher und ist früh Steinmeiers wichtigster »Spindoktor«, der alle für die SPD zuständigen Korrespondenten kennt und pflegt. Büroleiter Steinmeiers wird – wie bereits im Auswärtigen Amt – Stephan Steinlein, einer seiner engsten Freunde. Er steht auch weiterhin im Zentrum der »Steinmeierei«, wie der Zirkel seiner wichtigsten Mitarbeiter im Regierungsviertel genannt wird. In der Personalauswahl erkennt man eine Mischung aus parlamentarischer Kontinuität, langjähriger Vertrautheit und (neu hinzugeholter) Verwaltungsprofessionalität.

Zu einem wichtigen Aktivposten avanciert aus dem Stand Thomas Oppermann, der seit 2007 als Erster Parlamentarischer Geschäftsführer tätig ist und im Schattenkabinett Steinmeiers als Innenminister gehandelt worden ist. Auf den ersten Blick scheint die beiden einiges zu verbinden: Oppermann und Steinmeier sind fast ein Alter, sie sind Juristen, und ihren politischen Aufstieg haben sie jeweils in Niedersachsen erlebt. Beide stammen aus dem Geleitzug Gerhard Schröders. Und doch sind sie grundverschieden. Oppermann ist ein scharfzüngiger Dynamiker, er formuliert schneidend, spitzt zu, übertreibt und übertritt zuweilen Grenzen, wenn es seiner Ansicht nach der Sache dient. Abkanzeln und Bloßstellen ist ihm ebenso vertraut wie Taktieren, Fintieren und Mehrheitsbeschaffung. Das eine hängt schließlich oft genug mit dem anderen zusammen. Seit 1989 ist Oppermann Vorsitzender des SPD-Unterbezirks Göttingen. Bevor er 2005 in den Bundestag einzieht, ist er unter Gerhard Schröder und Sigmar Gabriel Wissenschaftsminister gewesen und seither auch mit Steinmeier bekannt. Er weiß, wie es ist, die Regierungsbank verlassen und anderen Ministern bei der Arbeit zuschauen zu müssen. Oppermann hat insgesamt 15 Jahre lang dem niedersächsischen Landtag angehört, ist ein Mann des Parlaments, fest verwurzelt in der Partei. Steinmeier ist das alles nicht; so wird Oppermann sein loyaler Lotse durch den Bundestagsalltag.

Indes: Die größte Unterstützung kommt nicht aus den eigenen Reihen, sondern vom politischen Gegner, der neu formierten schwarz-gelben Regierungskoalition, deren Startphase auch retrospektiv als Debakel beschrieben werden muss. Allen voran ist hier das Auftreten des neuen Vizekanzlers und Nachfolgers Steinmeiers als Leiter des Auswärtigen Amtes zu nennen: Guido Westerwelle.

Westerwelle und Steinmeier

Als FDP-Parteivorsitzender, der er bis 2011 bleibt, betreibt Westerwelle Innenpolitik und polarisiert zuweilen wie zu besten Oppositionszeiten. Er kommentiert beispielsweise im Februar 2010 in der *Welt* das Hartz-IV-Urteil des Bundesverfassungsgerichtes mit den oft zitierten Worten: »Wer dem Volk anstrengungslosen Wohlstand verspricht, lädt zu spätrömischer Dekadenz ein.« Früh muss Parteichef Westerwelle auch gegen den Vorwurf ankämpfen, eine »Mövenpick-Partei« anzuführen. Im Wahlkampf hat August von Finck, Miteigentümer des Gastronomie- und Hotellerie-Konzerns, der Partei 1,1 Millionen Euro gespendet. Als die schwarz-gelbe Koalition dann als eine der ersten Maßnahmen ausgerechnet die Mehrwertsteuer für Hotelübernachtungen von 19 auf 7 Prozent mehr als halbiert, steht mindestens der Vorwurf der Klientelpolitik, wenn nicht gar der Käuflichkeit im Raum. Mit Außenpolitik kann sich Westerwelle zu Beginn seiner Amtszeit nur sporadisch beschäftigen, über Vorerfahrung verfügt er ohnehin kaum. Er geht unvorbereitet ins Amt, reibt sich in innenpolitischen Auseinandersetzungen auf, braucht letztlich fast die komplette Amtsdauer, um sich am Werderschen Markt einzufinden. Diplomatie ist ohnehin nie die Stärke Guido Westerwelles gewesen; der Mann aus Bad Honnef mag es laut und schrill, nicht leise und getragen. Die Übernahme des Amtes, zudem in Personalunion als FDP-Bundesvorsitzender, ist von vornherein zum Scheitern verurteilt. Während einer FDP-Pressekonferenz wenige Tage nach der

Bundestagswahl fragt ein Reporter der BBC, wie sich die deutsche Außenpolitik unter seiner Leitung verändern werde. Er stellt die Frage auf Englisch und bittet darum, ausnahmsweise auch in seiner Muttersprache eine Antwort zu erhalten. Westerwelle stutzt, hält kurz inne und antwortet, nein, eine Ausnahme sei nicht möglich. Der designierte Außenminister bleibt auch auf Nachfrage dabei und belehrt den britischen Korrespondenten: »Wir sind hier in Deutschland.« In »Ihrem Land« sei es ja auch üblich, die Fragen in der Landessprache zu stellen. Schon einige Jahre zuvor hatte man sich nicht zuletzt online über den damaligen Oppositionsführer Westerwelle und dessen Englischkenntnisse amüsiert (»The Aufschwung is da«). Die Sehnsucht nach dem Vorgänger Steinmeier stellt sich nicht nur im Pressecorps relativ schnell ein. Doch schwerer noch wiegen die tatsächlich außenpolitischen Entscheidungen, die Westerwelle zu verantworten hat und für die er in die Kritik gerät – allen voran die Enthaltung im März 2011 bei der Abstimmung über die Resolution 1973 des UN-Sicherheitsrates über einen Militäreinsatz der NATO gegen den libyschen Diktator Muammar al-Gaddafi. Heute weiß man, dass der Einsatz den Machthaber zwar vertrieben hat, das Land jedoch keinerlei Stabilität erfahren hat: Libyen gilt als *failed state.* Damals sprach Ex-Außenminister Joschka Fischer von dem »vielleicht größten Debakel seit Gründung der Bundesrepublik«. Man habe die westlichen Partner mit der Enthaltung vor den Kopf gestoßen und sich stattdessen auf die Seite Chinas und Russlands geschlagen. Von Isolation, Verantwortungslosigkeit und von verlorener Glaubwürdigkeit in der arabischen Welt ist die Rede.

Die Kritik kommt beinahe von allen Seiten, auch in der SPD-Fraktion ist man mehrheitlich empört. Doch was macht deren Vorsitzender? Westerwelle hat in dieser Frage kaum Fürsprecher – bis auf den Oppositionsführer Frank-Walter Steinmeier, seinen Amtsvorgänger. Kein Wunder: Westerwelle hat ihn zuvor vertraulich konsultiert, und Steinmeier hat ihm mitgeteilt, dass er die Enthaltung mitträgt. Am Tag nach der Entscheidung bezeichnet der Ex-Außenminister diese daher als »verständlich und nachvollziehbar«. Zwar sei der »Anschluss an die Meinungsbildung« nicht gelungen, man habe es verpasst, wichtige westliche Bündnispartner auf seine Seite zu ziehen, was ihm Sorgen bereite, wie Steinmeier mitteilt. Am Votum selbst sei jedoch nichts auszusetzen. Steinmeier sagt, es sei einfach, die Enthaltung im Sicherheitsrat zu kritisieren, aber nur, weil wichtige Bündnispartner etwas wollten, dürfe man nicht »gedankenlos folgen«. Bei militärischen Einsätzen gelte es, »zwei oder lieber drei Mal« nachzudenken – das gelte auch für Libyen.

Steinmeier springt Westerwelle also zur Seite und verweigert die Steilvorlage, die sein Nachfolger im Amt ihm da serviert, und das, obgleich es für ihn bei dieser Ausgangslage ein Leichtes gewesen wäre, Westerwelle eine bündnispolitische Lektion zu erteilen, ihn als unqualifiziertes Leichtgewicht und unfähigen Vizekanzler abzukanzeln und sich selbst – und damit seine Partei – als fähige, erfahrene Alternative in Stellung zu bringen. Westerwelle hat ihm das hoch angerechnet. Steinmeier also verzichtet auf den für einen Oppositionspolitiker naheliegenden Opportunismus, stattdessen handelt er gewiss auch aus Überzeugung: Er ist nämlich alles andere als ein Interventionist. Doch die Geschichte hinter der Geschichte, die eigentliche Erkenntnis, liegt nicht in den außenpolitischen Auffassungen, sondern in den jeweiligen Rollenverständnissen. Westerwelle hat nie wirklich die Rolle des Oppositionsführers ablegen können, er wird im Amt des Außenministers zu keinem Zeitpunkt heimisch. Genau umgekehrt verhält es sich bei Steinmeier: Auch als Oppositionsführer denkt und handelt er zumeist weiter wie ein Außenminister, der die großen Linien der deutschen

Politik im Auge behält und sich im Zweifel für die Staatsräson und nicht das Klein-Klein der Parteikabalen entscheidet.

Doch wie gesagt: Viel Oppositionsarbeit ist auch gar nicht nötig; die schwarz-gelbe Koalition zerlegt sich von ganz alleine. Der Ton zwischen den Koalitionspartnern – insbesondere zwischen den Christsozialen und den Liberalen – ist von Anfang an gereizt, er wird zunehmend vergiftet. Es fallen gegenseitige Vorwürfe und Beschimpfungen auf offener Bühne. Der Grad sprachlicher Enthemmung und des Verfalls der Umgangsformen in der sogenannten »bürgerlichen« Koalition ist in jedem Fall erstaunlich: »Die CSU ist als Wildsau aufgetreten, sie hat sich nur destruktiv gezeigt«, schimpft beispielsweise der FDP-Staatssekretär und spätere Gesundheitsminister Daniel Bahr über das Nein der CSU zur Kopfpauschale. Zum selben Thema teilt FDP-Generalsekretär Christian Lindner an den Koalitionspartner aus: »Seehofer hat ein persönliches Trauma. Jetzt müssen 70 Millionen gesetzlich Versicherte seine Traumatherapie machen.« Aus München wird zurückgekeilt, allen voran vom CSU-Generalsekretär Alexander Dobrindt. »Bei der FDP sind zwei Sicherungen durchgeknallt«, sagt er und fügt hinzu: »Die entwickeln sich zur gesundheitspolitischen Gurkentruppe: Erst schlecht spielen, dann auch noch rummaulen.« Mitte März 2010 verkündet FDP-Vorstandsmitglied Wolfgang Kubicki, ab sofort sei die CSU »bis auf die Schwarte« anzugehen. Man solle den CSU-Vorsitzenden mit der Frage quälen, ob dessen »Familienplanung etwas aus dem Ruder gelaufen ist«, sagt Kubicki, der damit auf ein außereheliches Kind Seehofers abhebt. Der Konter aus Bayern folgt prompt. Dobrindt sagt: Dem »Quartalsspinner« aus Kiel sei wohl die »Schweinegrippe aufs Gehirn geschlagen«. Zwischen Liberalen und CSU fliegen die Fetzen. Der hessische FDP-Landeschef sieht die CSU »in den Wechseljahren«. Parteivize Rainer Brüderle identifiziert einen Hang zur

»parasitären Publizität« bei ihnen. Guido Westerwelle droht, er könne auch anders. Seehofer entgegnet: »Keine Angst, das ist kein Tsunami, nur eine Westerwelle.« Dobrindt sekundiert: Die Aussagen des Außenministers und FDP-Vorsitzenden ließen »altrömischen Cäsaren-Wahn« erkennen.

Nicht nur das Auftreten von Schwarz-Gelb, auch eigene Wahlerfolge stützen Partei und Fraktion: In Nordrhein-Westfalen reicht es der SPD im Mai 2010 zu einer rot-grünen Minderheitsregierung unter der Führung von Ministerpräsidentin Hannelore Kraft. Im Februar 2011 holt die SPD in Hamburg bei der vorgezogenen Bürgerschaftswahl die absolute Mehrheit der Mandate – Machtwechsel, Olaf Scholz wird neuer Erster Bürgermeister in der Hansestadt.

Unterdessen fallen zahlreiche konservative Gewissheiten, die vonseiten der Union beinahe begründungslos entsorgt werden. Wenige Tage nach der Nuklearkatastrophe von Fukushima verkündet Angela Merkel ein dreimonatiges Atom-Moratorium, das letztlich den Atomausstieg einläutet, der nur wenige Monate zuvor von der Regierung noch rückgängig gemacht worden war. Die Landtagswahl in Baden-Württemberg im März 2011 gerät zum Desaster. Nach 58 Jahren haben die Bürger des Landes die CDU abgewählt – eine historische Zäsur. Die einstige »Staatspartei« muss einer grün-roten Regierung Platz machen. Das christdemokratische Selbstverständnis ist bis ins Mark getroffen. Mit Horst Köhler, einem von Union und FDP unterstützten Bundespräsidenten, tritt im Mai 2010 erstmals ein Staatsoberhaupt zurück. Köhler begründet seinen Rücktritt mit der seiner Meinung nach unverhältnismäßig harschen Kritik an seinen Äußerungen über Auslandseinsätze (»im Zweifel [...] notwendig, [...] um unsere Interessen zu wahren«). Viele werfen ihm Dünnhäutigkeit vor; er habe das Amt beschädigt. Dass ein Bundespräsident mit sofortiger Wirkung abtritt, hat es in der Bundesrepublik zuvor noch nicht gegeben. Im Dezember 2011 beschließt die Regierung, die Wehrpflicht abzuschaffen (»auszusetzen«) – federführend bei diesem Vorgang ist der populäre Verteidigungsminister Karl-Theodor zu Guttenberg (CSU), selbst einst Bundeswehr-Gebirgsjäger, der nur zwei Monate später spektakulär über eine Plagiatsaffäre stürzt und zurücktritt. Ein Minister, der abschreibt. Auch Bildungsministerin Annette Schavan (CDU), eine der engsten Vertrauten Merkels, muss im Februar 2013 aus demselben Grund das Kabinett verlassen. Auch sie stolpert über den Plagiatsvorwurf. Übrigens wird auch die Dissertation Steinmeiers mit dem Titel *Bürger ohne Obdach – Zwischen Pflicht zur Unterkunft und Recht auf Wohnraum* im November 2013 von der Universität Gießen geprüft. Steinmeier nennt den Vorwurf »absurd«. Und in der Tat: Niemand, der ihn kennt, kann sich ernsthaft vorstellen, dass Steinmeier wissenschaftlich geschludert haben soll. Das Ergebnis: Es liege weder eine Täuschungsabsicht noch ein wissenschaftliches Fehlverhalten vor.

Kurzum: Das Kabinett startet mit seinen teils verhaltensauffälligen Ministern und sich bekeifenden Parteiführungen schlecht und muss früh umgebaut werden, was für Aufregung, ja öffentliche Empörung sorgt. Das Interesse verlagert sich rasch von den vom Wahlkampf gepeinigten Sozialdemokraten auf die Union und die FDP. Minister fremdeln im Amt, brauchen lange, um Tritt zu fassen, oder stürzen. Als erster Minister der schwarz-gelben Regierung muss Franz Josef Jung (CDU) gehen, der Ende November 2009 – zwei Monate nach der Bundestagswahl – seinen Rücktritt erklärt. Sein Agieren im Zusammenhang mit dem umstrittenen Luftangriff auf zwei Tanklastwagen nahe Kundus hat den Ausschlag dafür gegeben.

Das alles hilft auch dem Fraktionsnovizen Steinmeier in der ersten Hälfte seiner Mandatszeit. So auch, als beispielsweise Steinmeiers Replik auf die Regierungserklärung von Angela

Merkel eigentümlich dürftig ausfällt. Er sagt im Bundestag: »In diesem Koalitionsvertrag sind Spaltungen angelegt. Das ist vorwerfbar.« Vorwerfbar? Eine schwache Formulierung für einen Oppositionsführer. Oder da ist jener Auftritt gut drei Monate später auf der eigens anberaumten Pressekonferenz der Oppositionsparteien anlässlich der Hundert-Tage-Bilanz von Union und FDP. Da befindet Steinmeier: »Was die Schulnote angeht, müssen wir zu einem eindeutigen ›mangelhaft‹ kommen, mangelhaft minus.« Mit wie viel Lust und Elan hätte wohl ein Oppositionschef Westerwelle in Steinmeiers Situation Begriffe ersonnen und Losungen formuliert, um den Regierungsbeginn einer so auftretenden Koalition rhetorisch aufzuspießen und giftig abzuurteilen? Oder Sigmar Gabriel? Für Westerwelle wie Gabriel wäre es ein Fest gewesen; Steinmeier aber ist es eine Pflicht.

Dieser Anti-Volkstribun, Anti-Populist und Anti-Oppositionspolitiker ist eben speziell: Nicht im Angriff, sondern in der Korrektur, der Richtigstellung und dem Verweis auf Versäumnisse und Unterlassungen sieht er seine eigene sowie die Hauptaufgabe seiner Fraktion. Nur selten attackiert Steinmeier die Bundesregierung in zugespitzter Form. Sein Maximum erreicht er dabei auf Veranstaltungen wie den alljährlichen »Spargelfahrten« des Seeheimer Kreises über den Berliner Wannsee, bei denen neben Pils, Wein und Stangengemüse markige Worte der Parteispitzen nicht nur erwartet, sondern auch vorausgesetzt werden. 2011 spricht er da von einem »innenpolitischen Chaos«, davon, dass in der Regierung »richtig die Hütte brennt« – eine »Rocky Horror Picture Show«, »ein Desaster«. Ansonsten aber läuft die Attacke nur der Attacke wegen, zu einem Ritual geronnen oder aus dem Moment geboren, seinem Verständnis von oppositioneller Politik zuwider, das er, aus langjähriger Regierungsarbeit kommend, auch aus inhaltlichen Gründen nicht bereit ist zu ändern. An zu vielen zentralen Weichenstellungen der zurückliegenden elf Jahre ist er dafür aufseiten der Regierung maßgeblich beteiligt gewesen. Zwar kann man nicht behaupten, dass er damit einen scharfen Kontrast zur Regierungspolitik aufbaut. Dafür aber macht er etwas anderes deutlich: Was immer geschieht, die SPD bleibt regierungsfähig.

Daraus folgt eine Politik des Entgegenkommens. In der Debatte über die Zukunft der Jobcenter Anfang 2010 beispielsweise bietet die SPD der Bundesregierung ihre Mitwirkung an. Man müsse gemeinsam das Grundgesetz ändern, damit in den Jobcentern Arbeitslose weiterhin aus einer Hand vermittelt und betreut werden. Andernfalls drohe ein Chaos. Die Zusammenführung von Arbeitsvermittlung und Sozialhilfe als einen Teil der Arbeitsmarktreformen – des Kerns der Agenda 2010 – hat die SPD in der Koalition mit den Grünen selbst entwickelt und getragen. Auch später in der Debatte um den Atomausstieg und um einen neuen Kurs in der Energiepolitik bietet die SPD der Union an, sich auf ein gemeinsames Vorgehen zu einigen, und stärkt der Kanzlerin damit den Rücken. In einem gemeinsamen Papier vom Juni 2011 fügen Steinmeier und Parteichef Gabriel dem Angebot der Kooperation die Betonung der Notwendigkeit einer Industriepolitik an. In dem Schreiben heißt es: »Kein modernes Windrad ohne eine wettbewerbsfähige Stahl- und Kunststoffproduktion und Maschinenbau. Keine Photovoltaik ohne Elektrotechnik und Nanotechnologie.« Auch dabei handelt es sich letztlich um eine eigene Akzentuierung innerhalb eines von der Merkel-Regierung aufgemachten Rahmens, dessen Konstruktion nicht grundsätzlich infrage gestellt wird. Steinmeier schreibt zudem mit dem Konzept »Deutschland 2020« seinen »Deutschlandplan« fort, mit dem er 2009 den Wahlkampf geführt hat und der inhaltlich weitgehend auf einer Linie mit der von ihm ab Anfang der 2000er Jahre konzipierten »Agenda 2010« liegt. Die Umfragewerte der SPD steigen, liegen wieder über 30 Prozent. Rot-Grün erzielt damit rund ein Jahr nach der Bundestagswahl bei allen Meinungsforschern die absolute Mehrheit. Auch die persönlichen Popularitätswerte Steinmeiers nehmen zu. Er verdrängt im Sommer 2010 Angela Merkel von der Spitze dieser Rangliste. Thomas Schmid kommentiert in der *Welt:* »Ohne dass sich real viel verschoben hätte, ist die SPD wieder eine Partei mit Chancen geworden.« Er lobt, das sei wohl der »klar ordnenden Hand von Frank-Walter Steinmeier zu verdanken. Denn er, der 23-Prozent-Mann, hat die Chance genutzt, die er nicht hatte: Er hat die Fraktion so in Stellung gebracht, dass die SPD allmählich wie eine Regierungspartei in ruhiger, aber konzentrierter Wartestellung aussieht.«

Die Nierenspende

Und inmitten dieser geglückten politischen Stabilisierungsversuche verändert sich in der Öffentlichkeit auch noch einmal die Wahrnehmung des Politikers und Menschen Steinmeier.

Am Vormittag des 23. August 2010 verkündet Steinmeier der Öffentlichkeit, dass er sich für mehrere Wochen aus der Politik verabschieden wird: Seine Ehefrau Elke Büdenbender ist erkrankt und benötigt eine Nierenspende; der Spender wird Steinmeier selbst sein. Sein Vize Joachim Poß, kündigt er an, wird für die Zeit seiner Abwesenheit den Fraktionsvorsitz übernehmen. Noch am Mittag desselben Tages begibt er sich in ärztliche Obhut. Es ist immer ein Stoff für den Boulevard, wenn führende Politiker eine Krankheit publik machen. Das gilt oft als Zeichen der Schwäche und der politischen Krise. Die SPD hat da unlängst eigene Erfahrungen vorzuweisen: der Hörsturz Matthias Platzecks, dem sein Rücktritt vom Parteivorsitz gefolgt ist; ein Schwächeanfall Franz Münteferings im Wahlkampf 2009; selbst eine

Grippe von Kurt Beck hat mehrere Tage Anlass für Spekulationen gegeben. Allen hat es geschadet, aber bei Steinmeier liegt der Fall jetzt völlig anders. Es ist ein etwas ambivalentes Thema, denn Steinmeier und sein Team bemühen sich nach Kräften, um die ganze Geschichte kein allzu großes Bohei zu machen; aber eine Geschichte, und das wissen sie auch, ist es eben trotzdem. Und die Medien, natürlich, stürzen sich sofort darauf. Von der »Pflicht des Herzens« spricht die *Welt.* »Aus Liebe zu seiner Frau« formuliert die *Süddeutsche Zeitung. Bild* berichtet auf zwei Seiten. Im Fernsehen werden Sendungen ins Programm genommen, die über Organtransplantationen informieren. Der *Stern* sowie etliche andere Magazine schreiben lange Geschichten über die große Liebe des weißhaarigen Politikers zu seiner langjährigen Ehefrau, der sympathischen wie selbstbewussten Verwaltungsrichterin. Die Geschichte einer starken Frau in Not und ihres aufopferungsvollen Partners – das vielleicht höchste Stadium der Liebe.

Er spendete für sie 2010 eine Niere. Eine der vergleichsweise seltenen Privataufnahmen des Ehepaars Steinmeier/Büdenbender, die im Sommer 2009 während des Wahlkampfes im Urlaubsort in Südtirol entstand.

Elke Büdenbender ist sechs Jahre jünger als ihr Ehemann. Sie arbeitet als Richterin in Berlin, Fachgebiet Sozialrecht. Geheiratet hat das Paar 1995; ein Jahr später kommt ihr erstes und einziges Kind Merit zur Welt. Bis zur Kanzlerkandidatur ihres Ehemannes ist Elke Büdenbender quasi unbekannt geblieben. Und auch im Wahlkampf hat es gerade einmal eine Handvoll gemeinsame Interviews und Auftritte gegeben. Sie ist keine Frau, die sich ins Licht des Scheinwerfers drängt. An ihrem Beruf hat die Juristin stets festgehalten. Das hätte sie auch, wenn ihr Gatte Kanzler geworden wäre, hat sie einmal gesagt. Vermutlich wird sie wohl auch als »First Lady« noch die Robe überstreifen, sofern es ihr möglich sein wird. Freunde und Bekannte beschreiben Elke Büdenbender als bodenständige, intelligente und eigenständige Partnerin an Steinmeiers Seite, die fraglos auch an der häufigen Abwesenheit ihres Ehemannes gelitten hat. Als sie an der Niere erkrankt, ist ihr Ehemann, dessen Namen sie nie angenommen hat, für sie da.

Gerade Steinmeier, der über ein preußisches Arbeitsethos verfügt, erzielt Ansehensgewinn dadurch, dass er sich zehn Wochen lang vom Dienst abmeldet, sich außerhalb des Systems stellt, um seiner Ehefrau zu helfen. Alles, was die Menschen ohnehin an ihm schätzen, wird durch die Geschichte der Transplantation verstärkt: Verantwortungsbewusstsein, ohne viel Gewese darum zu machen, und, auch wenn das ein großes Wort ist, Opferbereitschaft. Die *FAZ* beschreibt treffend, was mit dem Politiker Steinmeier in kurzer Zeit geschehen ist: »Plötzlich ein Held, als Ehemann, als Mensch.« Ausgerechnet dem Berufspolitiker »mit dem Glamourfaktor null« wiederfährt damit eine Veränderung, die ihm Beliebtheit und Anerkennung beschert. Danach ist das Ehepaar Steinmeier/Büdenbender auch ein Thema der Yellow Press. Das klingt lächerlich, aber Deutschlands Illustrierte sind eine vom Kultur- und Politikbetrieb der Republik selten ausreichend gewürdigte Welt mit Millionen Lesern, die schon aufgrund ihres demografischen Profils – älter, meist weiblich – zu den verlässlichen Wählern zählen. Deutschlands bunte Blätter haben aus einem etwas aufgeblasenen Adeligen aus Oberfranken den zeitweise beliebtesten Politiker des Landes gemacht, auch wenn Karl-Theodor zu Guttenberg die Rolle als Kronprinz der Kanzlerin dann nicht lange ausfüllte. Ganz so arg wird der Celebrity-Kult um Steinmeier nicht werden, aber als er nach einigen Wochen ins Amt zurückkehrt, ist doch unverkennbar, dass er in der öffentlichen Wahrnehmung eine Dimension dazugewonnen hat.

Vielleicht geben ihm und seiner Familie der Ablauf und die positiven Reaktionen in diesen Wochen auch ein Stück Zuversicht und Selbstvertrauen, noch höhere Positionen im Dauerlicht des öffentlichen Interesses zu übernehmen. Steinmeier selbst jedenfalls redet über die Operation kaum. Er sagt, ihm sei das Aufheben um seine Person, seine Ehe und den Eingriff zu viel. Er reagiert eher typisch, ist still, kehrt zurück ins Büro und übernimmt wieder die Geschäfte – als wäre er nie weg gewesen.

Das Duo Gabriel und Steinmeier

Die öffentliche Wahrnehmung, das hohe Maß an Zustimmung für Frank-Walter Steinmeier zieht auch die Konturen zum Parteichef noch einmal nach, die letztlich von Beginn an vorhanden waren. Sigmar Gabriel ist in vielem das Gegenteil von dem, was Frank-Walter Steinmeier ist. Er gilt als Menschenfischer, rast- und ruhelos, ständig in Bewegung. Er geht auf die Leute zu, hat ein herausragendes Gespür für Menschen und ist ein ausgezeichneter Redner. Er hat einen besonderen Instinkt für neue Themen, die er angriffslustig und meinungsfreudig besetzt, manchmal verbunden mit rasanten Positionswechseln. Und: Er verfügt über deutlich niedrigere Zustimmungswerte als Steinmeier – konstant und letztlich bis heute. Gabriel gilt vielen als zu beliebig, zu unstet, zu flippig. Kurzum: Die SPD stellt ein überaus gegensätzliches Führungsduo. Ein Manko müsste das nicht unbedingt sein. Im Gegenteil, die Besetzung von Partei- und Fraktionsspitze mit unterschiedlichen Charakteren ergibt durchaus Sinn, schließlich sind auch die Aufgabenprofile verschieden. Gutwillig könnte man von einer Komplementärstrategie sprechen. Ein Fraktionsvorsitzender plant, koordiniert und organisiert die Arbeit der Fraktion. Er beschafft Mehrheiten für Parlamentsabstimmungen, entwickelt als Chef einer Oppositionsfraktion alternative Politikentwürfe. Sein Feld ist das parlamentarische Tagesgeschäft. Der Vorsitzende einer Volkspartei, als die sich die SPD versteht, hat ein wesentlich breiteres Spektrum zu beachten. Er ist zuvörderst den Mitgliedern verantwortlich, schenkt den Untergliederungen der Partei Gehör, stellt interne Kommunikationsabläufe her, sichert die Partizipation von Personen und Gruppen. Er führt die Partei nach innen und repräsentiert sie nach außen, wobei er Strömungen und Traditionen zu kennen und zu berücksichtigen hat mit dem Ziel, für die politischen Ziele seiner Partei zu werben und deren Interessen zu artikulieren. Den nächsten Wahlkampf muss er stets im Blick behalten.

Wenn dann die Umstände so sind wie bei der SPD nach der Wahlniederlage 2009, dann sind Spannungen zwischen Fraktions- und Parteivorsitz nicht nur zu erwarten, sondern programmiert. Auf der einen Seite steht eine dezimierte Fraktion, die die Macht verloren hat – entkräftet, trauernd, klagend. Auf der anderen Seite steht eine Parteibasis, die es nach Erneuerung verlangt, die frische Köpfe sehen, originelle Gedanken formuliert haben will, die mehr Mitsprache einfordert. Die Folge: Ein Ungleichgewicht entsteht, das von den Führungsspitzen wahrgenommen werden muss und zu berücksichtigen, aber auch mit Blick auf das große Ganze zu moderieren und auszubalancieren ist.

Im Idealfall können sich ein Parteichef auf der einen Seite, der nach Neuem strebt, Reformansprüche bedient, zugleich Stimmungslagen aufspürt und sie via griffige Losungen zu spiegeln sich bemüht, und ein Fraktionschef auf der anderen Seite, der diszipliniert, zur Ordnung ruft, geschäftsmäßig in Erscheinung tritt, Seriosität und Kontinuität ausstrahlt, sinnvoll ergänzen. Indes: Ganz so reibungslos geht es bei Steinmeier und Gabriel nicht vonstatten. Das Verhältnis der beiden unterliegt heftigen Schwankungen. Steinmeier bezeichnet Gabriel indirekt als einen »hervorragenden Solisten«: Regelmäßig stellt Gabriel Teile der sozialdemokratischen Regierungspolitik infrage, die Steinmeier ganz wesentlich mit zu verantworten hat, so wie beispielsweise die Rente mit 67. Für Gabriel, der sie einst als Kabinettsmitglied mitgetragen hat, stellt sie nunmehr eine verkappte Rentenkürzung dar, solange es nicht gelingt, den Anteil derjenigen zu erhöhen, die zwischen 60 und 64 Jahren arbeiten. Für Steinmeier ist die Rente mit 67 angesichts des zunehmenden Alters der Bevölkerung schlichtweg »logische Mathematik«. In fast jeder Kritik an seinem Kurs wähnt Steinmeier einen Generalangriff auf die Agenda 2010, sein Lebenswerk. Immerhin: So wie auch bei anderen strittigen Fragen einigen sich Gabriel und Steinmeier auch bei der Rente mit 67 auf einen Kompromiss.

Wie im Brennglas lassen sich die unterschiedlichen Typen an einem Abend im Dezember 2009 in einem Hörsaal der Freien Universität Berlin studieren. Der Hörsaal ist voll besetzt. Angereist sind Steinmeier und Gabriel auf Einladung der Juso-Hochschulgruppe zum »Dialogabend« mit einer Gruppe, bei der die SPD einst sehr stark war, zuletzt aber die größten Verluste hinnehmen musste: den Jungwählern. Zehn Minuten verspätet erscheinen Steinmeier und Gabriel, drängen sich an Studenten vorbei die kleine Treppe hinunter in Richtung Pult und Tisch, setzen sich und hören ein zorniges Referat eines studentischen Jungsozialisten, der »Forderungen aus dem Bildungsstreik« vorträgt. Gabriel sitzt währenddessen gebeugt, ganz vorn auf der Stuhlkante, leiht sich vom Nachbarn ein Blatt Papier, schreibt mit, schaut auf, notiert erneut, nickt angeregt. Steinmeier sitzt zurückgelehnt und mit verschränkten Armen auf seinem Stuhl, die Beine übereinandergeschlagen. Dann referiert Gabriel, frei, jovial, mit Witz und Anekdote. Gabriel hat selbst einst auf Lehramt studiert. Auf ihn folgt Steinmeiers Rede. Er spricht deutlich langatmiger und schwerfälliger, betont die Bedeutung einer freien und sozial gerechten Bildung. Aber, so bittet er die Studenten, die Dinge seien stets »ganzheitlich« und im »politischen Kontext« zu betrachten. Man weiß nicht genau, weshalb Steinmeier sodann den Schuldenstand der Stadt Bochum referiert – jedenfalls tut er es, und mancher Student schaut verstohlen zur Uhr. Eine Politikstudentin kritisiert in der Diskussion die Bildungsreform (»Bologna ist doch Quatsch«), die die Studienbedingungen insgesamt nur verschlechtert habe. Gabriel antwortet zuerst. Steinmeier bleiben nur noch »ein paar ergänzende Anmerkungen«. Gabriel führt tatsächlich einen Dialog mit den Studenten, widerspricht ihnen, macht sich Stichpunkte und spricht die Kommilitonen direkt an: »Erklären Sie doch mal, warum ist das Exzellenzprogramm schlecht?« Steinmeier erinnert hingegen an den »Hochschulpakt I« und an den »Hochschulpakt II« sowie an die Verdienste der »ehemaligen Bildungsministerin« Edelgard Bulmahn. Studenten schauen sich ratlos an. Dann ist die Veranstaltung vorbei, 30 Minuten später als geplant. Auf dem Weg hinaus aus dem Hörsaal lädt Gabriel noch spontan eine Gruppe Studierende zur nächsten SPD-Präsidiumssitzung ein. Dort sollen sie »konkret« und auch »schriftlich« ihre Vorschläge vorstellen und einreichen. Steinmeier steht daneben, scherzt mit einer Kamerafrau von *Phoenix*, blickt dann hinauf zur Deckenkonstruktion des Hörsaals. Er wartet, bis Gabriel sein Gespräch mit den Studenten beendet.

Die überbordende Energie Gabriels ist Steinmeier nicht nur fremd. Er hält sie zum Teil auch für politisch gefährlich. Sie erscheint ihm als unkontrollierbar. Die einzelnen Ideen zünden aus seiner Perspektive in den leeren Raum – ein kurzes Feuerwerk, sodann die Verpuffung und die Suche nach dem nächsten Knalleffekt. Gabriels Volten können dabei nur allzu leichtfertig die – den eigenen Vorstellungen zufolge – ganzheitlich durchdachte Politikkonzeption durchkreuzen, die mit langen Linien operiert und den realen Komplexitäten gerecht werden soll. Dann kann Steinmeier durchaus empört reagieren. Beispielsweise im Februar 2012, als Parteichef Gabriel, noch begeistert von der Protestbewegung Occupy Wall Street, öffentlichkeitswirksam verkündet, einen aggressiven Anti-Banken-Wahlkampf vorzubereiten. Unter der Losung »Wir sind viele – Demokratie statt Bankenmacht« präsentiert er Videospots und Flugblätter, in denen Bankvorstände als »Zocker« und »Kasinokapitalisten« bezeichnet werden. Steinmeier fühlt sich verschaukelt. Die Slogans würden die Partei in der Wahrnehmung zurückwerfen. Man könne nicht auf der einen Seite Wirtschaftskompetenz zeigen und dann auf der anderen Seite so etwas machen, schimpft er in internen Runden. Und überhaupt: Die Fraktion, damals freilich noch nicht unter seiner Führung, habe doch bereits zu Beginn der Finanzkrise im Jahr 2008 einen 14-Punkte-Plan für das globale Finanzsystem vorgelegt. Was sei denn aus dem erarbeiteten Papier geworden? Habe es seine Gültigkeit verloren? Steinmeier, der über ein Elefantengedächtnis verfügt, kann an diesen Stellen sehr insistieren. Dann kehrt er freilich seinen Groll – anders als Gabriel – nicht nach außen, sondern nach innen, wird nicht laut, sondern leise. Man muss ihm in solchen Situationen schon

Fragen stellen, um zu erfahren, was er denkt, hört man aus seinem Umfeld, damit man überhaupt wisse, woran man bei ihm sei, andernfalls erfahre man nichts.

Diszipliniert verkneift sich der Fraktionsvorsitzende nur allzu häufig Kommentare zu den Manövern des SPD-Chefs, bleibt auch in internen Runden loyal – von einem gelegentlichen Augenverdrehen abgesehen. Der offene Angriff ist ohnehin nicht seine Sache. Außerdem erkennt auch Steinmeier, dass Gabriels ruppige Manöver bisweilen auch zum Erfolg führen. Genüsslich präsentieren SPD und Grüne im Juni 2010 den gemeinsamen Kandidaten für die Wahl zum Bundespräsidenten: Joachim Gauck, der zwar erst zwei Jahre später gewählt werden wird, dessen Nominierung die schwarz-gelbe Regierung jedoch empfindlich trifft. Grünen-Fraktionschef Trittin und Gabriel haben den Coup eingefädelt und präsentieren den ostdeutschen Theologen erfolgreich als überparteilichen Gegenkandidaten zu Christian Wulff, dem Kandidaten der Regierung. Man wolle mit Gauck den »Lager-Gedanken« überwinden, für den nicht nur Christian Wulff, sondern auch bereits der scheidende Bundespräsident Horst Köhler stehe. Man setze ein Zeichen »für ein anderes Konzept im Umgang mit dem Amt des Bundespräsidenten«, so Gabriel, damit »befreit von Parteitaktik« nach dem bestmöglichen Bewerber gesucht werde. Gabriel bringt es auf die eingängige wie abschätzige Formulierung: »Herr Wulff hat eine politische Laufbahn, Herr Gauck ein Leben.« Die Resonanz in den Medien sowie in den sozialen Netzwerken ist enorm, Onlinepetitionen für Gauck werden gestartet, T-Shirts mit dem Konterfei Wulffs und der Aufschrift »Not my president« werden verkauft. Der Erfolg mag nur eine kurze Halbwertszeit gehabt haben – den Beginn der Amtszeit Christian Wulffs hat er jedenfalls überschattet. Es ist Gabriels Gesellenstück bei der Auswahl eines Bundespräsidenten; ein paar Jahre später wird er dann ein Meisterstück nachschieben.

Atemlose Tage in Berlin

Gabriel dürfte andererseits auch rasch erkannt haben, über welche Fähigkeiten der Generalist Steinmeier verfügt – zum Beispiel während und im Verlauf der wahl- und wechselweise als Schulden-, Banken-, Wirtschafts-, Finanz-, Euro-, EU- und Griechenland-Krise bezeichneten dramatischen politischen Großwetterlage dieser Jahre. Vereinfacht (und damit auch verkürzt) lautet die Position der SPD: Europa sei keine Frage von Taktik, sondern von Haltung. Notleidenden Staaten müsse geholfen werden. Griechenland brauche Luft, Wachstumspakete müssten her. Auch wenn die SPD bei der Abstimmung über das erste Griechenland-Paket, das im Eilverfahren milliardenschwere Notkredite umfasst, sich im Mai 2010 noch enthält, tritt ihre Führung in dieser Frage staatstragend auf, unterstützt die Politik der Regierung im Grundsatz und kritisiert lediglich ihr »Krisenmanagement«. Steinmeier sieht – ähnlich wie Merkel – in der Griechenland-Krise »die größte Belastungsprobe für die europäische Integration seit den Römischen Verträgen« und skizziert eine Ausnahmesituation, die auch eine etwas andere Art von Oppositionspolitik notwendig mache – eine verantwortungsvollere gewissermaßen. Steinmeier führt seine Fraktion durch diese Debatten als sozial- und wirtschaftspolitisches Korrektiv im Verbund mit der schwarz-gelben Regierungskoalition und nicht gegen sie. Im März 2011 – zweieinhalb Jahre vor der nächsten Bundestagswahl – schreiben Steinmeier, Gabriel und Ex-Finanzminister Peer Steinbrück einen Brief an die Kanzlerin, in dem sie ausdrücklich eine Zusammenarbeit anbieten. Wenn die Bundesregierung kraftvolle Maßnahmen einleite, habe man die SPD an ihrer Seite. Griechenland benötige einen Schuldenschnitt, eine Art »Marshall-Plan«, fordern sie. Während der FDP-Vorsitzende Philipp Rösler im September 2011 »eine geordnete Insolvenz« Griechenlands ins Spiel bringt und in der *Bild*-Zeitung regelmäßig Schlagzeilen zu lesen sind wie: »Nehmt den Griechen den Euro weg! Frau Merkel, wir wollen auch eine Volksabstimmung!«, schreiben Steinmeier und Steinbrück einen gemeinsamen Zeitungsartikel mit dem Tenor: Wir können das Griechenland-Paket nicht ablehnen. In einem Gastbeitrag für die *Financial Times* fordern sie Eurobonds, eine Art von Staatsanleihen in der EU, bei denen EU-Staaten gemeinsam Schulden aufnehmen würden: »Euro-Bonds würden die Botschaft senden, dass Europa stark, einig und bereit ist, jegliche kritische Marktlage gemeinsam anzugehen«, schreiben Steinmeier und Steinbrück da. »Solange ich lebe«, werde es keine gesamtschuldnerische Haftung der Euro-Staaten geben, entgegnet die Kanzlerin und verweist auf die Unvereinbarkeit von Eurobonds mit dem Grundgesetz und dem EU-Vertrag. Doch auch die SPD ändert ihre Haltung gegenüber den EU-Anleihen. Erst ist man dafür, dann dagegen. Die Debatte, entschuldigt sich Fraktionschef Oppermann für das Hin und Her im Mai 2012, habe sich eben »enorm diversifiziert«.

Auch beim Thema Fiskalpakt sucht und fordert die Opposition eine frühe Einbindung. Steinmeier schreibt gemeinsam mit den Fraktionsspitzen der Grünen, Künast und Trittin, der Kanzlerin im März 2012 einen Brief und fordert darin eine »zeitnahe« Einladung zu Gesprächen über die Ratifizierung des EU-Fiskalpaktes, für die die Regierung auf eine Zweidrittelmehrheit im Bundestag und im Bundesrat angewiesen ist. Tatsächlich stimmen immer wieder eigene Abgeordnete gegen Regierungsvorlagen, sodass die Kanzlerin allein schon aus diesem Grund auf Oppositionsstimmen angewiesen ist. Als Gegenleistung verlangt Rot-Grün in dem Schreiben die Einführung einer Finanzmarktsteuer in EU-Staaten sowie mehr Geld für Investitionen gegen Jugendarbeitslosigkeit. Nach den Verhandlungen zum Rettungsschirm ESM im Mai 2012 berichtet SPD-Chef Gabriel von einem »erklecklichen Wachstumspaket«. Die SPD und die Grünen hätten mehr erreicht als das, »was die französischen Kollegen als Minimum erklärt« hätten, mit denen sich die Sozialdemokraten im Vorhinein abgestimmt haben. Obgleich die Gegenstimmen und Unmutsbekundungen über den europapolitischen Kurs ab Mitte 2012 auch in der SPD-Fraktion nunmehr deutlicher zu vernehmen sind, bleibt es bei der Zustimmung zu den Hilfspaketen. Die SPD-Führung drängt ihre Fraktion zum Ja und bekommt es. Die *Bild* titelt am Tag der Abstimmung: *Griechen fressen uns die Haare vom Kopf.* Auch einem Hilfspaket für Spanien stimmt der Bundestag im Juli 2012 zu. Die Finanzhilfen seien im »deutschen Interesse«, sagt Steinmeier, klagt über anonyme Akteure auf den Finanzmärkten, die die Demokratie ruinierten, und betont, dass seine Partei »nicht parteitaktisch« agiere.

Es sind, keine Frage, atemlose Tage in Berlin, Brüssel und Athen, und die Verwerfungen folgen so dicht aufeinander und treten so geballt auf, dass hier allenfalls einige Schlaglichter im Ablauf dargestellt werden können. Wichtig aber ist, festzuhalten, dass es keine Zeiten für eine normale Oppositionspolitik sind. Denn eine Blockadehaltung steht für Steinmeier und die SPD nicht zur Debatte. Sie hätte theoretisch ja auch einen Konfrontationskurs fahren können, der zum Koalitionsbruch und zu Neuwahlen geführt hätte. Aber was dann für die SPD? Gegenvorschläge, wirklich alternative Entwürfe für die Bearbeitung der Krise(n) hat sie nicht gesehen oder erkannt. Es ist daher der vielleicht wirklich einzige Ausweg gewesen: eine Oppositionsführung der Alternativlosigkeit im staatstragenden Gewand. Als Merkel rückblickend sagte, auf die Sozialdemokratie sei kein Verlass mehr, nahm Steinmeier ihr das sehr übel. »In der Frage der Euro-Krise ist die Sozialdemokratie total unzuverlässig«, hat

Merkel, nun schon im Wahlkampf 2013, im Kandidaten-Doppelporträt der ARD gemeint. Steinmeier ist tatsächlich zu Recht verstimmt gewesen. Die Kanzlerin hat sich auf die SPD verlassen können – vielleicht sogar ein bisschen zu sehr.

Deshalb muss man auch schon genau hinsehen, um Niederlagen in Steinmeiers Zeit als Fraktionsvorsitzender zu finden. Das (besonders für ihn) heikle Thema der Verlängerung des unpopulären Afghanistan-Einsatzes Ende 2010/Anfang 2011 wird auf einer SPD-Afghanistan-Konferenz geklärt, auch mithilfe Gabriels, der zuvor mehrfach den dortigen Bundeswehreinsatz infrage gestellt hat, sich nun aber wie Steinmeier im Namen der »Verantwortung« für eine Verlängerung des Mandats starkmacht. Die Fraktion folgt ihnen. Anders im Fall der Atalanta-Abstimmung 2012, als die Fraktion sich gegen eine von Steinmeier befürwortete Ausweitung der Anti-Piraten-Mission vor Somalia ausspricht. Nicht nur auf hoher See, sondern auch auf einem zwei Kilometer breiten Küstenstreifen sollen die Piraten künftig bekämpft werden dürfen, hat der Entwurf vorgesehen. Der verteidigungspolitische Sprecher der SPD-Fraktion, Rainer Arnold, sagt, bei einer Interessenabwägung zwischen besserem Schutz der Schiffe und Gefährdung der Zivilbevölkerung an Land sei die Fraktion zu dem Ergebnis gekommen, die Ausweitung des Mandates bei der Abstimmung im Bundestag abzulehnen. Steinmeier hat versucht, die Abgeordneten wenigstens zu einer Enthaltung zu bewegen. Eine Probeabstimmung verliert er: 58 Abgeordnete stimmen für ein Nein, 52 für eine Enthaltung. Steinmeier habe beleidigt gewirkt, heißt es in der Fraktion. Kein Wunder: Als Außenminister hatte er dieses Mandat überhaupt erst auf den Weg gebracht. Auch als Steinmeier im April 2011 seine langjährige Weggefährtin Brigitte Zypries für den Posten des Fraktionsvizes vorschlägt, scheitert er am Fraktionsvorstand, der sie nicht nominiert. Christine Lambrecht hat das Rennen gemacht. Steinmeier habe »Führungsfehler« gemacht, urteilt die *Welt*. Dies sind Niederlagen auf außerordentlich niedrigem Niveau, dennoch treffen sie ihn sehr. Doch Auswirkungen auf die Partei haben sie nicht.

Eine neue Troika

Steinmeier zählt weiterhin zu den unangefochtenen Spitzenleuten der SPD, ausgestattet mit hohen Zustimmungswerten und einem Rückhalt innerhalb von Fraktion und Partei, der ihm, dem großen Verlierer von 2009, die erneute Kanzlerkandidatur hätte sichern können. Bereits seit Mai 2011 wird die K-Frage diskutiert, beschäftigt sie die Medien und die Sozialdemokraten gleichermaßen. »Eine Kreuzung aus Gabriel und Steinmeier wäre ideal«, sagt zu dieser Zeit ein Abgeordneter der SPD. Doch keiner der beiden wird es am Ende werden, weil sie es wohl schlichtweg nicht wollen. Jedenfalls ist es die Kanzlerin, die womöglich auch diese Unentschlossenheit früh erkennt und ihre erneute Kandidatur bereits im Juli 2011 verkündet. Gut zwei Jahre vor dem Wahltag fügt sie ihrer öffentlichen Erklärung spöttisch hinzu: »Ich hoffe doch, dass ich einen Gegenkandidaten von der SPD bekomme.« Erst nach der Landtagswahl in Niedersachsen im Januar 2013, so hat es immer in der SPD geheißen, wolle man die K-Frage beantworten. Tatsächlich reagiert die SPD, wohl auch unter dem erhöhten Mediendruck, nun rasch und installiert die sogenannte Troika, ein Führungstrio bestehend aus Parteichef Gabriel, Fraktionsführer Steinmeier und Ex-Finanzminister Peer Steinbrück. Nicht zum ersten Mal setzt die SPD auf eine solche Dreierkonstellation. Ein Kleinkollektiv an der Spitze der Partei hat es mehrfach gegeben, dabei hat die SPD mit ihren Troikas nicht unbedingt immer gute Erfahrungen gemacht. Parteichef Willy Brandt, Kanzler Helmut Schmidt und Fraktionsvorsitzender Herbert Wehner haben am Ende vor allem gegeneinander, kaum mehr miteinander gearbeitet. Oskar Lafontaine, Gerhard Schröder und Rudolf Scharping – die zweite Troika – haben einander misstraut und belauert und miteinander konkurriert. Das soll nun anders werden. Der Auftritt der neuen Troika Gabriel, Steinmeier und Steinbrück soll glaubhaft signalisieren, dass die drei bei der K-Frage keine Rivalen, sondern Partner seien, dass man gemeinsam in den Wahlkampf ziehe, sich gemeinsam darauf verständige, wer von den dreien die Spitzenkandidatur übernehme, und sich versichere, dass dieser dann auch gemeinsam unterstützt werde. Auf der Suche nach einer Antwort auf die Frage der Kanzlerkandidatur ist die Troika jedoch nur eine Scheinlösung. Gedacht als Brückenkonstruktion mag sie zwar Zeit verschaffen, bindet allerdings ein Zweckbündnis zusammen, das vor lauter Kraft höchst fragil erscheint. Sie zeigt zudem, dass offenkundig (zu diesem Zeitpunkt) keiner der drei sich allein zutraut, die Kandidatur zu übernehmen, sie für sich zu reklamieren, um gegen Merkel anzutreten.

Am öffentlich präsentesten innerhalb der Troika ist zu dieser Zeit fraglos der frühere Finanzminister Peer Steinbrück. Dabei ist er seit dem Machtverlust nur noch einfacher Abgeordneter. Als erfolgreicher Buchautor und Krisenerklärer ist er in Talkshows präsent, hält gut dotierte Vorträge und greift gern die an ihn herangetragenen Erwartungen auf. Dass man sich »einer Verantwortung stellen« müsse, ist von ihm immer wieder zu hören, dass man sich »einem Ruf nicht verweigern dürfe« oder dass man »Herausforderungen, so sie kommen, angehen muss«. Im Mai 2010 bereits gibt Gabriel ein Interview, in dem er sagt, er traue Steinbrück »jedes politische Amt in Deutschland« zu. Gabriel verwässert damit den Dualismus in der K-Frage, die zwischen dem populäreren Steinmeier und ihm bestanden hat. Das Lob für Steinbrück teilt dieser unumwunden. Er befindet im Mai 2013 im *Hessischen Rundfunk*: »Der Zeitpunkt wird kommen, wo ich mich in Absprache mit zwei oder drei Führungspersönlichkeiten der SPD zusammensetze.«

Schwieriger Start in neuer Funktion: Als Oppositionsführer im Bundestag muss Steinmeier sich erst noch zurechtfinden. Die schwarz-gelbe Koalition von Angela Merkel und Guido Westerwelle macht es ihm jedoch vergleichsweise einfach.

Es ist in der Folge Sigmar Gabriel, der interveniert, einen Mitgliederentscheid in die Diskussion wirft, darauf verweist, dass er – und nur er – einen Verfahrensvorschlag und einen Personalvorschlag machen werde, und auf diese Weise Steinbrück wieder erdet. Eher auf ihnen – Gabriel und Steinbrück – liegt zunächst das besondere Interesse der Beobachter, das sich jedoch zunehmend von Gabriel wegbewegt, der zu erkennen gibt, nicht gegen Angela Merkel antreten zu wollen, freilich ohne dies auszusprechen. Als Parteichef hätte ihm der erste Zugriff zugestanden, doch er lässt kein Interesse erkennen. So läuft es anscheinend auf Steinbrück oder Steinmeier hinaus. Lieblinge des linken Parteiflügels sind beide nicht gerade, aber Steinbrück polarisiert weitaus mehr; für die Parteilinken wäre Steinmeier, der Architekt der Agenda 2010, wohl das kleinere Übel. Beide haben einen ähnlichen politischen Werdegang: Gestartet sind sie in der Verwaltung, und ihre Parteikarriere haben sie vergleichsweise spät begonnen. So stehen sie beide für die Professionalisierung oder auch »Büroleiterisierung« der deutschen Politik. In Herkunft und Naturell freilich könnten die Unterschiede größer kaum sein. Steinbrück stammt aus einem großbürgerlichen Haus, hat eine hanseatische Schnauze, kann schneidend verletzen und wirkt zuweilen selbstverliebt und eitel – ganz im Gegensatz zu Steinmeier, dessen Eitelkeit, wie Daniel Sturm in der *Welt* schreibt, vor allem darin liegen dürfte, unter allen Umständen nicht eitel wirken zu wollen. Dass Steinmeier coram publico Funktionäre beschimpft, wird man wohl nie erleben. Und dass er in der Öffentlichkeit über Wein für »nur fünf Euro« lästert, wird dem passionierten Pilstrinker ganz sicher ebenfalls nicht passieren. Dass Steinmeier das Gehalt des Kanzlers als zu niedrig bezeichnet, ist ebenso undenkbar. Es ist vor allem Steinbrücks Stil, der Steinmeier abstößt. Dieses allzu leichte Hinwegfegen über Themen und Personen, die Attitüde des Allwissenden, die Vermittlung von vermeintlich exakten Gewissheiten, wo aufgrund von Komplexität und Irrationalität eigentlich nur Klarheit darüber bestehen kann, das Unklarheit vorherrscht, ist Steinmeier fremd.

Steinmeier hätte den Kandidaten Steinbrück mühelos verhindern können. Er hätte nur selbst antreten müssen. Im Laufe des Jahres 2012, nachdem klar geworden ist, dass Sigmar Gabriel es wohl nicht machen wird, ist in den Augen vieler Beobachter Steinmeier am Zug. Er müsse Stellung beziehen, ist in diversen

Zeitungen zu lesen. Der Druck auf ihn wächst; Gabriel ist das nur recht. Einige Abgeordnete beknien Steinmeier im Sommer 2012, zu kandidieren, viele bitten ihn darum. Steinmeier fühlt sich bedrängt. Er fährt in den Sommerurlaub, wie gewohnt nach Südtirol, denkt nach und beratschlagt sich mit seiner Ehefrau. Der Kieler Ministerpräsident Torsten Albig plädiert bereits öffentlich für Steinmeier, der besser in das »Korsett« des Wahlkampfes passe als Steinbrück. In der Troika ist man verärgert. Steinmeier allerdings hält mittlerweile überhaupt nichts mehr von der Dreier-Führung. Statt die Kandidatenfrage offenzuhalten, schafft dieses Konstrukt nämlich nur neue Spekulationen. Dass täglich Anfragen eintreffen, Gerüchte die Runde machen und Meldungen darüber abgesetzt werden, wer Kandidat wird und wer nicht, empfindet Steinmeier als unwürdig. *Steinmeier hat die Wahl*, *Steinmeier hat es in der Hand* oder *Was macht Steinmeier?*, so lauten Überschriften dieser Tage, unter denen sich zumeist räsonierende Texte finden, die das, was vielleicht passieren könnte, zum Inhalt haben. Steinmeier ist genervt, die K-Frage überlagert seiner Meinung nach schon viel zu lange sämtliche Sachfragen. Steinbrück verkündet, er werde nie wieder in ein Kabinett Merkel einziehen. Dergleichen ist von Steinmeier nicht zu hören. Das Magazin *Cicero* veröffentlicht unter der Überschrift *Der lange Weg zum Kanzlerkandidaten*, dass Steinbrück Kanzlerkandidat werde – alle dementieren. Der Artikel sei Quatsch und nichts entschieden.

Folgen eines Hintergrundgesprächs

Sechs Tage später lädt Steinmeier Journalisten zu einem Hintergrundgespräch in die »Westlounge«, einem Raum im Untergeschoss der nordrhein-westfälischen Landesvertretung. Es ist nach der parlamentarischen Sommerpause die erste Runde dieser Art, zu der Steinmeier immer wieder etwa ein gutes Dutzend ihm bekannter Journalisten einlädt. Diese Gespräche sind vertraulich, »unter drei«. Was gesagt wird, darf nicht geschrieben werden. Aber es gibt da Grauzonen, wie Hauptstadtjournalisten sagen, bei nachrichtlich extrem wertvollen Vorgängen ohnehin. Das wissen Politiker wie Berichterstatter gleichermaßen. Steinmeier löffelt eine Markklößchensuppe, isst Pappardelle mit Garnelen und getrockneten Tomaten, dazu ein Glas Sancerre; so ist es später in Zeitungen zu lesen. Es wird viel geredet und dabei wenig gesagt. Doch vermittelt Steinmeier mehrfach und überdeutlich den Eindruck, er selbst wolle nicht als Kanzlerkandidat antreten. Er habe seine Entscheidung beim Parteivorsitzenden hinterlegt, so formuliert er dem Vernehmen nach. Steinmeier aber sagt nicht expressis verbis, dass er nicht zur Verfügung stehe. Steinmeiers Andeutungen aber werden von den Journalisten richtig gelesen und wohl in seinem Sinne transportiert. Noch in der Nacht verselbstständigt sich die Nachricht. Am nächsten Morgen um 9.24 Uhr meldet die Deutsche Presse-Agentur, Steinbrück werde »aller Voraussicht nach SPD-Kanzlerkandidat«. Parteichef Gabriel, der am frühen Morgen über die Inhalte der Journalistenrunde mit Steinmeier informiert ist, muss sofort handeln, er empfindet Steinmeiers Vorgehen als Affront – Telefonate, gereizte Stimmung, mehrfach fallen harte Kraftausdrücke, mehrere Kurzsitzungen, die Troika trifft sich um 14 Uhr in Gabriels Büro. Auch Steinbrück ist überrumpelt. Gut eine Stunde später betreten die drei das Atrium der SPD-Zentrale und geben eine Pressekonferenz, in der Gabriel mitteilt, dass er dem Parteivorstand Steinbrück als Kanzlerkandidaten vorschlagen werde. Steinmeier sagt, er werde Steinbrück so unterstützen, als wäre es »mein eigener Wahlkampf«, was in den Ohren Gabriels wie eine Drohung geklungen haben könnte. Gabriel hält Steinmeiers Fähigkeiten als Wahlkämpfer für sehr begrenzt. Am Wochenende darauf spricht Steinbrück auf dem SPD-Landesparteitag in Nordrhein-Westfalen und bittet: »Ihr müsst dem Kandidaten an der einen oder anderen Stelle auch Beinfreiheit lassen. Meine Beinfreiheit ist 1,80 Meter, aber die würde ich gern haben.« Was eine wohlkomponierte Choreografie sein sollte, bei der die SPD Regie führt, kommt ganz anders. Die Nominierung Peer Steinbrücks gleicht am Ende eher einer Sturzgeburt. Steinmeier hat ihn und Parteichef Gabriel düpiert, die Choreografie der Kandidatenkür zerlegt und Steinbrück einen denkbar ungünstigen Start in den Wahlkampf beschert. Ein Mitglied der Parteiführung sagt, Steinmeier habe bereits anderes im Sinn, denke langfristig und verfolge mit Blick auf die Bundestagswahl im Jahr 2013 seinen ganz eigenen Plan: die Heimkehr an den Werderschen Markt – die Rückkehr ins Auswärtige Amt.

Man weiß es nicht, und Frank-Walter Steinmeier würde die Aussage vermutlich haltlos nennen. Aber hinter vorgehaltener Hand bezeichnen Abgeordnete ihn von Anfang an mit leicht bissigem Unterton als »Herr Außenminister« und zielen damit ab auf seine wenig angriffslustigen Auftritte im Parlament, aber auch auf seine Ambitionen. Aber verwegen ist die Annahme nicht, dass sich da jemand nicht selten mit Wehmut ans Auswärtige Amt erinnert, an jene Aufgabe, die ihm wie auf den Leib geschneidert schien. Irgendwie ist Steinmeier der staatstragende Außenminister geblieben, als der er den Deutschen bekannt geworden ist: Er schreibt als Fraktionsvorsitzender mehrere Aufsätze, die sich mit außenpolitischen Themen auseinandersetzen. Er holt für einen Oppositionsführer eine Vielzahl von Botschaftern als Gast in die Fraktion, pflegt seine internationalen Kontakte und verfolgt akribisch alle außenpolitischen Entwicklungen. »Als ich noch Außenminister war« ist in diesen vier Jahren ein häufig gehörter Satzbeginn Steinmeiers. Er fordert an und wertet aus, was die Asiatisch-Pazifische Wirtschaftsgemeinschaft (APEC) auf ihrer Tagung am Japanischen Meer vereinbart hat, und flicht die Erkenntnisse wie selbstverständlich in seine Reden ein (»Wie wir 2012 in Wladiwostok gesehen haben …«). Eine Detailversessenheit, mit der er durchaus auch irritiert. Fliegt er ins Ausland – auch dies tut Fraktionschef Steinmeier häufiger als seine Vorgänger – wird er gern in dieser Reihenfolge begrüßt: Frank-Walter Steinmeier, ehemaliger Außenminister, ehemaliger Kanzleramtschef, nun Fraktionsvorsitzender, eine wichtige Stimme im Land und Architekt der Reformen. Er genießt diese Reisen. Im Februar 2013, befreit von der Last der K-Frage, fliegt Steinmeier als »leader of the opposition« in die USA, trifft dabei in Washington auf etliche Bekannte, politische Freunde, Wissenschaftler, Diplomaten und Kulturschaffende. »Ich kenne keine Stadt der Welt, in der man leidenschaftlicher über Politik diskutieren kann«, sagt Steinmeier, dessen Ehefrau einen Teil ihres juristischen Referendariats in der Hauptstadt der USA absolviert hat. Steinmeier hat damals seine damalige Freundin für eine längere Zeit dort besucht. Der Außenminister a. D. schaut während der Reise gemeinsam mit dem Soziologieprofessor Norman Birnbaum in der Residenz des deutschen Gesandten eine Rede des US-Präsidenten Barack Obama an die Nation im Fernsehen an. Bei Wein und Fingerfood bewerten die beiden Obamas Auftritt. »Norman, Du kennst ja fast alle State of the Unions«, wendet er sich an den 96-jährigen Professor und bittet ihn um seine Einschätzung dieser Rede im Vergleich zu den anderen. Ohne auf einen Übersetzer angewiesen zu sein und mit gutem Englisch spricht Steinmeier auf einem anderen Washingtoner Termin über die Beziehungen zum asiatischen Pazifikraum und die Möglichkeiten zur Einrichtung eines transatlantischen Freihandelsraumes. Mit »Mister Minister« sprechen ihn die Teilnehmer der Runde an. Steinmeier wirkt zufrieden, ist es wohl auch. Auf dem Flug zurück nach Deutschland geht er die aktuellen Meldungen der Tagespolitik durch, fragt lakonisch: »Und, was hat Peer sich wieder erlaubt?«

Dabei ist es keineswegs so, das Steinmeier deswegen andere Pflichten vernachlässigen würde oder sich zu schade wäre für Ausflüge in gänzlich andere Lebenswelten. Just von seiner anstrengenden Washington-Reise zurückgekehrt, den Kopf noch voll mit Weltpolitik, fährt er etwa in seinen brandenburgischen Wahlkreis, der eine 107 Kilometer lange Ost-West-Ausdehnung hat, und spricht auf einem Benefizball der Industrie- und Handelskammer Brandenburg, um Spenden für ein Loriot-Denkmal zu sammeln. Im April 2015 werden dann das Waldmops-Denkmal sowie die Waldmops-Aussichtsplattform mit einem Sockel mit Loriots Schuhabdrücken von Steinmeier eingeweiht. Nicht nur das Feld der Außenpolitik bearbeitet Steinmeier also zwischen 2009 und 2013, auch der eigene Wahlkreis wird weiterhin gepflegt – geduldig, ausdauernd und gewissenhaft.

Das Verhältnis zum wahlkämpfenden Peer Steinbrück bleibt indes distanziert. Steinmeier unterstützt ihn. Auch seine eigenen Wahlkampfreden glücken ihm etwas besser als vier Jahre zuvor. Als Parteipolitiker hat er sich zweifelsohne weiterentwickelt. Selbstbewusst reklamiert er für sich, auch nach der Wahl Fraktionsvorsitzender bleiben zu wollen. Er spricht sich zudem gegen rot-rot-grüne Experimente aus. Die Partei Die Linke hält er für nicht regierungsfähig. Und dass er insgeheim weitaus weniger dagegen hätte als Steinbrück, mit der Union erneut eine Große Koalition zu bilden, blitzt bei aller Diplomatie Steinmeiers dann doch gelegentlich auf, beispielsweise bei einer Buchvorstellung im Februar 2013 bei der Heinrich-Böll-Stiftung. Deren Vorstand Ralf Fücks präsentiert sein neues Buch über die Grenzen des Wachstums, ein grünes Leib-und-Magen-Thema. Steinmeier sagt, er sympathisiere mit den Ideen vom »intelligenten

Wachsen«, stellt Gemeinsamkeiten zwischen SPD und Grünen heraus. Streit entstehe nur dann, »wenn die SPD als Kohle- und Betonpartei herausgestellt wird und die Grünen als postmaterialistische Latte-macchiato-Trinker«. Mehrfach und ausdrücklich lobt Steinmeier das »Projekt Rot-Grün«, bis die Spitzenkandidatin der Grünen für die Bundestagswahl, Katrin Göring-Eckardt, irgendwann stutzt: »Nur, lieber Frank«, wendet sie ein, »dir ist halt Regierung lieber als Projekt.« Falsch lag sie damit wohl nicht. Steinmeier ist kein Mann der oppositionellen Projektarbeit, sondern der Exekutive – in die er auch alsbald zurückkehren wird.

8.

Als »Bundeskrisenminister« im globalen Dauereinsatz

Zurück im alten Amt

17. Dezember 2013, Ankunft am Werderschen Markt 1: Frank-Walter Steinmeier steigt aus einer schwarzen Limousine, ein paar schnelle Schritte, drei Stufen hoch. Es ist ein vertrauter Weg, und dann steht da auch schon Guido Westerwelle mit durchgedrücktem Rücken und hält ihm seine Hand entgegen: Herzlich willkommen im Auswärtigen Amt. Hastig schüttelt Steinmeier zahlreiche Hände; Fotografen und Kameraleute halten die Szenerie vor dem Außenministerium fest, das Steinmeier bereits von 2005 bis 2009 geleitet hat und das ihm an diesem Tag offiziell von seinem Vorgänger übergeben wird. Die beiden eilen durch die Eingangshalle und schreiten in den sogenannten Weltsaal, ein fußballplatzgroßes Konferenzungetüm. Einst hat es der Reichsbank als Kassenhalle und später der SED als Sitzungssaal gedient. Für das Auswärtige Amt ist der Weltsaal dann saniert worden: Mit Kirschholz furnierte Paneele an den Wän-

den, zwölf milchig funkelnde Kronleuchter und eine riesige blau stilisierte Weltkarte an der Stirnseite des Saales geben dem Raum seinen besonderen Charakter. Und auf diese Weltkarte, vor der das Rednerpult steht, bewegen sich Steinmeier und Westerwelle zu. Applaus. Im Auswärtigen Amt arbeiten etwa 6000 deutsche Mitarbeiter – gefühlt befinden sich alle an diesem Tag im Weltsaal. Kein Stuhl ist unbesetzt. Viele Mitarbeiter der »Zentrale«, wie das Ministerium intern in Abgrenzung zu den Botschaften und Vertretungen im Ausland heißt, stehen, drängen sich an den Seiten des Saals, um dabei zu sein.

Shakehands vor dem Auswärtigen Amt. Guido Westerwelle übergibt sein Amt an den alten und neuen Außenminister Steinmeier.

Zunächst redet Westerwelle, der sich »von Herzen« bedankt für vier »wirklich spannende und fordernde« Jahre, in denen er Verantwortung habe tragen dürfen. Es ist seine Abschiedsrede. Er wird wohl – anders als seine freidemokratischen Amtsvorgänger Hans-Dietrich Genscher und Walter Scheel – nicht als renommierter Außenpolitiker in Erinnerung bleiben, sondern als derjenige FDP-Chef, der seine Partei 2009 mit einem viel bejubelten Rekordergebnis in die Regierung geführt, der ihr die Vizekanzlerschaft und das begehrte Außenministerium besorgt hat und der dann – nach nur vier Jahren – sich selbst und seine Partei wiederum in die bundespolitische Bedeutungslosigkeit katapultiert hat. Die FDP hat bei der Bundestagswahl fast zehn Prozent der Stimmen verloren und ist mit 4,8 Prozent bloß noch außerparlamentarische Opposition – ein liberales Debakel. Nach diesem letzten Tag im Auswärtigen Amt wird Westerwelle sich langsam aus der Politik zurückziehen und sich seiner gerade gegründeten Stiftung, der »Westerwelle Foundation«, widmen – und im März 2016 im Alter von nur 54 Jahren einer Krebserkrankung erliegen.

Steinmeier genießt seine Rückkehr an die alte und neue Wirkungsstätte. Die *Frankfurter Allgemeine Zeitung* hat am Vortag ein wenig boshaft mit der Überschrift *Eine kurze Unterbrechung namens Westerwelle* zugespitzt auf den Punkt gebracht, was viele der Diplomaten im Weltsaal spüren, als Steinmeier bei der Amtsübergabe ans Podium tritt und zu reden beginnt: Wirklich weg ist er nie gewesen. Das sehen die Beamten so, das sehen die journalistischen Beobachter so und das sieht wohl auch Steinmeier so, freilich ohne es kundzutun. Zu seinen Zuhörern zählen etliche Vertraute aus der ersten Amtszeit, alles scheint vorbereitet für die nächsten vier Jahre. »Die haben einen Plan, alles ist konzipiert«, heißt es im Auswärtigen Amt, auch bei Steinmeier-Skeptikern. Hier kommt kein außenpolitisches Greenhorn, sondern ein Mann, der dafür bekannt ist, dass er ungern etwas dem Zufall überlässt.

Im Weltsaal sagt Steinmeier zunächst, das Koordinatensystem deutscher Außenpolitik habe sich bewährt: europäische Integration, transatlantische Partnerschaft und globale Friedensarbeit in den internationalen Organisationen wie den Vereinten Nationen. Das müsse bestehen bleiben. Einerseits. Andererseits würden Veränderungen unweigerlich kommen, und auf die habe Deutschland zu reagieren. Daher sei »über das Maß an Verantwortung, das wir in den nächsten zehn, zwanzig Jahren schultern können« ein »aufgeklärter Diskurs« notwendig, auch darüber, »wo die Grenzen unserer Leistungsfähigkeit sind«. Kurz: Eine Selbstüberprüfung müsse vorgenommen werden, denn »der europäischen und deutschen Außenpolitik stehen turbulente Zeiten bevor«. Auch die Orte, von denen diese Turbulenzen seiner Auffassung nach insbesondere ausgehen, benennt Steinmeier in seiner Rede im Amt: Russland und die Ukraine, Syrien, der Nahe und Mittlere Osten, Nordafrika. Steinmeier fügt hinzu: »Ich befürchte, wir stehen erst am Beginn von Konflikten um Einflusssphären (…), die ihre Auswirkungen unweigerlich auf Europa haben werden.«

In der Tat: Nur vier Jahre hat Steinmeier nicht die Verantwortung für die deutsche Außenpolitik getragen; die Welt aber hat sich in dieser Zeit rasant weitergedreht – und wohl nicht unbedingt in eine gute Richtung. In Steinmeiers erster Ansprache kündigt sich bereits an, welche Entwicklungen und Probleme seine zweite Amtszeit prägen werden: Wie ist mit den verschiedenen gleichzeitig bestehenden, sich überlappenden Krisen und Konflikten umzugehen, und welche Rolle können, dürfen und sollten Deutschland und Europa dabei spielen? Seit Gründung der Bundesrepublik hat ihre Außenpolitik (der Politikwissenschaftlerin Helga Haftendorn zufolge) stets »zwischen

Selbstbeschränkung und Selbstbehauptung« changiert. Aber über die Jahre ist Deutschlands Gewicht gewachsen, teils auch durch die Schwäche anderer Akteure, die als globale Ordnungsmächte ausfallen. Die Welt der internationalen Beziehungen, in die Steinmeier 2013 so selbstverständlich zurückkehrt, ist weder bipolar wie im Kalten Krieg noch unipolar, wie manche mit Blick auf die Rolle der einzig verbliebenen Supermacht USA nach 1991 für kurze Zeit gemeint haben. Steinmeier empfindet sie eher als »nonpolar«: ohne feste Anker und Maßstäbe, ohne Gleichgewicht – weswegen der Bundesrepublik als einer der wenigen im Inneren noch stabilen Demokratien neue Verantwortung zuwachse.

Viele Mitarbeiter im Auswärtigen Amt kennt Steinmeier noch von vor vier Jahren, andere holt er zurück ins Auswärtige Amt nach Berlin, die »Steinmeierei«, der Kreis seiner engsten Mitarbeiter, sitzt großenteils bereits jetzt im Weltsaal und wird im Haus künftig bedeutende Posten bekleiden. Es ist zweifelsohne ein glatter Übergang, eine reibungslose Rückkehr. »Sehen Sie, Herr Steinmeier: Alles ist so geblieben«, sagt Westerwelle später, als die beiden im Ministerbüro im zweiten Stock des Ministeriums stehen, Steinmeiers Arbeitsplatz. Schreibtisch und Regale sind tatsächlich dieselben geblieben. An den Wänden hängen etliche zeitgenössische Kunstwerke, darunter Immendorff-Gemälde. »Meinen Kunstkram nehme ich mit – dann passt da auch Ihre Willy-Brandt-Statue wieder hin«, sagt Westerwelle. Seine Willy-Brandt-Miniaturskulptur und seinen Globus nimmt Steinmeier auch in sein neues Büro mit, von dem aus er nun den über 200 Botschaften, Konsulaten und Ständigen Vertretungen vorsteht, die das Auswärtige Amt unterhält. In einem Werbefilm des Ministeriums heißt es, »rund um die Welt, rund um die Uhr« nähmen die Mitarbeiter des Auswärtigen Amtes deutsche Interessen wahr. Steinmeier jettet als Außenminister von jetzt an wieder jährlich gut 400.000 Kilometer durch die Luft, etwa zehn Mal um die Erde, um zu konferieren, zu beratschlagen, zu überzeugen und zu vermitteln. Wer die minutiös durchgetakteten Tages- und Wochenpläne Steinmeiers für die Jahre 2013 bis 2016 studiert, erkennt darin das Profil eines rastlosen, »im Dauerbetrieb« funktionierenden Krisendiplomaten. Eine enorme physische wie psychische Belastung, mit der man zurechtkommen muss.

Steinmeier hat sie sich ausgesucht, ja gewünscht. Bereits während des Wahlkampfes im Sommer 2013 wurde die Erwartung geäußert, Steinmeier werde seinen Fraktionsvorsitz im Falle einer SPD-Regierungsbeteiligung abgeben und strebe an, ins Außenministerium zurückzukehren. Teil einer Großen Koalition unter der Führung Angela Merkels zu werden – für den Kanzlerkandidaten Peer Steinbrück ein Schreckensszenario – hat er zu keinem Zeitpunkt ausgeschlossen. Zwar pocht Steinmeier auch nach der Bundestagswahl zunächst auf den Fraktionsvorsitz und wird auch mit gut 90 Prozent wiedergewählt, doch läuft es nach dem Scheitern der schwarz-grünen Sondierungsgespräche rasch auf eine Neuauflage der Großen Koalition hinaus, die von der SPD durch ein Mitgliedervotum flankiert wird. Früh ist zu vernehmen, dass im Falle einer schwarz-roten Regierungsbildung Steinmeier das Auswärtige Amt führen solle. »Steinmeier ist gesetzt«, heißt es aus Parteikreisen, seine Mitarbeiter würden die kommende Amtszeit bereits vorbereiten. Wieder vollzieht sich in der Karriere Frank-Walter Steinmeiers ein Übergang beinahe beiläufig, scheinbar mühelos. Weder bei den Sondierungs- noch bei den Koalitionsverhandlungen hat er sich exponieren, Gegner ausbooten, Konkurrenten ins Aus befördern müssen. Scheinbar konkurrenzlos kommt er in das begehrte Amt. Allein das Finanzministerium, so ist zu hören gewesen, hätte ihn gleichermaßen gereizt. Doch das Finanzressort, das in Zeiten europäischer Finanzkrisen auch ein verkapptes Außenministerium ist, hatte die CDU in jedem Fall für sich behalten wollen. Und so kommt es, dass, während die Feinheiten des Koalitionsvertrages sich noch im Stadium der Aushandlung befinden, Steinmeier sich schon die ersten Dossiers über Ozeanien ins Büro schicken lässt, wie Leute, die ihn kennen, ein wenig süffisant anmerken.

Deutschlands neue Führungsrolle

Doch die ersten Überlegungen gelten weniger dem Fern- als dem Nahbereich: Steinmeier will europäische Fragen wieder ins Auswärtige Amt holen. Nach seinem Dafürhalten hat sich Westerwelle hier viel zu wenig eingebracht und die Europapolitik gänzlich dem Finanzminister und der Kanzlerin überlassen. Ohnehin machen auf den Gipfeltreffen die Staats- und Regierungschefs die zentralen Fragen unter sich aus. Die Außenminister sind seit dem Inkrafttreten des Lissabon-Vertrages Ende 2009 nur noch in Ausnahmefällen mit von der Partie. Steinmeier hat daher vor, den Allgemeinen Rat, in dem sich die Außen- und Europaminister treffen, wieder zu einem wichtigen Gremium in der Brüsseler Machtstruktur zu entwickeln. Die Regierungschefs haben sich bisher nicht sonderlich für dieses Instrument interessiert, was sich nun durch Steinmeiers Vorstoß ändern soll. Auch langfristig sollen nach seinem Willen das EU-Parlament und die Kommission gestärkt werden, die Runde der Staats- und Regierungschefs soll Teile ihrer Entscheidungskompetenzen abgeben. Steinmeier ist sich bewusst, dass angesichts der Wirtschafts- und Finanzkrise in der EU das Finanzressort auch in außenpolitischen Fragen stark an Gewicht gewonnen hat. Er macht Martin Kotthaus, einen ehemaligen Sprecher Wolfgang Schäubles, zum neuen Leiter seiner Europa-Abteilung. Schäuble und Steinmeier sind in EU-Fragen weitgehend auf einer Wellenlänge, und Kotthaus ist ein Vertrauter beider Minister, er kennt das Finanzministerium und kennt auch Brüssel, wo er sechs Jahre lang Sprecher der deutschen Vertretung bei der EU gewesen ist.

Ausdruck der Bemühungen um mehr Sichtbarkeit bei der Europapolitik ist zudem die Wiederbelebung des »Weimarer Dreiecks«, das Steinmeier wieder regelmäßig mit seinen Amtskollegen aus Frankreich und Polen zusammenbringen soll. Das lose Gesprächsforum ist im August 1991 in der thüringischen Kulturstadt mit einer *Gemeinsamen Erklärung zur Zukunft Europas* gegründet worden, hat aber seitdem nur unregelmäßig und in veränderten Konstellationen getagt. Steinmeier möchte es im klassischen Format – Deutschland, Frankreich und Polen – reaktivieren und damit im Verbund mit den Nachbarländern eine ebenso stabile wie geschlossene Mittelachse in Europa wiederaufleben lassen. Letztlich ist die Akzentsetzung, die vom »Weimarer Dreieck« ausgeht, auch Teil jener »neuen deutschen Außenpolitik«, wie sie von Steinmeier schon früh postuliert wird. Denn ein entschlosseneres Auftreten in den Krisen der Welt soll diesen Überlegungen zufolge einhergehen mit einer gefestigten und belastbaren Beziehung zu den wichtigsten angrenzenden Partnerländern daheim. Hat Westerwelle noch von einer »Kultur der Zurückhaltung« gesprochen, warnt Steinmeier nunmehr: Man habe sich zu sehr daran gewöhnt, das Handeln anderer nur zu kommentieren. Aus einer »Kultur der Zurückhaltung« dürfe keine »Kultur der Heraushaltung« werden, verkündet Steinmeier und wirbt für eine – für seine – »aktive Außenpolitik«.

Steinmeier steht mit seiner »neuen deutschen Außenpolitik« in einer Linie von außenpolitischen Veränderungen, die immer dann sichtbar werden, wenn es nötig erscheint, Deutschlands Rolle in Europa und der Welt zu überdenken. Schon Mitte der 1950er Jahre ist im Zusammenhang mit dem Thema »Wiederbewaffnung« ein neuer Kurs in der deutschen Außenpolitik diskutiert worden. Zu Beginn der sozialliberalen Koalition haben Kanzler Willy Brandt und sein Außenminister Walter Scheel einen außenpolitischen Paradigmenwechsel unter dem Rubrum »Entspannungspolitik« durchgesetzt. Nach der deutschen Vereinigung 1990 hat die »neue Außenpolitik« vor allem aus einer bewussten »Verantwortungspolitik« bestanden. Und nach den Anschlägen vom 11. September 2001 und dem anschließenden »war on terror« der USA gegen Saddam Husseins Irak im Jahr 2003 hat Berlin außenpolitisch einen »deutschen Weg« (Gerhard Schröder) beschritten: etwa indem man sich, wie Frankreich, nicht am Irakkrieg beteiligte.

Steinmeiers Postulat einer »aktiven Außenpolitik« fügt sich, sofern man dies bereits sagen kann, in diese Reihe ein. Die Hintergrundfolie bilden diesmal die politischen Krisen Europas sowie die (auch dadurch entstandene) veränderte Stellung Deutschlands gegenüber einer Vielzahl gleichzeitig auftretender globaler Konfliktlagen. Steinmeier drückt es so aus: Die Krisen seien in den vergangenen Jahren »spürbar näher an uns herangerückt«, und während Europa wegen der Wirtschafts- und Finanzkrise mit sich selbst beschäftigt gewesen sei, seien »dramatische Entwicklungen jenseits unseres Tellerrandes« unterschätzt worden. Nichts zu tun sei keine Option mehr. »Dazu sind wir auch in Europa inzwischen ein bisschen zu groß und ein bisschen zu wichtig«, sagt er. Die »neue Außenpolitik« begründet der Protestant Steinmeier auch mit christlichen Überzeugungen. Sich herauszuhalten sei keine Lösung, aufzuhören keine Option, »Tatenlosigkeit ist keine Haltung«, sagt er beispielsweise im Sommer 2015 beim Evangelischen Kirchentag, dessen Präsidiumsmitglied er ist. Gerade aus christlicher Sicht, so Steinmeier weiter, dürfe man nicht wegsehen, sondern trage Verantwortung für sein Handeln wie für ein Nichthandeln.

Doch die außenpolitischen Debatten, meint Steinmeier, sind in Deutschland, verglichen mit denen in Frankreich, England und den USA, unterentwickelt, sie sind von zu wenig Esprit und von zu viel Denkfaulheit geprägt. Eine »kritische Selbstüberprüfung« und eine »Selbstverständigung über die Perspektiven deutscher Außenpolitik« verordnet Steinmeier seinem Ministerium. Auch das kündigt er im Weltsaal des Auswärtigen Amtes am Tag der Amtsübergabe bereits an. Rund sechzig Kommentatoren, Beobachter und Thinktanker werden sich an dem Projekt *Review 2014* beteiligen; Steinmeier selbst nimmt an fast einem Dutzend Diskussionsrunden zum Thema »Außenpolitik Weiter Denken« teil, und die Ergebnisse stützen seinen bereits formulierten Ansatz der »aktiven Außenpolitik« – mehr Verantwortung, mehr Engagement in einer sich rapide wandelnden Welt.

Die Münchner Sicherheitskonferenz Ende Januar 2014 ist die Bühne, auf der Steinmeier – sekundiert von Bundespräsident Joachim Gauck sowie von Verteidigungsministerin Ursula von der Leyen – vor rund zwanzig Staats- und Regierungschefs und 400 internationalen Gästen bereits die neuen Linien vorzeichnet. Der Kernsatz seiner Rede lautet: »Deutschland muss bereit sein, sich außen- und sicherheitspolitisch früher, entschiedener und substanzieller einzubringen.« Ein Jahr später wird Steinmeier denselben Gedanken an selber Stelle weiter zuspitzen: Es sei »die entscheidende Frage gar nicht, ob wir uns engagieren, sondern ›wo‹ und ›wie‹.«

Kurzum: Steinmeier plädiert bereits zu Beginn seiner zweiten Amtszeit dafür, dass Deutschland sich aktiver zu seiner Führungsrolle in Europa und der Welt zu bekennen habe. Allerdings ist es dann vor allem der Druck der globalen Ereignisse, der Steinmeier und mit ihm das Land in eine Verantwortung rückt, die bundesrepublikanische Außenminister in dieser Form noch nicht zu schultern gehabt haben.

Leicht auf den Punkt zu bringen sind die Jahre zwischen 2014 und 2016 nicht: Vieles ist miteinander verknotet, und die Schärfe, Gleichzeitigkeit und Komplexität der multiplen und oft auch miteinander zusammenhängenden Krisen kann bisweilen einen gewissen Schwindel verursachen. Allein die Aufzählung dieser »Hotspots«, wie Steinmeier die akuten Konfliktregionen zuweilen nennt, führt deren Simultaneität und die Komplexität aller Bemühungen, sie einzuhegen, vor Augen: Syrien, Ukraine, Türkei, Iran, Irak, Libyen, Tunesien, Ägypten, Mali, Zentralafrika, Südsudan, Afghanistan, Teile Ostasiens. Und allein schon die bloße Benennung der Krisenphänomene deutet die Vielschichtigkeit der Konfliktbearbeitung an: Die Krise(n) der EU, der »Islamische Staat« und der internationale Terrorismus, Cyberattacken und organisierte Ausspähungen, Ebola und andere epidemische Viruserkrankungen, der Klimawandel sowie der Umgang mit bzw. der Streit um Ressourcen, der Nahostkonflikt, die nukleare Aufrüstung sowie durch ganz unterschiedliche Ursachen bedingte globale Flucht- und Migrationsbewegungen. Zeit für theoretische Grundlagendebatten und interne Strukturarbeit ist da in der Tat kaum mehr geblieben. Binnen zwölf Monaten avanciert der Außenminister, wie etwa die *Rheinische Post* titelt, zum »Bundeskrisenminister« – Steinmeier im Dauereinsatz.

Keine Frage, die Krisen haben seine Außenpolitik geprägt. Doch welche Krisen konnten auf welche Weisen von Steinmeier geprägt werden? Um es vorwegzunehmen: Man wird keine abschließende Antwort finden – zu offen sind die Problematiken, zu limitiert der Handlungsradius eines einzelnen Ministers im Gefüge eines globalen Großkonfliktes. Und doch erhält man Auskunft über die Ausrichtung und den Stil der Außenpolitik unter Steinmeier sowie über sein Handeln und Verhalten als Außenminister.

Ukraine-Krise: Nagelprobe Russlandpolitik

Ganz sicher spielt Russland im Koordinatensystem des Außenministers die zentrale Rolle – das ist, bei veränderter Weltlage, dann doch eine Kontinuität zu seiner ersten Amtszeit als Außenminister. Damals hat er auf Annäherung gesetzt, auf Austausch und steten Dialog mit Russland. Eine »deutsch-russische Modernisierungspartnerschaft« hat er während seiner ersten Amtszeit begründet. Nicht zuletzt hat er im Ausland als jemand gegolten, der die russlandfreundliche Politik Gerhard Schröders fortsetzt. Immer wieder wurde – und wird – Steinmeier als »Putin-Versteher« etikettiert. Schon in seiner ersten Amtszeit hat es nicht an Stimmen gemangelt, die ihm vorgeworfen haben, gegenüber Putins Russland blauäugig zu agieren – ein Vorwurf, den er selbst für so absurd wie nur wenige andere hält. Jetzt aber kommt es wirklich zur Nagelprobe für seine Russlandpolitik: Die Ereignisse in der Ukraine überstürzen sich gerade in der Zeit, in der Steinmeier erneut ins Auswärtige Amt einzieht. Die Lage ist höchst kompliziert, teils undurchsichtig, als im November 2013 die ukrainische Regierung ankündigt, ein Assoziierungsabkommen mit der EU vorerst nicht unterzeichnen zu wollen. Massenproteste formieren sich in der ukrainischen Hauptstadt gegen diese Entscheidung. Vor allem Studenten und ukrainische Spezialpolizei geraten gewalttätig aneinander. Zentraler Demonstrationsort ist der Maidan-Platz im Zentrum

Kiews, auf dem Anfang Dezember 2013 etwa 500.000 Menschen die Amtsenthebung von Präsident Wiktor Janukowitsch fordern. Die Auseinandersetzungen werden zunehmend heftiger. Im Februar 2014 eskalieren die Proteste um den nunmehr von proeuropäischen Demonstranten besetzten Maidan gänzlich: Feuer, Schüsse, Tote – die Situation ist chaotisch, nach offiziellen Angaben der Polizei sind allein an den Tagen um den 21. Februar herum 77 Menschen bei den Kämpfen getötet worden. Der Präsident tritt zurück, setzt sich ins Ausland ab, eine Übergangsregierung übernimmt. Während der Krise annektiert Russland die Halbinsel Krim im Süden des Landes, die bis 1991 erst zur russischen, dann zur ukrainischen Sowjetrepublik gehört hat und seither zur Ukraine. Eine »völkerrechtswidrige Annexion«, wie Steinmeier wortgleich mit der überwältigenden Mehrheit der führenden westlichen Politiker das russische Vorgehen nennt. So ist es bis heute die Position der Bundesregierung. Die EU verhängt Sanktionen. Im Osten, insbesondere im Gebiet um Donezk und Luhansk, kämpfen prorussische Einheiten für eine Abspaltung der Regionen von der Ukraine und besetzen diese Gebiete.

Steinmeier entschließt sich gemeinsam mit seinen Amtskollegen aus Polen und Frankreich, Radek Sikorski und Laurent Fabius, am 20. Februar 2014 – auf dem Höhepunkt der Konflikte in Kiew – in die Ukraine zu reisen. Ihr Ziel: mit Präsident Wiktor Janukowitsch zu verhandeln und ein Ende der Gewalt zu erwirken. Draußen kämpfen Soldaten und Polizisten. Männer mit Schmauchspuren im Gesicht und Gewehren im Anschlag gehen im Präsidentenpalast ein und aus. Steinmeier beschreibt in seinem jüngsten Buch *Flugschreiber* diese Stunden eindringlich. Zu dritt reden die Außenminister auf Janukowitsch ein. Ein von Russland entsandter Diplomat, die ukrainische Oppositionsführung um Witalij Klitschko und weitere Experten werden hinzugezogen. Steinmeier spürt, dass sich vielleicht kurz eine Möglichkeit ergibt, ein *window of opportunity*, wie Diplomaten gern sagen. Die ganze Nacht hindurch verhandeln sie, feilschen um jedes Komma. Es geht hin und her, große Graubrotquader und Wurststücke werden gereicht, geschlafen wird hingegen nicht. Um sechs Uhr morgens dann der Durchbruch: ein Fünf-Punkte-Plan, der einen Waffenstillstand, eine Beteiligung der Opposition an der Regierung und schließlich Neuwahlen umfasst, wird vereinbart. Als anschließend auch der Maidan-Rat überzeugt worden ist, kann das Papier unterzeichnet werden – nach gut 30-stündigen Verhandlungen. Für Steinmeier ist es ein mühsam errungenes Resultat, das für sich genommen zwar durchaus beachtlich und durchweg positiv ist – indes: Mit Blick auf den russisch-ukrainischen Konflikt insgesamt stehen die Verhandlungen der Nacht eher beispielhaft für die Schwierigkeiten im weiteren Verlauf: Auf einen diplomatischen Teilerfolg folgt die Nichtbeachtung festgelegter Vereinbarungen, oder es werden – wie kurz nach der Kiewer Übereinkunft – neue Fakten geschaffen: Wenige Tage später tauchen vermummte russische Einheiten auf der Krim auf.

Eine Art erfolgreiches Scheitern gehört zur Diplomatie dazu. Es geht bestenfalls in kleinen Schritten voran – und oft auch wieder zurück. Doch zehrt es an Frank-Walter Steinmeier, dass ausgerechnet im Falle des von ihm seit Langem als so bedeutend erachteten Verhältnisses zu Russland die Zugänge derart verbaut erscheinen. Das erste Abkommen von Minsk vom September 2014, in dem sich Russland und die Ukraine unter Vermittlung der Organisation für Sicherheit und Zusammenarbeit in Europa (OSZE) mühsam auf einen Waffenstillstand, einen Gefangenenaustausch, eine Demilitarisierung sowie eine Überwachung der Grenzen geeinigt haben, hält keine drei Wochen. Der im

Februar 2015 unterzeichnete Vertrag »Minsk II«, für dessen Zustandekommen Steinmeier und Merkel enormen Aufwand betrieben und, wie sie sagen, »vertrauensvoll« zusammengearbeitet haben, ist bis heute nicht umgesetzt. Mehrfach hat Russland angekündigt, seine Truppen aus dem Grenzgebiet abzuziehen, ist dieser Verpflichtung aber nach Angaben der Nato nicht nachgekommen. Dieser Vorwurf wiederum empört Moskau, das auf Versäumnisse seitens der Ukraine verweist. Steinmeier und insbesondere sein französischer Kollege Fabius, Außenminister bis Februar 2016, fliegen unter anderem ins Baltikum, nach Moldawien und Georgien. Sie wollen beruhigen, sich solidarisch zeigen und Präsenz demonstrieren. Zahlreiche Pendelbesuche und Dialog-Offensiven gehen von den beiden aus; Konsultationen in Moskau, Kiew, Paris, Wien und Berlin finden statt. Aber nur selten geht es bei den Treffen im sogenannten Normandie-Format (Deutschland, Frankreich, Russland, Ukraine) voran. Steinmeier lässt sich davon nicht beirren, ein Dutzend Mal konferieren die Außenminister in dieser Runde, zumeist im Gästehaus des Auswärtigen Amtes, der Villa Borsig in Berlin-Tegel. Es ist kompliziert. Die kurzfristige Befriedung des Konflikts tritt als eher unrealistisches Ziel in den Hintergrund: Seine Eindämmung hat den Vorrang. Zwei zentrale Absichten verfolgt Steinmeier mit seinen Bemühungen: die Eskalationsspirale in der Ukraine zu stoppen sowie eine Spaltung in der EU und im westlichen Bündnis anlässlich der Probleme um den Umgang mit der Ukraine-Krise zu verhindern. Insbesondere die USA diskutieren regelmäßig über die Lieferung von Waffen ins ukrainische Krisengebiet, verlegen im Sommer 2015 selbst schweres Militärgerät in die Nato-Staaten Mittel- und Osteuropas, um Stärke zu demonstrieren, und erhöhen zugleich den Druck auch auf Deutschland, sich aktiver einzuschalten. Auch in Deutschland, wenn auch deutlich zurückhaltender, werden Stimmen laut, Waffenlieferungen an die Ukraine jedenfalls nicht auszuschließen – so verlangt es beispielsweise die Osteuropa-Expertin der Grünen Marie-Luise Beck. Steinmeier, der Ende der 1990er Jahre an der Entscheidung für eine deutsche Beteiligung an den Nato-Luftschlägen gegen Serbien beteiligt gewesen ist, ist ein entschiedener Gegner von Waffenlieferungen in die Ukraine. Er setzt auf Verhandlungen mit Russland sowie politischen und ökonomischen Druck durch Sanktionen. Die USA warnt er, dass eine Aufrüstung der Ukraine den Krieg »in die nächste Phase katapultieren« und »das Eskalationsniveau anheben« würde, weil dann auch die prorussischen Einheiten aufrüsten würden.

Die Positionen sind verhärtet: Russland fordert einen Sonderstatus für die Separatistengebiete; die Ukraine verlangt die Kontrolle der eigenen Staatsgrenze und einen Waffenstillstand. Steinmeier sieht sich als Vermittler zwischen Ost und West, als »Mann der Mitte«, so die *New York Times*. Als Konsenssucher zwischen den Mächten wird er beschrieben: eine zermürbende Arbeit, für die er – eben aufgrund seiner Mittelposition – auch hart angegangen wird. Er reagiert für seine Verhältnisse überaus gereizt. Es könne wohl sein, dass Putin trickse, blafft er auf einer Europakonferenz des WDR im Mai 2014. Aber man solle nicht einzelnen Aussagen vertrauen, sondern auf politisches Handwerk. Man befinde sich in einer Situation, die einen »diplomatischen Approach« noch zulasse, daher, so Steinmeier, sei das Kriegsgerede nicht klug. Die CSU hingegen attackiert Steinmeier im Europawahlkampf, er erreiche in der Ukraine zu wenig. »Außer Spesen nichts gewesen«, sagt ihr Spitzenkandidat Markus Ferber.

Es sind dramatische Wochen. Im Nahen Osten fliegen Raketen und Bomben, die Partnerschaft mit den USA steht infrage, Russland verschärft die Krise in der Ukraine. Steinmeiers Kurs gilt in den Augen vieler Kritiker als zu moskaufreundlich. Die Grünen fordern, Steinmeier solle seine Äquidistanz zwischen Moskau und Kiew aufgeben. Die CSU poltert, Putin schaffe Fakten, und die EU diskutiere nur. Die *Bild*-Zeitung fragt in gewohnt großen Buchstaben »Darf Putin etwa alles?« und fordert härtere Sanktionen. Zunächst hat Steinmeier noch vor Sanktionen gewarnt, im Verlauf der Krise hat aber auch er sie befürwortet – wenngleich er mahnt, Maß zu halten. Ein »kollabierendes« Russland sei kein Beitrag zur Stabilisierung der Region. Steinmeier vermittelt nicht zuletzt unter seinen 27 EU-Kollegen: Einige, etwa Polen und Balten, wollen harte Sanktionen gegen Russland; andere, wie Ungarn und Griechenland, streiten für das Gegenteil, während Länder wie Portugal demonstratives Desinteresse an dem Thema zeigen. Zwischen all diesen Ländern steht Deutschland, die »Zentralmacht Europas« (Hans-Peter Schwarz).

Kritik an den Sanktionsmaßnahmen kommt nicht zuletzt aus der streitlustigen SPD. Für die deutsche Sozialdemokratie ist das Verhältnis zu Russland ein Erbe der Ostpolitik Willy Brandts, der Ära der »Entspannungspolitik«, die als goldene Zeit der sozialdemokratischen Außenpolitik gilt (und teils auch verklärt wird). Vor Steinmeier hat kein SPD-Regierungspolitiker diesen Kurs geändert. Helmut Schmidt erklärt, er verstehe das Vorgehen des russischen Präsidenten. Die Gefahr entstehe, »weil der Westen sich furchtbar aufregt«. Egon Bahr, der Architekt der Ostpolitik, sagt, die westliche Sanktionsspirale sei ein Rückfall in den Kalten Krieg. Eine schwierige Lage für Steinmeier: Die Äußerungen der SPD-Granden setzen ihm zu. Im Ausland fragt man sich angesichts dieser Kritik, wie glaubwürdig seine Politik ist und über wie viel Rückhalt Steinmeier verfügt. Im Inland befeuern sie jene, die den vermeintlich harten Kurs gegenüber Putin ablehnen. Erhard Eppler zeigt in einem Essay Verständnis für die russische

Führung und Putin, »der sich von Ukrainern und Westlern nicht auf der Nase herumtanzen lässt«. Klaus von Dohnanyi belehrt eine ukrainische Journalistin, die auf das Selbstbestimmungsrecht ihres Landes pocht: »Sie können sich nicht einfach aus einer Einflusszone herauslösen.« Mehrfach kommentiert Gerhard Schröder die Russlandpolitik der Regierung. Er findet, der Westen gehe zu kritisch mit Russland um, und meint, die Europäer seien ungeeignet als Vermittler in der Ukraine, weil sie als Partei wahrgenommen würden. Der *Welt am Sonntag* gibt er ein Interview und antwortet auf die Frage »Kann Steinmeier das?« mit: »Da vertraue ich ihm. Noch.« Das »noch« lässt er für die gedruckte Fassung wieder streichen, wie die *Bild*-Zeitung berichtet. Es heißt aus Steinmeiers Umfeld, dass ihm, dessen Loyalität zu Schröder nie in Zweifel gestanden hat, die Äußerungen seines ehemaligen Chefs wirklich nahegegangen seien.

In der Geschichte der Bundesrepublik hat Außenpolitik eher selten polarisiert – wenngleich es auch das gegeben hat, man denke nur (wie erwähnt) an Westbindung, Ostpolitik, Nachrüstung. Sonst aber herrschte oft Konsens zwischen den Parteien, insbesondere nach dem Ende des Kalten Krieges. Die Russlandpolitik aber polarisiert. Das zeigt auch Steinmeiers Auftritt auf dem Berliner Alexanderplatz im Mai 2014, während einer Wahlkampfveranstaltung der SPD vor der Europawahl. Steinmeier hält eine Rede und wird dabei von Demonstranten mit Pfiffen und »Kriegstreiber«-Rufen gestört. Steinmeier versetzt das in Rage. Er schreit die Demonstranten an: »Ihr solltet euch überlegen, wen ihr als Kriegstreiber bezeichnet.« Er brüllt geradezu, mit rotem Kopf: »Hätten wir auf Leute wie die da hinten gehört, wäre Europa heute kaputt.« Der *Spiegel* schreibt: »Für Steinmeiers Verhältnisse war es ein veritabler Ausraster.« In den sozialen Medien entwickelt sich das Video des Auftritts zum vielfach geteilten Knüller.

Ausnahmsweise lächelnd. Der russische Außenminister Lawrow, so Steinmeier, ist ein überaus harter Verhandlungspartner. Oft liegen die beiden über Kreuz, und dennoch schätzen sie sich.

Für die einen ist Steinmeier jetzt ein »Kriegstreiber«, für andere dagegen ein Appeasement-Politiker. Beide Extreme treffen es freilich nicht. Steinmeiers Verhältnis zu Russland hat sich binnen weniger Monate gewandelt: von einem überzeugten Anhänger einer Partnerschaft mit Moskau zu einem (auf Ausgleich bedachten) Kritiker der Politik von Präsident Putin. Seine Strategie lautet nun: noch deutlichere Kritik an Russland, aber keinesfalls die Gesprächsfäden kappen. Bei der UNO-Vollversammlung im September 2014 prangert er an, ausgerechnet das ständige Sicherheitsratsmitglied Russland habe das Völkerrecht gebrochen, und verlangt: »Diesem gefährlichen Signal mussten wir uns entgegenstellen.« Das Völkerrecht dürfe nicht »von innen ausgehöhlt« werden. Er warnt aber vor einer Spaltung der Vereinten Nationen in Ost und West. Russlands Außenminister

Sergej Lawrow, den Steinmeier seit mehr als zehn Jahren kennt, giftet umgehend zurück: »EU und Nato belügen sich selbst als angebliche Hüter der Demokratie.« Er fügt hinzu: »Die Ukraine ist Opfer dieser arroganten Politik der USA und der EU geworden.« Die Beziehungen zueinander sind massiv gestört, sie könnten kaum schlechter sein. Dabei nimmt Steinmeier Lawrow als professionellen und (daher) schwierigen Verhandlungspartner wahr, mit dem er allerdings bei abgelegter Krawatte und einem Glas Scotch unter vier Augen gut reden kann. Das ist immer ein Balanceakt. »Wir können oft nicht einer Meinung sein«, schreibt Steinmeier über Lawrow in seinem Buch, »aber wir wissen beide, dass es unterschiedliche Wahrnehmungen derselben Realität gibt und dass Außenminister darüber reden müssen, wenn Lösungen für Konflikte möglich bleiben sollen.«

Um Wahrnehmungen und Realitäten geht es gleich an mehreren Stellen in der Ukraine-Krise. Als ein Beispiel dafür sei auf den 17. Juni 2014 verwiesen, als ein Flugzeug der Malaysia Airlines in der Ostukraine über dem umkämpften Gebiet abstürzt und alle 298 Menschen an Bord sterben. Die EU geht von einer Mitverantwortung Russlands aus und verschärft die verhängten Sanktionen. Wie ein niederländisches Ermittlerteam im Oktober 2016 nach gut zweijährigen Recherchen mitteilt, ist Flug MH17 mit einer russischen Buk-Rakete aus einem von prorussischen Rebellen gehaltenen Dorf heraus abgeschossen worden. Der Kreml hat das von Anfang an bestritten, er wirft den Untersuchungen Parteilichkeit vor und verweist auf vermeintlich widersprüchliche Aussagen, Gutachten und Gegengutachten, nicht berücksichtigte Zeugenaussagen sowie unterschlagenes Foto- und Filmmaterial. Im Auswärtigen Amt ist für den »Russland-Komplex« in erster Linie Staatssekretär Markus Ederer verantwortlich. Er ist gut befreundet mit dem inzwischen ebenfalls zum Staatssekretär ernannten vormaligen

Büroleiter Steinmeiers, Stephan Steinlein, der vorrangig mit Syrien und dem Nahostkonflikt betraut ist. Beide wiederum haben einen engen Kontakt zu Christoph Heusgen, Merkels außen- und sicherheitspolitischem Berater. Anders als in der vorangegangenen Amtsperiode Steinmeiers, in der es durchaus Meinungsverschiedenheiten mit dem Kanzleramt gegeben hat, kommt es – wohl auch aufgrund dieser personellen Konstellation – zu wenig öffentlich wahrnehmbaren Dissonanzen zwischen der Kanzlerin und dem Außenminister. Steinmeier agiere »wie eine Art Nebenkanzler« (*Spiegel Online*), und Merkel lasse ihm den Spielraum. In der Tendenz indes ist Merkel noch immer Kreml-kritischer als der ansonsten so illusionslose Steinmeier.

Dass der Außenminister seine Maxime »Annäherung durch Verflechtung«, die er während seiner ersten Zeit im Auswärtigen Amt immer wieder betont hat, teilweise hat korrigieren müssen, ficht ihn nicht weiter an. Nur die »klammheimliche Freude« darüber, die er bei einigen beobachtet, stört ihn. Im Wesentlichen vertritt er weiterhin eine »Positivagenda« im Umgang mit Russland. Er kritisiert im Juni 2016 in der *Bild am Sonntag* die gegen Russland gerichteten Nato-Manöver in Osteuropa und die geplante Verlegung von Nato-Soldaten ins Baltikum mit drastischen Worten: »Was wir jetzt nicht tun sollten, ist, durch lautes Säbelrasseln und Kriegsgeheul die Lage weiter anzuheizen.« Er fügt hinzu: »Wer glaubt, mit symbolischen Panzerparaden an der Ostgrenze des Bündnisses mehr Sicherheit zu schaffen, der irrt. Wir sind gut beraten, keine Vorwände für eine neue, alte Konfrontation frei Haus zu liefern.« Weniger auf Abschreckung und mehr auf den Dialog müsse man setzen. Im Augenblick scheine es so zu sein, »als würden wir diese zweite Säule völlig vergessen«, sagt Steinmeier. Moskau reagiert prompt und lobt ihn als »Stimme der Vernunft«. Im Kanzleramt dagegen ist man entsetzt, und selbst mancher im Auswärtigen Amt traut seinen Ohren nicht.

Es ist eben ein ewiges Abwägen, ein Austarieren von Annäherung und Distanzierung. Russland zeigt sich im Ukraine-Konflikt unbeweglich, und dennoch bietet Steinmeier Moskau Unterstützung beim Wiederaufbau der zerstörten Akademie der Wissenschaften an, die Ende Januar 2015 bei einem Brand schwer beschädigt worden ist. »Auch in politisch schwierigen Zeiten dürfen wir die kulturellen Brücken zwischen Deutschland und Russland nicht kappen«, begründet er sein Angebot. Die *FAZ* spricht von einem »realpolitischen Ansatz gegenüber Putin«, der »mitunter an Selbstverleugnung grenzt«. Im August 2016 sagt Steinmeier an der Universität in Jekaterinburg: »Wenn endlich eine Zeit des Wiederaufbaus in Syrien kommt, dann sollten besonders Deutschland und Russland Hand in Hand arbeiten – im Palmyra, in Aleppo oder in Homs.« Steinmeier wünscht sich also eine deutsch-russische Kooperation beim Wiederaufbau des Landes – und keine sechs Wochen später beginnt Moskau, über Syrien eigene Bomben abzuwerfen. »Was auch immer passiert«, sagt jemand, der ihn gut kennt, »Steinmeier gibt der Diplomatie eine Chance, manchmal bis zum Erbrechen.« Die Annahme, dass das Verhalten Russlands abhängig von der jeweiligen westlicher Annäherungs- bzw. Abgrenzungspolitik sei, ist in der Diskussion kaum wahrnehmbar. Zwischen den diffamierenden Zuschreibungen »Kriegstreiber« und »Putin-Versteher« sowie ihren jeweiligen Nuancierungen gibt es in der Debatte kaum Platz. Die Extreme besetzen den Raum.

Ähnlich wie in der Zeit als Oppositionsführer profiliert sich auch während der Großen Koalition ab 2013 der SPD-Vorsitzende Sigmar Gabriel als Widerpart zur Politik Steinmeiers, indem er den Außenminister mit seinen außenpolitischen Vorstößen irritiert und kritisiert. So hat Gabriel beispielsweise bereits 2012 Israel ein »Apartheidregime« genannt oder dem griechischen Premierminister Alexis Tsipras nach dem gescheiterten Euro-Referendum im Frühjahr 2015 »Dummheit« vorgeworfen: Jeweils Alleingänge, die wiederum Steinmeier brüskieren. Vor allem aber beim Umgang mit Saudi-Arabien hat Gabriel Steinmeiers Politik nahezu konterkariert. Im Dezember 2015 hat der SPD-Chef und Vizekanzler in einem Interview gesagt, dass Saudi-Arabien »überall in der Welt wahhabitische Moscheen finanziert«, die von islamistischen Gefährdern frequentiert würden. Der Botschafter Saudi-Arabiens reagierte erbost. Er habe bereits im Sommer dementiert, dass der Staat 200 Moscheen in Deutschland erbauen lasse, und kritisiere daher – ohne Gabriel beim Namen zu nennen –, dass solche »bewusst lancierten Meldungen« ein »Klima des Hasses« gegen Saudi-Arabien schüfen. Steinmeier sieht seine Bemühungen in der Region torpediert – vor allem was seine Verhandlungen um eine Befriedung des Syrien-Krieges betrifft. Doch Gabriel vertritt die Meinung, die deutsche Sozialdemokratie müsse auch einen erkennbaren eigenen außenpolitischen Kurs vertreten. Dabei weiß er die Mehrheit der SPD-Anhänger sowie die Mehrheit der Bevölkerung hinter sich, die die Beziehungen zu Saudi-Arabien, einem der autoritärsten Staaten weltweit, in dem Todesurteile in Form von Massenhinrichtungen vollstreckt werden, kritisch sieht. Als Wirtschaftsminister drängt Gabriel erfolgreich darauf, die Rüstungsexporte in das Königreich einzuschränken. Steinmeier betrachtet den schiitischen Gottesstaat Iran auf der einen und die wahhabitische Monarchie Saudi-Arabien auf der anderen Seite indes als überaus gewichtige Akteure für die Stabilität in der Region, insbesondere im Hinblick auf den Krieg in Syrien. Reist er in diese Länder, wird Unmut laut. Saudi-Arabien richte Menschen hin, und der Außenminister feiere mit dem Regime »lustige Feste«, schimpft die Union im Januar 2016. Erst wenige Tage zuvor hat Saudi-Arabien an 47 Menschen das Todesurteil vollstreckt, an so vielen wie seit Jahrzehnten nicht mehr. Unter den Hingerichteten ist auch der schiitische Geistliche Nimr Baqir al-Nimr gewesen, was im Iran heftige Proteste ausgelöst hat. Ein Mob hat in Teheran die saudische Botschaft gestürmt, weshalb Riad die diplomatischen Beziehungen abgebrochen hat: Für Steinmeier eine höchst komplexe außenpolitische Gemengelage, für Gabriel ein Profilierungsfeld. Als der Wirtschaftsminister mit einer großen Unternehmerdelegation nach Riad fliegt, spricht er das Schicksal des regimekritischen Bloggers Raif Badawi an, der zu zehn Jahren Gefängnis und 1000 Stockhieben verurteilt ist.

Steinmeier indes verwickelt sich während seines eigenen Besuches wenige Monate später diesbezüglich in Widersprüche. Er gibt zu verstehen, er habe ebenfalls dem König gegenüber die Situation Badawis angesprochen, doch dann korrigiert er sich: Er habe das Thema vielmehr mit dem ihm geeignet erscheinenden Regierungsvertreter besprochen. Für ihn gilt: Man müsse als Außenminister im Umgang mit Diktatoren und autoritären Regimen eben »Widersprüche aushalten«, wie er gern wiederholt. Auch den iranischen Präsidenten Hassan Rohani lädt Steinmeier ein, nach Deutschland zu kommen. Das Treffen kommt aber bis Ende 2016 nicht zustande – wohl auch, weil die Kanzlerin gegen einen solchen Besuch ist.

Wohin der »Krisenminister« auch fährt, es ist und bleibt komplex und oft verfahren. Allein um über die Ukraine-Krise zu verhandeln, hat Steinmeier bis Ende 2016 zehnmal seine Kollegen aus Paris, Kiew und Moskau nach Berlin eingeladen, um in der Villa Borsig, dem Gästehaus des Auswärtigen Amtes, im

»Normandie-Format« zu konferieren. Von den Zielen dieser Treffen ist man aber nach wie vor weit entfernt. Mit Blick auf die aktuellen Krisen befinde man sich in einer »schwierigen, geradezu verteufelten Lage«, sagt Steinmeier, was auch daran liege, dass sich Russland und Europa als Konkurrenten verstünden. Russland orientiere sich »immer stärker sichtbar an einem anderen Ordnungsmodell«, das weniger einer wertebasierten Ordnung im Sinne des Westens entspreche, die sich über internationale Zusammenschlüsse organisiert, sondern einer Ordnung, die sich »stärker hin zu Jalta entwickelt«, also der Aufteilung der Welt in Einflusszonen.

Seit April 2014 sind in dem andauernden Konflikt in der Ukraine fast 10.000 Menschen gestorben. Für Steinmeier liegt ein Erfolg bereits im bloßen *containment*, einer relativen Eindämmung des Konfliktes, kurzum: Ihm geht es darum, einen heißen Krieg zu vermeiden. »Es gab keinen Flächenbrand – und eine Großkonfrontation zwischen Ost und West wurde verhindert«, sagt er im November 2016. Es ist also nicht noch schlimmer geworden.

Eskalation in Syrien – Prototyp eines neuen Konflikts

Ohne Russland ist auch der Krieg in Syrien nicht zu verstehen. Für Steinmeier ist der Syrien-Krieg so etwas wie der Prototyp der neuen Konflikte im 21. Jahrhundert. Als friedliche Demokratisierungsbewegung 2011 gestartet, hat sich der Protest ausgeweitet, und Diktator Baschar al-Assad hat versucht, ihn mit immer brutalerer Gewalt niederzuschlagen. Aus Demonstrationen in der Hauptstadt Damaskus im Zuge des »Arabischen Frühlings«

ist ein erbitterter Bürgerkrieg geworden, der durch direkte und indirekte Einflussnahmen von außen nunmehr zu einem hybriden Krieg mutiert ist, in dem sich religiöse, ethnische und geopolitische Interessen- und Motivlagen längst miteinander verzahnt haben. Giftgas, Folter und Fassbomben bestimmen die Schlagzeilen. Die Zahl der Kriegsteilnehmer und auch der ausländischen Akteure, die in den Krieg hineinwirken, ist hoch. Allein achtzig bis hundert verschiedene Oppositionsgruppen, die Verbände des Diktators Baschar al-Assad, die Truppen des »Islamischen Staates« (IS) und deren Verbündete, die Hisbollah-Miliz, kurdische Kräfte sowie Söldner und Freischärler ganz verschiedener Herkunft kämpfen im Land. Die Türkei schaltet sich mit Angriffen auf kurdische Ziele in Syrien sowie dem Nordirak in den Krieg ein. Die »Anti-IS-Koalition« unter der Führung der USA fliegt ebenso Einsätze wie seit September 2015 die russische Luftwaffe: Eine »einsame Entscheidung« Russlands, wie Steinmeier seinerzeit kritisiert – und er fordert, dass alle Beteiligten aus ihren diplomatischen Schützengräben herauskommen müssten. Eine militärische Lösung des Konflikts werde es in Syrien nicht geben, da ist er sich sicher. An bewaffneten Einsätzen beteiligt sich Deutschland daher nicht, es ist mit der Bundeswehr nur indirekt in der Region vertreten. Die Anzahl der Getöteten schätzt der Sondergesandte der Vereinten Nationen mittlerweile auf rund 400.000. Knapp zwölf Millionen Syrer flüchten, die meisten von ihnen nach Jordanien, in den Libanon oder die Türkei, wo sie in Flüchtlingslagern untergebracht werden. Im September 2015 erreicht die »Flüchtlingskrise« auch Deutschland. Die meisten der Asylsuchenden stammen aus dem Bürgerkriegsgebiet der Levante.

Steinmeier hat bereits in seiner ersten Amtszeit Kontakt zu Assad aufnehmen wollen, zu einer Zeit, »als er noch nicht so ideologisch verbohrt war«. Durch eine engere Anbindung Syriens an den Westen, so Steinmeiers Annahme, sei mehr Einfluss auf die Entwicklungen dort zu nehmen. Anfang 2008 hat Steinmeier den syrischen Außenminister Muallim in Berlin empfangen – zum Missfallen der Kanzlerin: Sie sah darin eine Aufwertung des Systems. Assad müsse sich zunächst vom Terror von Hamas und Hisbollah lossagen, dann könne man reden, hieß es. Steinmeier aber habe das Gespräch ohne Vorbedingungen gesucht. Seine Appelle, Syrien solle eine »konstruktive Rolle« spielen, sind freilich verhallt. So hat man Steinmeier »Leisetreterei gegenüber den reaktionärsten Regimen« vorgeworfen. Der *Zeit*-Journalist Jörg Lau kommentiert im Oktober 2013: »Die jahrelange Charmeoffensive brachte nichts außer Renommee für eine Diktatur, deren Brutalität schon damals kein Geheimnis war.« Steinmeier reduziere die sozialdemokratische Entspannungspolitik auf die Pflege von »Gesprächskanälen« um jeden Preis.

Sein Vorgehen, alle beteiligten Konfliktparteien an einen Verhandlungstisch zu bringen und auf diese Weise eine Feuerpause anzustreben, ist im Falle Syriens noch schwerer zu realisieren als im Russland-Ukraine-Konflikt. Eine politische Lösung herbeizuführen, so Steinmeier, sei kurz- und mittelfristig unmöglich. Wenn man lokale Waffenstillstände und humanitäre Korridore in Syrien erreichen würde, wären das bereits Erfolge. Im Kampf gegen den IS im Nordirak ist Steinmeier jedoch bereit, deutsche Waffenlieferungen zu befürworten. »Wir müssen den Kurden die Möglichkeit geben, sich zu wehren«, sagt er im August 2016. Eine Garantie, dass die Waffen nicht in falsche Hände kämen, habe man nie, aber damit müsse man leben, so Steinmeier. Die Regierung beschließt, Ausrüstung im Wert von etwa 70 Millionen Euro an kurdische Peschmerga-Einheiten zu schicken. Ein Eingreifen der Bundeswehr gegen den IS schließt sie indes aus – so auch Steinmeier: »Das kommt für uns nicht infrage.« Wieder setzt er auf das Gespräch mit den beteiligten Akteursgruppen, auf eine schrittweise Bewältigung des Konfliktes durch Verhandlungen, auch wenn sie im Falle Syriens stockt. So wirbt Steinmeier für ein Flugverbot über Syrien, sagt Hilfslieferungen zu, fordert andere Staaten auf, ihren Einfluss in Syrien geltend zu machen, um Terroristen zu bekämpfen und Frieden sicherzustellen. Zwischenzeitliche Gefechtspausen sind fragil, nur von kurzer Dauer. Er appelliert an die syrische Regierung und die Opposition, nicht nur pro forma – wie bisher – an Syrien-Konferenzen teilzunehmen, sondern für »ernsthafte Verhandlungen« anzureisen. Er fordert die EU auf, neue Antworten vorzudenken und auf alle Beteiligten einzuwirken. Für Aleppo schlägt er eine Luftbrücke zur Versorgung der notleidenden Bevölkerung vor. Er bereist die Region und fliegt für »Syrien-Gespräche« nach Moskau, Washington und New York, von wo aus Resolutionen der Vereinten Nationen verabschiedet werden. Allein es bewegt sich wenig; Konfliktherde werden allenfalls vordergründig befriedet, vor allem verschieben und verlagern sie sich. In Steinmeiers Worten: »Die Situation in Syrien ist zum Verzweifeln; die dramatischen Bilder verfolgen nicht nur mich bis in den Schlaf.« Steinmeier ist als Außenminister rastlos, doch bisweilen nicht weniger ratlos als der Rest der Welt.

Als Knotenlöser beim Iran-Abkommen

Doch nicht alles endet in Frustration – mit der Steinmeier im Übrigen bemerkenswert souverän umzugehen vermag. Andernorts kann Steinmeier einen beachtlichen Erfolg verbuchen; von einer »historischen Übereinkunft« spricht gar US-Präsident Barack Obama: Nach schwierigen Verhandlungen, die sich über gut zwölf Jahre hingezogen haben, kommt es im Juli 2015 zu einer Einigung im Streit um das iranische Atomprogramm – eine diplomatische Sensation. Die Urananreicherung im Iran soll demnach transparent und von den internationalen Behörden umfassend kontrolliert vonstattengehen. Im Gegenzug lässt der Westen die Sanktionen gegen die Islamische Republik fallen. Immer wieder sind zuvor Gespräche begonnen und wieder abgebrochen worden. Präsident Ahmadinedschad hatte zwischenzeitlich sogar demonstrativ Raketen testen lassen. Doch nach dessen Rückzug, unter der Führung des neuen Präsidenten Rohani und nicht zuletzt aufgrund der neu aufgelegten Gesprächsbereitschaft der USA, werden die Verhandlungen wiederaufgenommen, und Steinmeier ist mittendrin. Die entscheidende Konferenz findet in Wien statt und zieht sich über gut zwei Wochen hin. Steinmeier und seine Entourage verlegen ihre Amtsgeschäfte für diese Zeit praktisch in die österreichische Metropole. Er fliegt nur für Einzeltermine nach Berlin und kehrt postwendend wieder nach Wien zurück. Die Sanktionen gegen den Iran laufen bald aus. Der Druck ist folglich hoch. Der Verhandlungspartner ist anstrengend, er flicht wie selbstverständlich Vorträge über die persische Geschichte der vergangenen 2000 Jahre in die Gespräche ein, und die Materie, um die es geht, ist schwierig. Am Ende wird ein hoch kompliziertes, mehrere tausend Seiten starkes Vertragswerk vereinbart. Kurzum: Es ist eine Situation wie geschaffen für Steinmeier.

Hier kann Steinmeier, der ausdauernde Vermittler, seine Stärken ausspielen, indem er eben nicht droht, keine roten Linien zeichnet, nicht laut, sondern eher leise agiert im Laufe der Konferenzen: ein Diplomat, der sich zurücknehmen kann, der zuhört, damit sich die Gegenseiten öffnen und aufeinander zugehen können. Über Stunden und Tage spürt er beharrlich nach kleinsten Gemeinsamkeiten, lotet feinste Übereinstimmungen aus und macht sie, einmal erkannt, verbindlich fest. Und zuweilen, wenn es der Sache dient, konstruiert er sie auch, gewissermaßen als »Brückenlösung«, über die dann schrittweise das Ziel des Konsenses erreicht werden kann. Als moderat auftretender »Knotenlöser« ist er gefragt, und dafür wird er international geschätzt: eine Rolle, die ein deutscher Außenminister einnehmen kann, ein US-amerikanischer verständlicherweise nur sehr viel schwerer. Verfügt der »Brückenbauer« über zu viel Macht und Verantwortung, steht er in der Gefahr, im Verhältnis zu schwächeren Parteien an Integrität zu verlieren.

Steinmeier sieht im Iran-Abkommen eine Grundlage, auf der mehr Sicherheit im Mittleren Osten entstehen könne. Irans Präsident Rohani spricht von einem »ersten Schritt zu einer konstruktiven Zusammenarbeit mit der Welt«. In Kraft getreten ist der Wiener Vertrag im Januar 2016 – die Sanktionen gegenüber dem Iran sind größtenteils aufgehoben worden. Auch wenn mehrere iranische Raketentests im März 2016 vom Westen als Verstoß gegen das Abkommen gewertet worden sind, gilt das Atomabkommen doch als großer Erfolg in den internationalen Beziehungen.

Reaktion auf die Flüchtlingskrise

Doch es ist weiterhin die Gleichzeitigkeit, die die außenpolitische Lage bestimmt. Ab dem Spätsommer 2015 geraten die aus den Bürgerkriegsregionen und anderen Gebieten in Richtung Europa Flüchtenden in den Fokus der Öffentlichkeit – dies ist der Anfang der sogenannten »Flüchtlingskrise«, die scheinbar plötzlich über den Kontinent hereinbricht, sich in Wirklichkeit jedoch bereits seit Jahren abgezeichnet hat. In Deutschland werden im Jahr 2015 gut 1,1 Millionen neue Asylsuchende erfasst, ein Rekord. Die meisten von ihnen stammen aus Syrien, Afghanistan und dem Irak. Im Land blüht auf der einen Seite eine »Willkommenskultur« gegenüber den Ankommenden auf, eine beeindruckende Solidarität mit einem großen Maß an Hilfsbereitschaft vonseiten zivilgesellschaftlicher Initiativen und Vereine. Auf der anderen Seite erhalten AfD, Pegida und andere »asylkritische« Gruppierungen Zulauf, die sich gegen die Flüchtlings- und Integrationspolitik der Regierung und Merkels Diktum »Wir schaffen das« wenden. Die Zahl der gewalttätigen Anschläge auf Flüchtlingsunterkünfte steigt rasant an. Vorfälle wie die sexuellen Übergriffe auf Frauen in der Silvesternacht 2015/2016 in Köln, begangen von Gruppen junger Männer arabischer und nordafrikanischer Herkunft, lösen hitzige Debatten aus. Die Themen Flucht und Migration polarisieren die Gesellschaft, wie es vielleicht seit Jahrzehnten nicht mehr der Fall gewesen ist. Steinmeier ist in dieser Gemengelage zunächst um Versachlichung bemüht, stellt Notlagen in den Herkunftsgebieten der Geflüchteten heraus (»Die Menschen fliehen vor Krieg, Terror und Hunger«), unterstreicht die »historische Bewährungsprobe« und verweist zugleich auf das Grundrecht auf Asyl, das unverrückbar sei.

Eine feste Obergrenze, wie insbesondere die CSU sie einfordert, kann und darf es laut Steinmeier nicht geben. Am wichtigsten sind ihm jedoch in der »Flüchtlingskrise« zwei Prinzipien: Ordnung und Steuerung. Ihre Betonung wirft ein Schlaglicht auf Steinmeiers Politikverständnis in der Krise. Denn es sind nicht die emotionalen Töne, die Aufgeregtheiten, die spontan sich entladenden gesellschaftlichen Spannungen, die sich meist lokal entzünden und jeweils einzelne Debatten entfachen, in denen Steinmeier sich einbringt. Es sind vielmehr die großen Strukturen, in die er hineinzuwirken beabsichtigt. Aus seiner Perspektive fallen die wesentlichen Entscheidungen dort. Dass politische Bewegungen und Veränderungen in der Ferne längst auch Auswirkungen auf Deutschland haben, betont der Außenminister seit Jahr und Tag. Wer in der Lage ist, an diesen supranationalen Stellen zu reagieren, Einigkeit herzustellen, sinnvoll zu steuern (und ggfls. auch gegenzusteuern), Ordnung zu stiften, vermag es folglich, in den einzelnen Gesellschaften Kohärenz herzustellen: Strukturen als Instrument der Sinnstiftung. Insofern richtet sich Steinmeiers Blick auf Europa und die internationale Staatengemeinschaft. Er sieht die »Flüchtlingskrise« im größeren Zusammenhang einer Gesamtkrise, in der sich Europa nach Euro-Rettung und Griechenland-Krise befinde: Die Geschwindigkeit und die Dynamik der »Flüchtlingskrise« sei abzuschwächen, wie Steinmeier in einem gemeinsam mit Sigmar Gabriel verfassten Gastbeitrag im *Spiegel* formuliert. Deutschland müsse alle politischen Möglichkeiten nutzen, »um die internationalen Bedingungen für mehr Kontrolle und Steuerung der Flüchtlingsbewegungen zu schaffen«. Ein einheitliches europäisches System der Registrierung und ein Abkommen mit der Türkei (»Schlüsselland«) müssten dringend her. Die Fluchtursachen müssten international bekämpft, die Lebensbedingungen in den Krisenregionen unter der Verantwortung der Vereinten Nationen müssten entschieden verbessert und die Lasten müssten gerecht unter den EU-Staaten geteilt werden. Steinmeier warnt davor, die europäische Solidarität aufzukündigen, er wirbt dafür, die (europäische) Ordnung aufzubauen und auszubauen und eben nicht abzubrechen.

In der »Renationalisierung Europas« sieht er eine reale Gefahr – insbesondere mit Blick auf die osteuropäischen Mitgliedsstaaten. Ohnehin sieht er die Ostpolitik vor neuen Schwierigkeiten. Die nationalkonservative Partei Recht und Gerechtigkeit (PiS) gewinnt Ende Oktober 2015 die Parlamentswahl in Polen. Ministerpräsidentin Beata Szydło führt die neue Regierung an, die dezidiert EU-kritische Positionen vertritt. Steinmeier ist wieder verstärkt mit bilateralen Konsultationen beschäftigt, was angesichts der globalen Problemlage anachronistisch scheint. Doch das europäische Gebilde ist zu fragil. Steinmeier fordert eine gerechtere Verteilung der Flüchtlinge ein. Zu viele Länder würden sich ihrer Verantwortung entziehen – eine Position, die er bis zur Wiener Westbalkan-Konferenz im August 2015 mehrfach wiederholt. Europa sei eine Rechtsgemeinschaft, mahnt er, in der das einmal gegebene Wort etwas zähle. »Wenn es nicht anders geht, werden die Dinge juristisch geklärt«, droht er gar den osteuropäischen EU-Staaten im Dezember 2015.

Doch bald schon wählt Steinmeier wieder eine versöhnlichere Tonlage. Mit gegenseitigen Schuldzuweisungen komme man nicht weit, wirbt er bei den Visegrád-Staaten (Polen, Tschechien, die Slowakei und Ungarn) um Zustimmung für ein gemeinsames Vorgehen in der Flüchtlingspolitik. Sich der eigenen Probleme zu entledigen und andere europäische Partner in Not zu bringen, führe zu nichts. Daher ist für ihn die Schließung der Balkanroute, des Landweges zwischen dem Nahen Osten und Europa, über den Flüchtlinge in die EU zu gelangen versuchen, im März 2016 eine Maßnahme, die zwar die Ankunftszahlen – auch in Deutschland – stark mindert; die Hauptlasten werden dadurch jedoch an die EU-Außengrenzen verlagert, beispielsweise nach Griechenland, wo sich bereits Flüchtlingscamps gebildet haben und wo die Unterbringung und Versorgung darniederliegt. Steinmeier kritisiert das und fordert zu mehr Verbundenheit auf.

Indes: Die für Deutschland in der »Flüchtlingskrise« entscheidende Person ist die Kanzlerin. Auf sie richtet sich die Aufmerksamkeit in allererster Linie – allerdings auch die Kritik, von der Steinmeier weitgehend ausgenommen bleibt. Erst als die SPD die Flüchtlingspolitik der Kanzlerin kritisiert, wird auch Steinmeiers Tun infrage gestellt. SPD-Generalsekretärin Katarina Barley sagt der *Frankfurter Allgemeinen Zeitung*, Merkel habe einen »entscheidenden Fehler« gemacht: »Als sie vor einem Jahr entschieden hat, Flüchtlinge aus Ungarn nach Deutschland einreisen zu lassen, hat sie es verpasst, unsere europäischen Partner in die Pflicht zu nehmen.« Die Union reagiert prompt und wirft Steinmeier vor, er beanstande zu wenig die fehlende Bereitschaft einiger Staaten, in Deutschland Ausreisepflichtige wieder aufzunehmen. »Hier darf sich Steinmeier nicht länger vom Acker machen«, lässt die CDU/CSU-Fraktion mitteilen. Steinmeier drücke sich um heikle Themen herum, lautet der Vorwurf. Der Vorgang zeigt wohl vor allem: Die Anwürfe der anderen fallen, was den Grad der Heftigkeit angeht, denkbar gering aus.

Minenfeld und Schlüsselland: die Türkei

Neben der Ostpolitik beschäftigt sich Steinmeier im diesem Zusammenhang vor allem mit der Türkei. Das Land wird aufgrund seiner Lage zwischen der EU und dem Nahen Osten sowie seiner politischen Relevanz binnen weniger Wochen zur zentralen Schlüsselstelle in der europäischen Flüchtlingspolitik. Die deutsch-türkischen Beziehungen haben unter Präsident Recep Erdoğan gelitten. Auch mit der Übernahme des Außenministeriums durch Mevlüt Çavuşoğlu im Jahre 2014 hat sich das Verhältnis weiter verschlechtert. Von 2009 bis 2014 ist Ahmet Davutoğlu türkischer Außenminister gewesen, ein geschmeidiger Professor, der Diplomatie als staatlichen Flankenschutz für die prosperierende Handelsnation am Bosporus angesehen hat. Dementsprechend wenig lag ihm an Provokation. Sein Nachfolger Çavuşoğlu ist da anders. Er vertritt die türkischen Interessen ohne Rücksicht auf Verluste, in dem festen Glauben, an der Seite Erdoğans die neue Macht der Türkei demonstrieren zu müssen. Er lässt Termine platzen, ist auf Pressekonferenzen angriffslustig, schimpft auf Deutschland, das sich als Land erster Klasse betrachte und alle anderen Länder für zweitklassig erachte. Als das Auswärtige Amt für den Herbst 2016 ein Treffen vereinbaren will, reagiert Çavuşoğlu barsch. Die Reise komme zu spät. Die türkische Regierung habe sich schon unmittelbar nach dem vereitelten Putschversuch vom 15. Juli desselben Jahres (den Steinmeier übrigens keineswegs für eine Inszenierung Erdoğans hält) Besuch aus Europa gewünscht – doch der sei ausgeblieben. Der türkische Außenminister folgert: Deutschland stehe nicht mehr an der Seite der Türkei, Deutschland unterstütze antitürkische Initiativen. Steinmeier kritisiert gegenüber Çavuşoğlu die Massenverhaftungen der vergangenen Monate in der Türkei sowie die jüngsten Einschränkungen der Meinungsfreiheit, etwa die Verhaftung von Journalisten, und sagt: »Versteht es bitte in der Türkei nicht als Anmaßung, nicht als Belehrung von oben herab.« Der »direkte Kontakt« sei wichtig und besser als Schuldzuweisungen. Der türkische Außenminister wettert indes, Deutschland sei ein Zufluchtsort für PKK-Terroristen und Anhänger der »geisteskranken« Gülen-Bewegung, die für den gescheiterten Putsch verantwortlich sei – ein Vorwurf, der Steinmeier »mindestens irritiert«, wie er sagt. Es sei daher kein Zufall, dass die Terroristen, die in der Türkei gesucht würden, nach Deutschland gingen, lässt sich Çavuşoğlu weiter vernehmen. Europa solle daher nicht die Türkei belehren, sondern endlich Verbrechen gegen die Menschlichkeit wie Fremdenfeindlichkeit, Antisemitismus und Islamophobie bekämpfen.

Eisige Stimmung in Ankara: Der türkische Außenminister Çavuşoğlu und Steinmeier nach einer Pressekonferenz.

Doch man ist auf die Türkei angewiesen. Steinmeier lässt daher auch in diesem Fall keinesfalls den Draht zu Ankara abreißen, und er überhört oder erduldet daher wohl auch so manche Brüskierung. Mit dem »EU-Türkei-Abkommen« verfügt das Land zudem über ein Druckmittel gegenüber der EU. Regelmäßig droht die Türkei damit, den Vertrag aufzukündigen und Flüchtlinge ungehindert nach Europa zu schicken. Das im März 2016 vereinbarte Abkommen ist insbesondere von Menschenrechtsorganisationen, Flüchtlingsinitiativen und einer Vielzahl von politischen Beobachtern, Künstlern und Intellektuellen auch aus diesem Grund hart kritisiert worden: Man würde sich damit einem autokratischen Präsidenten andienen. Sie bezeichnen den Vertrag überdies als »Deal«, als eine Art Menschenhandel. Das Abkommen sieht vor, dass die Türkei die Grenzen sichert und nach Griechenland Geflüchtete zurücknimmt. Für jeden aus Syrien stammenden und von der Türkei zurückgenommenen Flüchtling darf ein bereits in der Türkei lebender Migrant legal in die EU einreisen. Als Gegenleistung hat Ankara gefordert, die Visafreiheit für türkische Bürger vorzuziehen. Dafür hat die EU allerdings Bedingungen genannt, die zunächst von der Türkei zu erfüllen seien. Dazu zählt unter anderem, dass die Türkei, selbst zuletzt oft Ziel des internationalen Terrorismus, ihr Anti-Terror-Gesetz so ändert, dass Regierungskritiker nicht ohne konkrete Verdachtsmomente strafrechtlich verfolgt werden können. Erdoğan lehnt genau das jedoch entschieden ab und pocht seinerseits auf die in Aussicht gestellte Visafreiheit. Steinmeier rät indes dazu, das Interesse der Türkei an dem Abkommen und der damit verbundenen Visafreiheit nicht zu unterschätzen. So leicht werde Erdoğan diese nicht wegwerfen. Es bleibt abzuwarten, ob Steinmeier damit recht behalten wird. Führt die Türkei tatsächlich die Todesstrafe wieder ein, deren Abschaffung, wie Steinmeier sagt, am Beginn der EU-Beitrittsverhandlungen gestanden hat, dann wäre der Weg nach Europa indes wohl tatsächlich abgeschnitten.

Die Türkei ist ein außenpolitisch schwer abzusteckendes Gelände, auf dem Steinmeier auch abseits der »Flüchtlingskrise« über Erfahrungen verfügt – insbesondere durch sein Engagement für eine türkisch-armenische Aussöhnung. So reist er im Oktober 2014 nach Armenien und legt in der Hauptstadt Eriwan einen Kranz an der Völkermord-Gedenkstätte nieder, die an die Vertreibung und Tötung von insgesamt mehr als einer Million Menschen in den Jahren 1915 und 1916 erinnert. Die Deportation und Vernichtung von Armeniern durch das Osmanische Reich zählt zu den ersten systematischen Genoziden im 20. Jahrhundert. Ob die Taten als »Völkermord« bezeichnet werden sollen, ist freilich umstritten. Der Begriff wird, obwohl von vielen Staaten verwendet, jedenfalls von der Türkei bis heute scharf zurückgewiesen. Auch Steinmeier lehnt es ab, das Massaker an den Armeniern als Völkermord zu bezeichnen: »Ich bin Debatten leid, bei denen erwartet wird, dass ich über ein mir hingehaltenes Stöckchen springen soll, obwohl doch alle wissen, die Fragenden wie die Antwortenden, dass komplexe Erinnerungen selten auf einen Begriff zu bringen sind«, begründet er seine Haltung. Die Aussöhnung zwischen den betroffenen Völkern müsse im Mittelpunkt stehen, so Steinmeier. Die »bloße Reduktion auf die Frage der Verwendung des Wortes Völkermord« helfe nicht, »die Sprachlosigkeit zwischen Türken und Armeniern« zu beenden. Überdies sehe er auch die Gefahr einer Relativierung des Massenmordes an den Juden. Zwar weigert er sich, das »V-Wort« auszusprechen, vermittelt aber andererseits durch seine mehrmalige Präsenz vor Ort den knapp drei Millionen Armeniern das Gefühl, das kleine Land werde trotz der »Flüchtlingskrise« und des Syrien-Krieges nicht vergessen. Die Armenien-Resolution des Bundestages hat Steinmeier aber konsequenterweise lange Zeit zu verhindern versucht – allerdings erfolglos. Im Sommer 2016 beschließt das Parlament die Resolution fast einstimmig und stuft damit die Ermordung einer großen Zahl von Armeniern als Völkermord ein. Die Türkei reagiert wie erwartet umgehend und ruft den Botschafter aus Berlin ab. Und sie erlässt, ebenfalls in Reaktion auf die Resolution, ein Verbot für die Bundestagsabgeordneten, die 250 Bundeswehrsoldaten zu besuchen, die auf dem türkischen Nato-Stützpunkt Incirlik stationiert sind. Erst Anfang September 2016 wird das Verbot wieder aufgehoben, nachdem die Bundesregierung der Türkei entgegengekommen ist.

Steinmeier und Merkel waren indes beide bereits während der Abstimmung über die Resolution dem Bundestag ferngeblieben. Der Außenminister weilte zur Zeit der betreffenden Bundestagssitzung im fernen Argentinien. Kurioserweise wird Steinmeier dort von einem Menschenrechtsaktivisten auf die soeben beschlossene Armenien-Resolution angesprochen und ausdrücklich für die Entscheidung des Bundestages gelobt. Er wolle sich bedanken für die klaren Worte des Bundestages zum Völkermord in Armenien: »Das war ein ganz wichtiges Signal.« Steinmeier verzieht keine Miene. Ein Reporter des *Spiegel* hat dies bemerkt, notiert und treffend folgendermaßen kommentiert: »Für etwas gelobt zu werden, das er eigentlich bekämpft hat, kann nur Steinmeier passieren.«

Präsidentenkür

Und gelobt wird Steinmeier wahrlich ausgiebig in diesen Wochen und Monaten, da die Welt eine einzige Krisenlage zu sein scheint und Steinmeier für viele wie ein Fels in der Brandung wirkt. Er avanciert nicht nur zum beliebtesten Politiker, sondern stabilisiert seine Popularitätswerte auf diesem hohen Niveau – anders als die Kanzlerin, die im Zuge der Flüchtlingskrise an Ansehen einbüßt. Über viele Jahre schien sie nur schwer angreifbar. Manche sagen, sie habe eine fast präsidiale Kanzlerschaft etabliert, die es ihr ermöglicht habe, sich vom Streit der Tagespolitik weitgehend fernzuhalten. Mit dem präsidialen Regieren ist es jetzt jedenfalls vorbei: In der eigenen Partei und über sie hinaus bläst Merkel ein eisiger Wind ins Gesicht.

Steinmeier hingegen bleibt von der aufziehenden Polarisierung weitgehend verschont. So ist es kein Wunder, dass er seit 2015, als Spekulationen beginnen, Joachim Gauck könnte vielleicht auf eine zweite Amtszeit verzichten, immer wieder als möglicher Nachfolger ins Gespräch gebracht wird. Der frühere Außenminister Hans-Dietrich Genscher (FDP) beispielsweise lobt Steinmeier bereits im September 2015 und meint, dass er ein guter Bundespräsident wäre, was Steinmeier freilich schmeichelt, doch von ihm gleichermaßen als unbegründete Debatte zunächst abgewiesen wird. Er habe als Außenminister der Bundesrepublik wahrlich derzeit genug zu tun, teilt er dann mit, nicht ohne hinzuzufügen, dass man sehen werde, was die Zukunft bringe. Und die Zukunft beginnt sich im Juni 2016 konkret zu verändern.

Bundespräsident Joachim Gauck hat sich noch nicht einmal geäußert, da geht die Spekulation über seine Nachfolge schon los. Im Regierungsviertel herrscht Aufregung. Man hat aus ziemlich zuverlässigen Kreisen vernommen, dass Gauck keine weitere Amtszeit anstrebe, dass er nicht erneut kandidiere und auf fünf weitere Jahre in Schloss Bellevue verzichte. Gauck ist 76 Jahre alt. Doch ist so eine Nachricht einmal in der Welt, zieht sie rasch Kreise. Es geht schließlich um das höchste Amt im Staate, das möglicherweise neu zu vergeben ist. Seine Besetzung ist selbstverständlich ein Politikum. Am Freitagabend, dem 3. Juni 2016, berichten die ersten Medien über den bevorstehenden Rückzug Gaucks und eröffnen damit die heiße Phase der Nachfolgedebatte.

Norbert Lammert befindet sich sofort unter den möglichen Kandidaten. Als Bundestagspräsident ist der CDU-Mann formal bereits zweiter Mann im Staate. Er ist ein brillanter Redner, stets mit einer Portion Ironie. Auch die Grünen schätzen den 67-jährigen Bochumer. Es fällt schnell auch der Name von Gerda Hasselfeldt, CSU-Landesgruppenchefin und einstige Gesundheitsministerin. Bei der SPD ist zunächst die Rede von einer schwierigen Gemengelage. Die ersten Stimmen aus der Partei fordern einen eigenen Kandidaten, aber keinen »Parteipolitiker«. Der Name Margot Käßmann taucht auf, auch der deutsch-iranische Schriftsteller Navid Kermani und die Präsidentin des Wissenschaftszentrums Berlin Jutta Allmendinger werden als mögliche Kandidaten genannt; Letzteres halten jene, die sie kennen, freilich für nicht sehr glaubwürdig. Wolfgang Bosbach bringt das CDU-Urgestein Wolfgang Schäuble ins Spiel, der einst gern Bundespräsident geworden wäre, aber nicht hatte kandidieren dürfen: Merkel hatte ihn nicht gewollt beziehungsweise ihn im Finanzministerium gebraucht. Es fallen viele Namen: Winfried Kretschmann, Andreas Voßkuhle, Martin Schulz, Ursula von der Leyen, auch der von Angela Merkel selbst. Und natürlich fällt auch sein Name früh: Der Hamburger SPD-Abgeordnete Johannes Kahrs schlägt Steinmeier vor und befindet, er »wäre ein sehr guter Bundespräsident«.

Gauck schafft dann für seinen Teil Klarheit – da die Diskussionen nun einmal eingesetzt haben –, und zwar einen Tag früher als geplant. Für Montag, den 6. Juni 2016, 12 Uhr, lädt er ins Bundespräsidialamt. Pünktlich öffnet sich die berühmte Tür zum Großen Saal im Schloss, und Joachim Gauck betritt den Raum. Vom Podium aus verkündet er, dass er sich auf die nächsten Monate freue, schließlich ende seine Amtszeit ja erst am 17. März 2017. Aber sein Entschluss stehe fest, er werde nicht für eine zweite Amtszeit zur Verfügung stehen – und verweist auf sein Alter. Er bedankt sich, sagt, er empfinde es als große Ehre, diesem Land zu dienen, und lobt seine engagierten Bürger und seine funktionierenden Institutionen. Mit Blick auf seinen Nachfolger und auf den Findungsprozess sagt er: »Der Wechsel im Amt des Bundespräsidenten ist in diesem Deutschland daher kein Grund zur Sorge. Er ist vielmehr demokratische Normalität – auch in fordernden, auch in schwierigen Zeiten.«

Das bedeutet aber auch: Ab sofort beginnt der Wahlkampf – und die Suche. Aber auch die Spekulationen schießen ins Kraut.

Wer wird kandidieren? Wie stehen jeweils die Chancen, in der Bundesversammlung eine Mehrheit zu erhalten? Einigen sich die Parteien im Vorfeld auf einen gemeinsamen Kandidaten, der sich dann aller Voraussicht nach bereits im ersten Wahlgang wird durchsetzen können? Hinzu kommt, dass die Wahl des Bundespräsidenten nur ein gutes halbes Jahr vor der nächsten Bundestagswahl stattfindet. Bereits die Nominierung eines Kandidaten wird vor diesem Hintergrund gedeutet. Setzen die Sozialdemokraten einen Bewerber durch, der von den Grünen sowie der Partei Die Linke befürwortet wird, würde das als Wegbereitung einer rot-rot-grünen Koalition auch auf Bundesebene gelesen werden. Einigen sich Christdemokraten und Grüne auf einen gemeinsamen Kandidaten, sähe man darin ein Zeichen, dass Angela Merkel eine schwarz-grüne Regierung im Bund anstrebe.

Es heißt aus dem Umfeld Steinmeiers, dass man gleich in diesen Tagen bereits intern die Idee diskutiert habe, dass das doch etwas für »Frank« wäre. Es ist nicht das erste Mal, dass diese Möglichkeit in Steinmeiers Karriere aufblitzt, schon bei Gauck und Wulff macht sein Name die Runde. Jetzt jedenfalls – um eine auch von Steinmeier häufig verwandte Fußballmetapher aufzugreifen – liegt der Ball bei der Kanzlerin und CDU-Chefin. Die Union verfügt in der Bundesversammlung zwar nicht über die absolute Mehrheit der Stimmen – die ein Kandidat allerdings auch nur in den ersten beiden Wahlgängen braucht, um sich durchzusetzen. Aber sie entsendet die meisten Wahlmänner und -frauen.

Merkel hatte, wie sie selbst zugibt, »in den letzten Jahren keine glückliche Hand« bei der Auswahl ihrer Kandidaten fürs Präsidentenamt. Ihr erster Kandidat Horst Köhler hat das Amt von sich aus entnervt hingeschmissen. Ihr zweiter Kandidat Christian Wulff ist über einen privaten Immobilienkredit gestürzt. Vielleicht liegt es auch an dieser Vorgeschichte: Merkel zögert. Sie möchte eigentlich Norbert Lammert in diesem Amt sehen. Er wäre für sie der ideale Kandidat: klar der CDU zuzuordnen und dennoch einer, der über die Parteigrenzen hinweg viel Zuspruch erhält. Auch von den Grünen, gar von Teilen der Linken hätte Lammert wohl Stimmen bekommen. Jeder SPD-Gegenkandidat – sofern die Partei angesichts von Lammerts Popularität überhaupt eigenständig jemanden nominiert hätte – hätte vermutlich gegen Lammert den Kürzeren gezogen. Mehrfach hakt Merkel daher bei ihm nach. Allein: Lammert sagt Nein, und es bleibt dabei. Lammerts Ehefrau, so heißt es, wolle partout nicht »First Lady« in Bellevue werden. Auf eine Kampfkandidatur jedweder Art hat Lammert zudem keine Lust. Das wolle er sich nicht antun. Daher bleibt er dabei, und seine Absage bringt Merkel in der Tat in Bedrängnis. Sie will unbedingt vermeiden, dass die Kür des Staatsoberhauptes für die CDU zu einer Niederlage gerät. Ein Erfolg für die SPD, gar mit rot-rot-grünem Symbolcharakter, wäre ein Fiasko. Vielleicht hat sie zu lange gemeint, Norbert Lammert doch noch überreden zu können, vielleicht hat sie es zu lange laufen lassen, ohne sich nach Alternativen umzuschauen – jedenfalls vergeht die Zeit rasch, und sie steht auch noch im Spätsommer ohne eigenen Kandidaten da.

Unterdessen kommen kurz nach der für die Sozialdemokraten erfolgreich verlaufenden Wahl zum Abgeordnetenhaus in Berlin Mitte September Mitglieder der SPD-Führungsspitze zusammen, um sich ebenfalls über diese Frage auszutauschen: Olaf Scholz, Sigmar Gabriel, Hannelore Kraft und eben Frank-Walter Steinmeier diskutieren miteinander. Steinmeier sagt im Verlauf des Gespräches, dass er sich vorstellen könne zu kandidieren. Er sagt zudem, dass er auch antreten werde, wenn er nicht der einzige aussichtsreiche Kandidat wäre. So wird es jedenfalls erzählt.

Für Steinmeiers Verhältnisse und seine sonst so zurückhaltende Art ist diese Absichtsbekundung ungewöhnlich, sie gleicht beinahe einem Frontalangriff. Doch Steinmeier wäre nicht Steinmeier, wenn er seine mögliche Kandidatur nicht akribisch hätte vorbereiten und rahmen wollen. Er wirft nie einen Hut einfach so in den Ring. Auch für diese Kandidatur hat er zunächst seine breiten Unterstützerkreise aktivieren wollen, seine langjährig gepflegten Netzwerke hätten vorab den Weg bereiten sollen, was dann in eine offizielle Absichtserklärung seinerseits hätte münden sollen. Steinmeier hat sich eine wohlchoreografierte Kandidatenkür gewünscht. Begleitet von einem vorab organisierten öffentlichen Beistand durch Kulturschaffende, Unternehmer, Wissenschaftler, Kirchenvertreter und andere zivilgesellschaftliche Akteure – so sein Plan – hätte er seine Vorstellung als Kandidat schrittweise auf den Weg gebracht. So vorbereitet, wäre er dann auch in eine Kampfabstimmung gezogen: angesichts seiner Beliebtheitswerte – Steinmeier liegt seit Jahren auf Top-Positionen, meist führt er die Liste vor der Kanzlerin an – ein durchaus schlüssiges und erfolgversprechendes Vorhaben.

Indes: Sigmar Gabriel, wie so oft mit eigener Agenda unterwegs, macht Steinmeiers Pläne mit einem fulminanten Winkelzug zunichte. Er schlägt Frank-Walter Steinmeier offiziell als Kandidaten seiner Partei für das Amt des Bundespräsidenten vor. Ein echter Coup, der Steinmeier wie Merkel gleichermaßen überrascht und verärgert. Steinmeier ist aufgebracht, weil Gabriel einmal mehr einen Alleingang unternommen, Abgesprochenes über den Haufen geworfen und damit alle anderen Beteiligten düpiert hat. Merkel, die es bis dato nicht vermocht hat, einen zur Kandidatur bereiten Unionskandidaten ausfindig zu machen, steht plötzlich unter Druck. CDU/CSU und SPD hatten sich eigentlich darauf verständigt, einen gemeinsamen Kandidaten zu suchen. Das hat sich nun aber verständlicherweise erledigt.

Zwei grundverschiedene Typen, die die SPD seit 2009 gemeinsam geführt haben, werden nun getrennte Wege gehen. Der Außenminister und der SPD-Parteichef vor einer Fraktionssitzung im Dezember 2016: Während Steinmeier nach Bellevue blickt, visiert Gabriel bereits das Kanzleramt an, wie viele Beobachter meinen. Ob er selbst antreten werde, hat er lange offengelassen.

Merkel wird aktiv, versucht noch einmal alles. Ihre Option für den grünen Ministerpräsidenten Winfried Kretschmann, der ebenfalls hohe Beliebtheitswerte in der Bevölkerung aufweist und dem die eigenen Parteifreunde deutliche Sympathie für Merkel und ihre Politik nachsagen, scheitert am Widerstand der Christsozialen aus Bayern. Beinahe gelingt es der Kanzlerin sogar doch noch, eine eigene Kandidatin zu finden, auf die sich Union und Grüne einigen können – Marianne Birthler. Doch kurz vor dem entscheidenden Treffen sagt die Grünen-Politikerin und ehemalige Bundesbeauftragte für die Stasi-Unterlagen der Kanzlerin doch noch ab. Hätte sie nicht zurückgezogen, wäre sie wohl von der schwarz-grünen Mehrheit der Bundesversammlung gewählt worden und als erste Bundespräsidentin in

Bellevue eingezogen. Stattdessen schwenkt Merkel nun um und stimmt dem SPD-Vorschlag Steinmeier zu. Ein ähnlich aussichtsreicher eigener Kandidat ist nicht zu finden. Die meisten in der Union, so heißt es, sind durchaus zufrieden damit, wie es gekommen ist: Endlich ist das Thema von Tisch.

Auch unter politischen Gegnern gilt Steinmeier als zweifellos präsidialer Kandidat, als ein gutes Staatsoberhaupt, so er denn gewählt werde. Mehrfach ist er bereits während seiner zweiten Amtszeit im Außenministerium von Journalisten als möglicher Nachfolger Joachim Gaucks gehandelt worden. Und vielleicht hat sich Steinmeier hinterher über das Zustandekommen seiner Kandidatur sogar ein bisschen freuen können. Dass Merkel, die ihn im Wahlkampf 2009 so klar geschlagen hat, nun bei der Wahl zum Bundespräsidenten seiner Kandidatur hat zustimmen müssen, könnte eine Art späte Genugtuung sein. Endlich sieht er einem Wahlsieg entgegen.

9.

Der Anti-Trump im Schloss Bellevue?

Im Jahr 2017 ist Frank-Walter Steinmeier bereits ein so bekanntes Gesicht der deutschen Politik, dass man leicht vergessen kann, wie ungewöhnlich dieser Aufstieg in Wahrheit doch ist. Es handelt sich fürwahr um einen Rollentausch, wie er radikaler nicht sein könnte: vom fast unsichtbaren Maschinisten der Macht, von der grauen Eminenz im Hintergrund zum obersten Repräsentanten des Staates. Es wäre wahrlich ein Sprung vom Maschinenraum auf das Sonnendeck der Politik und der Abschluss eines erstaunlichen Weges durch zwei ganz verschiedene Politikwelten: Angefangen hat Steinmeier auf der faktischen *Entscheidungsebene* der Politik – dort, wo sie, fernab der medialen Aufmerksamkeit und abgeschirmt von der Öffentlichkeit, tatsächlich konzipiert und gemacht wird und wo sodann an ihrer Durchsetzung gearbeitet wird. Jetzt wird er von dort endgültig auf die *Darstellungsebene* der Politik wechseln, da ein deutscher Bundespräsident zwar alle Insignien der Macht genießt, über faktische Macht im Sinne politischer Gestaltung jedoch kaum verfügt.

Wer hat das für möglich halten wollen, als Steinmeier 1991 als Medienreferent beim niedersächsischen Ministerpräsidenten

Gerhard Schröder anheuerte, bar jeder politischen Erfahrung und bis dahin nicht auffällig geworden durch überbordenden Ehrgeiz? Und auch 1998, als er Schröder nach Bonn und Berlin nachfolgte und dort so effizient das Bundeskanzleramt führte, lag eine solche Wendung wohl eher fern. Selbst im Jahr 2005 noch, als die rot-grüne Koalition in den letzten Zügen lag und Steinmeier in der folgenden Großen Koalition plötzlich Außenminister wurde, wäre das ein sehr unwahrscheinlicher Gedanke gewesen.

Und doch: Im Jahr 2017 wirkt Steinmeiers Einzug ins Schloss Bellevue fast schon wie der logische Endpunkt einer langen, erfolgreichen politischen Karriere. Man tut ihm kein Unrecht, wenn man feststellt, dass er dabei in jenem Amt zum populärsten deutschen Politiker gewachsen ist, das noch fast jeden seiner Inhaber zum angesehenen Staatsmann gemacht hat; nur Steinmeiers Vorgänger im Amt, dem chronischen Oppositionspolitiker Guido Westerwelle, ist die Wandlung nie so ganz gelungen.

Nichts aber liegt Frank-Walter Steinmeier, der selbst als Fraktionsvorsitzender den staatstragenden Habitus des Außenministers nicht verloren hatte, ferner als Opposition. Steinmeier besitzt ja schon längst die Aura des Präsidialen. Man kann sich gut vorstellen, wie er auch in der neuen Rolle rote Teppiche abschreitet und Staatsmännern die Hände schüttelt. All das ist ihm so vertraut, dass es ihm auch ein Leichtes sein wird, die alltäglichen repräsentativen Aufgaben zu erfüllen wie Bundesverdienstkreuze zu verleihen, Schiffe zu taufen, Denkmäler zu enthüllen, Trauerreden zu halten und Schulklassen in Bellevue zu empfangen. Der künftige Bewohner von Schloss Bellevue hat lange genug einen gewaltigen Behördenapparat kontrolliert. Und der Mann, der so lange und so ausgiebig den Eros tatsächlicher, »stiller« Macht genossen hat, wird dann die faktische Macht gegen deren Insignien eintauschen; manche unkten gar im Vorfeld seiner Nominierung, Steinmeier sei in Wahrheit viel zu wichtig, um ihn an die Peripherie der Macht abzuschieben. Der studierte Staatsrechtler Steinmeier wird sich zudem am allerwenigsten irgendwelchen Illusionen hingeben: Ein deutscher Bundespräsident oder eine deutsche Bundespräsidentin ist zwar formell der erste Mann oder die erste Frau im Staate, hat aber tatsächlich nicht besonders viel zu entscheiden. Mit »materialen Kompetenzen« ist das Amt spärlich ausgestattet: Ein Bundespräsident prüft z. B. Gesetze auf ihre Verfassungsmäßigkeit, aber in 99 Prozent der Fälle gibt es da nichts zu beanstanden. Zudem gehört es zur bundesrepublikanischen Verfassungswirklichkeit, dass der Präsident Zurückhaltung übt. Außerdem entscheidet er auf Antrag des Bundeskanzlers über die Auflösung des Bundestages, was freilich in der Geschichte der Bundesrepublik selten (1972, 1983 und 2005) vorkam und in der Regel im allgemeinen politischen Konsens erfolgte. Er ernennt zudem die Bundesminister, aber auch da haben deutsche Staatsoberhäupter von Heuss bis Gauck äußerst selten quergeschossen.

Diese limitierte Rolle ist so gewollt. Als sich im Herbst 1948 die Väter des Grundgesetzes im Parlamentarischen Rat in Bonn trafen, um dem westdeutschen Staat (den damals noch alle für ein kurzzeitiges Provisorium hielten) eine Verfassung zu geben, da stand ihnen bekanntermaßen die Katastrophe der nationalsozialistischen Diktatur noch deutlich vor Augen, genauer: das Scheitern der ersten wirklichen Demokratie auf deutschem Boden, der Weimarer Republik. Der damalige Reichspräsident Paul von Hindenburg hatte dabei in den Jahren von 1925 bis 1933 eine unheilvolle Rolle gespielt. Der Reichspräsident der Weimarer Republik stieg insbesondere in politisch instabilen Zeiten – und das war in diesen Jahren eher die Regel denn die Ausnahme – zu einer dominanten Figur auf, die durch Notverordnungen nach Artikel 48 der Weimarer Reichsverfassung an

Parlament und Kabinett vorbei die Politik bestimmte, die außerdem ohne große Hürden das Parlament auflösen konnte und die über den Ausnahmezustand entschied und den militärischen Oberbefehl ausübte.

Eine solche Konstruktion wollten die Architekten des Grundgesetzes also mit guten Gründen nicht. Die Bundesrepublik Deutschland wurde daher eine parlamentarische Demokratie, in der den Parteien die politische Gestaltung zukommt und die Bundesregierung dem Parlament gegenüber verantwortlich ist. Einige Mitglieder des Parlamentarischen Rates plädierten dafür, die Institution des Präsidentenamtes gänzlich beiseitezulassen. Doch am Ende wollte eine Mehrheit in der Versammlung nicht ganz auf dieses gleichsam »ersatzmonarchische« Element im Grundgesetz verzichten. Auch dafür gab es gute Gründe. Der Bundespräsident sollte die würdevolle Vertretung des Staates nach außen sichern. Die Befürworter einer solchen Institution sahen im Amt des Bundespräsidenten überdies auch eine integrative Kraft.

Und schließlich installierten sie mit der Institution des Bundespräsidenten eine Art letzte Rückfallversicherung für den Fall, dass das von ihnen geschaffene parlamentarische System mit seinen Institutionen doch versagte. Als »Reservemacht« bezeichnen Staatsrechtler die Rolle des Bundespräsidenten. Diese Macht fällt ihm zu durch eine Reihe von Befugnissen, die zwar in Zeiten einer stabilen Regierung keine Rolle spielen mögen, in Krisenzeiten allerdings eine gewisse Wirksamkeit entfalten könnten.

Der Konjunktiv ist kein Zufall, denn in der Geschichte der Bundesrepublik ist der verfassungsrechtliche Joker der Reservemacht nie wirklich gezogen worden – da anders als in Weimar eben stabile Verhältnisse herrschten. Doch falls sich die Zeiten ändern und es keine stabilen Mehrheiten mehr für Regierungsbildungen gibt, könnte es schwieriger werden. Dann gewännen manche der Kompetenzen des Bundespräsidenten an Gewicht.

Da ist etwa das Recht des Bundespräsidenten, den Kanzler vorzuschlagen und zu ernennen – was oft eine Formalie ist. Wenn aber die Mehrheitsverhältnisse unklar sind, was angesichts der weiteren Auffächerung des Parteiensystems so unwahrscheinlich nicht mehr erscheint, könnte dies anders werden. Bisweilen wird auf die ungleich bedeutendere Rolle des italienischen Staatspräsidenten verwiesen. Sehr viel entscheidendere Befugnisse besitzt dieser nämlich nicht. Da er jedoch sehr viel häufiger mit Koalitionskrisen und unklaren Mehrheitsverhältnissen im italienischen Parlament konfrontiert ist, hat er als Vermittler und »ehrlicher Makler« eine weitaus bedeutendere Rolle gespielt. Steinmeier könnte, sollte es denn tatsächlich erforderlich werden, auch diese Rolle ausfüllen; wer der Führung in Teheran einen Atomdeal abtrotzt, der dürfte auch für verfahrene Koalitionsgespräche einen Ausweg finden.

Vereinzelte kritische Stimmen haben moniert, dass der Bundespräsident eigentlich nur auf eine Weise wirksam wirken könne: durch die Rede – und dass das nun eben nicht die Paradedisziplin des gegenwärtigen Außenministers sei. Ganz falsch ist das nicht. Zwar hat sich Steinmeier in dieser Hinsicht beständig verbessert, seitdem er ab 2005 in die Öffentlichkeit gerückt ist; ein mitreißender Rhetor ist er aber nicht, und das wird wohl auch aus ihm nicht mehr werden.

Andererseits dürfte eine gründliche Rückschau auf die bisherigen deutschen Bundespräsidenten zeigen, dass die großen Redner unter ihnen eher die Ausnahme denn die Regel waren: Auf jeden starken Redner wie Heuss, von Weizsäcker und Gauck kommt mindestens ein Lübke, Herzog oder Wulff. Bundespräsidenten, das stimmt allerdings, wirken durch die Kraft des Wortes: Ihre Chance besteht darin, öffentliche Debatten zu rahmen und zu beeinflussen. Entscheidend dabei ist aber eher das Gespür für den richtigen Zeitpunkt und die gründliche

Analyse der öffentlichen Meinung. Die großen bundespräsidialen Interventionen waren stets solche, die auf den ersten Blick gegen den Stachel löckten (daher die noch von jedem Bundespräsidenten benutzte Formel, er wolle »unbequem« sein), gleichzeitig aber nur aussprachen, was sich am Horizont längst als künftige Mehrheitsmeinung zu manifestieren schien und auf Zustimmung hoffen durfte. Das war bei Weizsäckers Rede zum 40. Jahrestag der deutschen Kapitulation 1985, als er von der Befreiung vom Nationalsozialismus sprach, ebenso der Fall wie bei Christian Wulffs Ausspruch, auch der Islam gehöre zu Deutschland. Und Roman Herzogs Ruck-Rede von 1997 ist in einem ähnlichen Kontext zu sehen, da zu dieser Zeit das Land, von zahlreichen ökonomischen Malaisen geplagt, längst reif war für die Unterwerfung unter die Idee des Neoliberalismus. (Denn um nichts anderes handelte es sich ja bei Herzogs Appell, durch Deutschland müsse endlich ein Ruck gehen.)

Einfacher ist es nicht geworden, auf diese Weise in öffentliche Debatten einzugreifen, da der gesellschaftliche Diskurs sehr viel pluraler, vielstimmiger, auch sehr viel schnelllebiger geworden ist; deswegen ist es auch kein Zufall, dass die Bedeutung des Amtes seit Theodor Heuss und Gustav Heinemann abgenommen hat. Ein kluger Bundespräsident wird sein Pulver also lange trocken halten, wird nicht versuchen, jede Woche eine große Ruck-Rede abzuliefern, sondern stattdessen geduldig darauf warten, dass sich ein Korridor öffnet, der es ihm ermöglicht, die Nation ein klein wenig auf den seiner Meinung nach richtigen Weg zu lenken. Es wäre auch Steinmeiers Aufgabe, dafür das richtige Gespür aufzubringen.

Nicht wenige Bundespräsidenten in der Vergangenheit haben in ihren Reden den politischen Parteien die Leviten gelesen. Der Versuchung, sich auf Kosten der Parteiendemokratie zu profilieren, wird Steinmeier allerdings wohl nicht erliegen. Dabei ist das wirklich eine Verlockung: Denn niemals zuvor seit Gründung der Bundesrepublik ist der Verdruss über die politische Klasse so groß gewesen, selten einmal stand auch die Politik selbst so sehr unter Generalverdacht. Wer (wie dies in den 1980er Jahren mehrfach der ungemein populäre Richard von Weizsäcker getan hat) Klage führt über die »Machtversessenheit« der Parteien, wer überhaupt ein diffuses »Gemeinwohl« gegen die Partikularinteressen in Stellung bringt (das etwa tat mit Vorliebe der einige Zeit durchaus sehr populäre Horst Köhler), der könnte wohl auf einige Zustimmung hoffen.

Steinmeier wird das nicht nur vermeiden, weil er über die Jahre selbst zum Parteipolitiker geworden ist und sein Amt eben jenem großkoalitionären Einvernehmen zu verdanken hat, das den Kritikern der »etablierten Parteien« als besonders prägnantes Beispiel einer kartellierten politischen Klasse gilt. Vor allem weiß niemand besser als dieser Verfechter von Kompromissen in der Politik und dieser stoisch geduldige Aufbröseler politischer Probleme, wie unendlich kompliziert es eben in pluralistischen Gesellschaften zugeht, dass das Ausspielen von Partikularinteressen in einer freien Gesellschaft dazugehört und wie naiv es ist, zu glauben, hinter all dem »Parteihader« verberge sich am Ende ein unverfälschtes, »reines« Gemeinwohl. Außerdem – und damit kommen wir zum Kern der großen Erwartungen, die an Steinmeier herangetragen werden – hat sich die Welt auch auf eine Weise weitergedreht, wie man es zur Zeit der im Rückblick noch ganz und gar und harmlosen »Anti-Parteipolitiker« Richard von Weizsäcker oder Horst Köhler noch nicht hätte antizipieren können: Denn mittlerweile ist die Kritik am Parteienstaat ja nicht mehr das letztlich folgenlose Lamento von Bundespräsidenten und honorigen Staatsrechtlern – sondern eine der schärfsten Waffen jener populistischen Welle, die derzeit durch alle etablierten Demokratien schwappt. Dem wird Steinmeier wohl kaum Auftrieb geben wollen. Also wird ein Bundespräsident Steinmeier wohl dafür werben, dass Politik nun einmal das Bohren dicker Bretter sei, dass der Kompromiss in der Demokratie die Mutter aller Entscheidungen sei, dass es einfach zur DNA der Bundesrepublik gehöre, mit Vernunft und Augenmaß den Ausgleich der Interessen zu suchen.

Und glaubt man, was die Leitartikler und politischen Feuilletonisten der Republik nach Steinmeiers Nominierung mehrheitlich geschrieben haben, dann ist es ja genau das, was das Land, mehr noch: die westliche Wertegemeinschaft im Augenblick so dringend braucht wie nichts anderes. So gesehen war das Timing von Steinmeiers Nominierung perfekt: Der Schock von Brexit und Trump hat noch in den Gliedern gesteckt, und am nahen Horizont dräute mit der Bundespräsidentenwahl in Österreich und dem Referendum in Italien schon die nächste Verwerfung. Und inmitten dieser »aus den Fugen geratenen Welt«, wie Steinmeier selbst die Konflikte und Krisen dieser Jahre zusammenfasst, präsentiert die Kanzlerin, wenngleich eher nicht freiwillig, ihren Außenminister als Kandidaten für das höchste Staatsamt. Steinmeier, so hat am Tag darauf Heribert Prantl von der *Süddeutschen Zeitung* gemeint, sei der »Anti-Trump«, ein Garant für Stabilität. Mit ihm habe die Kanzlerin das »Wohl des Landes« und das »Wohl der Demokratie« über das Wohl der eigenen Partei gestellt. Das sind große Worte. Der beschriebene Wandel in der öffentlichen Wahrnehmung Steinmeiers ist ein gutes Beispiel dafür, dass keine Sache für sich allein steht, sondern alles von den Kontrasten und den Umständen abhängt. Hat Steinmeier den Journalisten früher als farbloser Langeweiler gegolten, sehen einige in ihm jetzt die kongeniale Gegenfigur zu den Trumps, Le Pens, Orbans, Hofers und den anderen rechtspopulistischen Parteiführern, die zum Jahresende 2016 den Anschein hinterlassen, als könnten sie vor lauter Kraft kaum noch laufen. Ohne dass er selbst ein anderer geworden wäre, hat Steinmeiers ja auch zuvor von niemandem bestrittene Solidität und Ausgeglichenheit plötzlich ganz andere, viel schärfere Konturen gewonnen: Wo die Welt zu brennen beginnt, ist Langeweile kein Argument mehr.

Nur: Ist das richtig? Taugt Steinmeier als Symbolfigur des Anti-Populismus, als Figur des Widerstandes gegen eine entgrenzte Politik der Ressentiments? Einerseits lässt sich die Frage gewiss bejahen: Steinmeier appelliert an den Verstand und auch an den Anstand der Menschen, nicht an ihren inneren Schweinehund. Ihn für korrupt oder faul zu halten – wahlweise die häufigsten Anschuldigungen der Populisten an die politische Klasse – dürfte selbst sehr erfindungsreichen Demagogen ziemlich schwerfallen, da er in diesen Hinsichten wohl als untadelig gelten dürfte. Nachgerade lächerlich würde sich wohl jeder machen, der mit Verweis auf diesen bodenständigen Ostwestfalen die Abgehobenheit der politischen Klasse anklagte; viel fester als er kann man nicht mit beiden Beinen auf dem Boden der Wirklichkeit stehen. Kurzum: In all diesen Hinsichten, die seine charakterliche Eignung für das Amt betreffen, dürfte seine Charakterisierung als Anti-Trump wohl zutreffend sein.

Aber auch eine andere Seite ist nicht zu übersehen: Steinmeier ist als Meister des Anti-Chaos nicht nur der personifizierte Gegenentwurf zum Populismus. Sein politischer Aufstieg und mehr noch die Art seiner Inthronisierung zum Bundespräsidenten verkörpern auch einige der Probleme, die den Populismus erst haben groß werden lassen. Gewachsen ist dieser Populismus nämlich nicht zuletzt aus der normativen Ortlosigkeit der großen politischen Lager und der beiden Volksparteien, die sich von ihren einstigen klaren weltanschaulichen Fundamenten gelöst haben und seit geraumer Zeit eine Politik betreiben, mit der sie sich nur noch ungenügend voneinander unterscheiden und die jeden Eigensinn verloren hat. Das ist sicher auch den gesellschaftlichen Umwälzungen geschuldet. Aber man kann auch sagen: Steinmeier hat an dieser Konturlosigkeit mitgewirkt: vor allem als Architekt der Agenda 2010, die den Markenkern der SPD vielleicht unwiderruflich zerstört und dazu geführt hat, dass die Partei, auch in den alten Hochburgen der SPD, Wähler an die AfD verloren hat. Steinmeier gehört zu der Generation und zu einer Spezies von Politikern, denen die normative Begründung von Politik schwerfällt, die vor allem mit dem Duktus der vermeintlichen Alternativlosigkeit argumentieren. Sie wollen, auch nach den Zeiten ideologischer Kämpfe, eine pragmatische, unideologische Politik. Aber der simplen Parole des Populismus, ein Parteienkartell habe sich untereinander arrangiert und betreibe eine Politik am »Volk« vorbei, hat diese Planierung einer ehedem weltanschaulich abgegrenzten Politik deutlich Vorschub geleistet.

Und wie wird Steinmeier nun Bundespräsident? Richtig: als Kandidat eingesetzt von einer Großen Koalition. Ein Hochamt des demokratischen Wettstreits wird die Bundesversammlung am 12. Februar 2017 nun nicht gerade werden. Deutschlands beliebtester Politiker hat für seine Partei noch keine einzige Wahl gewonnen; und nun wird er auch keine mehr gewinnen müssen, denn am Wahltag wird in der Bundesversammlung ja nur vollzogen, was die Spitzen der Koalition längst entschieden haben.

Wenn Steinmeier, wie nun übrigens wirklich ausnahmslos jeder seiner Vorgänger, ankündigt, er wolle als Bundespräsident auch »unbequem« sein, und wenn er meint, nicht jedem werde das gefallen, dann klingt das doch sehr allgemein: Wenn er Fremdenfeindlichkeit anprangert, wenn er warnt, nicht auf die

»einfachen« Lösungen der Populisten hereinzufallen, wenn er offene Grenzen und die »großen Chancen« der Globalisierung lobt, wenn er anmahnt, man dürfe bei alledem natürlich gleichfalls nicht den sozialen Zusammenhalt aus den Augen verlieren, dann werden ihm vielleicht einige auch nicht zustimmen: die Anhänger von Pegida und der AfD etwa, die Linkspartei und all diejenigen, die sich unverstanden fühlen, zornig sind und finden, etwas sei gehörig faul im Staate.

Jenseits dessen jedoch, im bundesrepublikanischen *juste milieu*, in der sogenannten politischen Mitte des Landes und damit immer noch bei der großen politischen Mehrheit im Lande, wird man zu alledem zustimmend nicken: Steinmeier ist ihr Kandidat, und wenn er demnächst »anmahnt«, »lobt«, »Mut macht«, »zu denken gibt«, dann wird das ein Selbstgespräch innerhalb der politische Mitte sein. Er wird die Integrationsfigur von Menschen sein, die eigentlich keine Integration mehr brauchen, er wird den Konsens jener verstärken, die sich ohnehin schon einig sind.

Ein Bundespräsident solle versöhnen, und Steinmeier könne jetzt ein exzellenter Brückenbauer sein, heißt es – aber das ist ein Spruch aus Zeiten, als sich noch zwei antagonistische, aber demokratische politische Lager gegenüberstanden, die dann und wann eine politische Integrationsfigur brauchen konnten. Das ist heute nicht mehr notwendig. Wen also soll der neue Bundespräsident jetzt versöhnen, wen soll er ins Boot holen? Die Menschen, die montags in Dresden marschieren und dabei Politiker wie Steinmeier als »Volksverräter« beschimpfen? Ist da Versöhnung möglich? Und wenn ja: Will man das überhaupt?

Frank-Walter Steinmeier hat 2009 – natürlich in einer anderen Rolle – wohl kaum jemanden für die Politik gewonnen, der sich nicht auch schon zuvor dafür interessiert hat. Es gibt wenig

Grund anzunehmen, das könnte, wenn er Bundespräsident ist, sehr viel anders sein. Noch einmal: Man kann es ja trotzdem beruhigend finden, Steinmeier als »Reservemacht« im Schloss Bellevue sitzen zu haben. Aber mehr als Beruhigung sollte man dann auch nicht erwarten. Und vielleicht wäre es Steinmeier, diesem Meister des Unprätentiösen, auch gar nicht unrecht, wenn man an seine Präsidentschaft lieber keine so hohen Erwartungen stellt. Er kann sie dann immer noch übertreffen.

Nachwort

Die Kapitel 2 bis 7 dieses Buches basieren weitgehend auf der bereits 2009 bei Herder erschienenen Biografie, die den gleichen Titel trägt und deren Hintergrund damals die Kanzlerkandidatur Steinmeiers bildete. Manche Perspektiven mögen sich seitdem verschoben haben, neue Erkenntnisse mögen hinzugekommen sein, viel mag seitdem über Steinmeier geschrieben worden sein: Im Großen und Ganzen sahen wir dennoch wenig Grund für gravierende Änderungen.

Für die Jahre ab 2009 danken die Autoren vor allem Daniel Friedrich Sturm, Korrespondent von *Welt* und *Welt am Sonntag* in Berlin, der uns viele wertvolle Hinweise gab. Außerdem danken wir herzlich Astrid Stroh, die uns aus dem Archiv des Willy-Brandt-Hauses mit umfassendem Material versorgt hat. Und ohne die vielen klugen, Mut machenden Gespräche mit unseren KollegInnen am Göttinger Institut für Demokratieforschung wäre das Projekt sicherlich noch sehr viel schwieriger geworden.

Göttingen, Dezember 2016

Bildnachweise

© Privat: S. 24;

© dpa – Fotoreport: S. 47;

© dpa: S. 12, 239;

© photothek. AGENTUR FÜR PRESSE- UND PR-FOTOGRAFIE, Berlin: S. 96, 123, 141, 148, 173, 187, 196, 213, 230.